DEUX ANS

AU

SE-TCHOUAN

(CHINE CENTRALE)

PAR

L'abbé Lucien VIGNERON

ANCIEN MISSIONNAIRE EN CHINE
MEMBRE DE LA SOCIÉTÉ DE GÉOGRAPHIE

Ouvrage orné de gravures et d'une carte

PARIS

BRAY ET RETAUX, LIBRAIRES-ÉDITEURS

82, RUE BONAPARTE, 82

1881

Droits de traduction et de reproduction réservés

DEUX ANS AU SE-TCHOUAN

(CHINE CENTRALE)

1488. — ABBEVILLE. — TYP. ET STÉR. GUSTAVE RETAUX.

全少章

PRÉFACE

———

Le 15 août 1871, au sortir de nos malheurs, une belle et touchante cérémonie attirait la foule dans la chapelle des Missions étrangères ; huit jeunes prêtres, huit missionnaires, étaient montés ensemble à l'autel et tournés vers le peuple, ils étaient là debout ! Les fidèles de tout rang et de toute condition: prêtres, religieux, nobles, ouvriers, soldats, tous s'approchaient et baisaient les pieds des mission-naires, pour se relever ensuite et leur donner l'ac-colade fraternelle, pendant que les voix du chœur chantaient ces paroles des Saints Livres: « Qu'ils sont beaux les pieds de ceux qui vont porter la bonne nouvelle de la paix et des biens de la foi aux peuples plongés dans les ténèbres de la mort ! » Adieu ! frères, adieu !

Voici quelles étaient les destinations de ces huit missionnaires ; on les envoyait tous en Chine ; trois allaient dans la province du Kouy-Tcheou, les cinq autres au Se-Tchouan. Celui qui écrit ces lignes était l'un des huit et il devait se rendre dans cette province du Se-Tchouan, située tout à l'ouest du Céleste-Empire, à 600 lieues des côtes de la mer de Chine. Il est parti, et il lui a été donné de rester deux ans dans ces pays. Brisé par la maladie, il a dû revenir trop tôt, hélas ! Quand un voyageur revient des contrées lointaines, ses amis s'empressent autour de lui et lui demandent le récit des choses qu'il a vues ; c'est ce qu'on a fait plusieurs fois près de moi ; c'est ce qui m'a décidé à publier une correspondance adressée à des parents et à des amis et qui devait, sans cela, rester à tout jamais ignorée et cachée, comme presque toutes les lettres que les missionnaires écrivent à leurs familles. Pour moi, de retour en France, j'ai pu recueillir la plupart des lettres que j'écrivais du fond du Céleste-Empire et je les donne ici telles que je les ai écrites, sans prétention d'aucune sorte, car, pour parler chinois, « je ne sais point manier avec habileté ni la parole, ni le pinceau. »

Pourtant je serais heureux de pouvoir faire connaître la vie du missionnaire au milieu de ces voyages interminables comme celui du grand fleuve qui partage presque l'Empire chinois en deux parties égales. On verra donc par mon récit ce que sont ou plutôt ce que peuvent être ces hommes qui s'en vont là-bas, bien loin, avec l'amour de Dieu et des âmes, et aussi celui de la patrie, gravés profondément dans le cœur; et en parlant ainsi, je ne parle pas pour moi qui ai vécu si peu dans les missions et perdu si tôt la couronne du missionnaire, non, mais il faut voir les autres! la phalange nombreuse des vaillants et des forts qui, malgré mes récits joyeux et humoristiques, souffrent et parfois tombent ensanglantés! Qu'on n'oublie pas que la nature au milieu de laquelle ils vivent ne rappelle en rien celle de leurs climats tempérés, qu'un soleil implacable leur brûle souvent le corps, que la nourriture qu'ils prennent répugne invinciblement à leurs habitudes et que la langue qu'ils parlent, et qu'ils ont péniblement apprise au fond d'une barque, pendant de longs mois, n'est point celle que murmuraient à leurs oreilles, autrefois, une mère ou une sœur!

Je serais heureux aussi de pouvoir faire mieux connaître ce grand peuple chinois et de le venger, quand je le puis, des préjugés et du ridicule qui s'attachent à lui depuis si longtemps dans mon pays. Et c'est ici le cas de citer les réflexions que faisait un publiciste [à ce sujet, il y a quelques années déjà :

« La plupart des Européens qui se rencontrent avec
« les Chinois ont un grand tort ; ils se comportent
« avec eux comme s'ils avaient toujours affaire à

« des niais dont on peut se moquer impunément et
« quand ils racontent leurs aventures de voyage, ils
« s'imaginent être très-plaisants en nous présentant
« des caricatures au lieu de portraits et en donnant
« à tout, hommes et choses, une physionomie gro-
« tesque. Si l'on veut que les Chinois nous prennent
« au sérieux, traitons-les sérieusement. Les Chinois
« ne pensent pas comme nous, n'agissent pas comme
« nous ; ce n'est pas une raison pour qu'ils soient
« ridicules... Dans leurs coutumes, comme dans leurs
« costumes, ils nous paraissent singuliers ; cepen-
« dant, à les envisager de près , on reconnaît que
« cette singularité n'existe qu'à la surface (1). »

La dernière fois que j'ai vu les hommes de l'Em_
pire du Milieu, réunis en nombre, ce n'est point
quand je descendais le Fleuve Bleu, à bord de la
jonque du pauvre Francis Garnier, à la mémoire
duquel je rendrai hommage en passant, car il fut
bon pour moi ! C'est au Champ-de-Mars et au Tro-
cadéro que j'ai vu les Chinois, il n'y a pas longtemps encore, et quand, m'approchant d'eux et
faisant appel à ma mémoire, je leur dis les paroles
de la patrie, j'ai aperçu dans leurs faces pâles un

1. C. Lavollée, *Une Expédition sur le Yang-tse-Kiang* (*Revue
des Deux-Mondes*, juillet 1863). M. Lavollée n'est pas le seul qui
se soit trouvé pour défendre les Chinois, car j'ai entendu dire
des choses fort sympathiques à leur endroit au cours de sciences
géographiques de l'Université catholique de Paris.

éclair de joie, et leurs figures vraiment s'illumi—
naient. J'aime ces hommes, et la moitié de mon cœur
est restée dans leur pays, parce qu'ils possèdent de
réelles et solides qualités ; ils sont bons, intelligents,
laborieux, *civilisés*, aimables et spirituels même ;
peuple antique et pourtant nouveau, appelé peut-être
à de grandes destinées !

Je voudrais faire mieux connaître la Chine et les
Chinois ; car si on a beaucoup écrit sur ce sujet, généralement les touristes et les voyageurs se sont
bornés à décrire ce qu'ils avaient vu, *en passant*, sur
le littoral, à *Canton*, à *Ning-po*, à *Chang-hay*, à
Pékin ; à part les missionnaires, ceux qui ont pénétré dans l'intérieur (dans l'ouest), sont rares et on
peut les compter facilement ; c'étaient de savants
explorateurs, qui ont donné de savants comptes
rendus de leur voyage : or, ce n'est point là le but de
ce petit ouvrage, qui consiste tout entier en *tableaux*
et en *descriptions* de ce que j'ai vu non pas sur le littoral, mais dans le centre ou dans l'ouest de l'Empire
du Milieu. Et si un ou deux voyageurs ont parlé de
ces contrées reculées, je suis bien aise de leur apporter
mon témoignage, afin de prouver qu'ils ont dit la vérité, ce qu'on a quelquefois mis en doute. Peut-être
mon travail complétera-t-il, par quelques données
nouvelles, ce qu'ils ont raconté, parce que souvent

on a beaucoup parlé des mœurs aristocratiques chinoises pour laisser le reste de côté et sans jamais bien montrer quelle est la vie de l'Européen vivant complétement *à la chinoise*, au milieu des Chinois.

Enfin, après avoir publié ces lettres, je serai content, si j'ai pu amener mes lecteurs à cette conviction, qu'ils sont les enfants gâtés de la Providence par la religion et par cette civilisation européenne, fruit de la religion et si, en pensant à ces choses que j'ai écrites en toute simplicité, il s'élève dans leur cœur un sentiment de reconnaissance pour l'Auteur de tout bien et une pensée de commisération chrétienne pour ces peuples immenses assis dans les ombres de l'infidélité !

Paris, 8 janvier 1880.

DEUX ANS AU SE-TCHOUAN

CHINE CENTRALE

I

LE CHEMIN DE LA CHINE.

Départ de Marseille. — Le détroit de Messine. — Port-Saïd. — Le canal de Suez et la mer Rouge. — Aden. — Ceylan. — Singapour. — La Cochinchine française. — Hong-Kong.

À bord de l'*Alphée*, mer Rouge, entre Suez et Aden, 29 août 1871.

Le dimanche 20 août, à huit heures du matin, nous arrivions à la Joliette, le plus beau des deux grands ports de Marseille, et nous montions à bord de l'*Alphée*, des Messageries maritimes, qui devait nous emporter en Chine.

Tout est en mouvement sur le pont; les matelots roulent les ballots et les colis et les descendent à fond de cale, les officiers donnent des ordres, le chef mécanicien gourmande les chauffeurs nègres, le cuisinier appelle ses quatre aides chinois, les femmes embrassent les mousses, la machine souffle bruyamment, les poulies grincent, et le commandant de T... se frotte les mains en voyant la mer si belle, pendant que nous nous installons dans nos confortables cabines. Soudain, on enlève le pont qui fait communiquer le navire au rivage, un coup de cloche à l'avant, un coup de barre de la passerelle, la puissante hélice bat l'eau du port et l'*Alphée* s'avance majestueusement. Nos amis nous envoient un dernier adieu et agitent leurs chapeaux. Nous sommes partis. Près de la grande cité commerçante, sur une haute colline dont la base est baignée par les flots bleus de la Méditerranée, s'élève une chapelle magnifique, et au-dessus de la chapelle on a placé une statue colossale de la Vierge. Debout sur le pont du navire, le missionnaire fouille l'horizon du regard, et la statue est le dernier point qu'il aperçoit sur la côte de France. Cette prière alors monte naturellement du cœur à ses lèvres : Notre-Dame de la Garde, bénissez les voyageurs !

Je ne décrirai pas un navire : on l'a fait cent fois ; l'*Alphée*, quoiqu'il soit déjà un vieux serviteur, marche bien ; le commandant de T...., le gentilhomme marin par excellence, est charmant d'affabilité et de bienveillance ; nous sommes une trentaine de passagers : les huit prêtres des Missions étrangères, trois missionnaires belges qui vont chez les Tartares mongols, quatre religieuses destinées aux Indes, quatre officiers espagnols des Philippines, des négociants, des employés du canal de Suez, un touriste anglais ; l'équipage (officiers, matelots, gens de machine et de service) s'élève bien à quatre-vingts hommes. Dans cette Babel où se trouvent tant de gens de races et de langues diverses, c'est un plaisir de voir comme on s'accorde bien et comme les relations cordiales s'établissent rapidement. Pour moi, je suis attiré vers les Belges et les Espagnols et j'éprouve une vive sympathie à leur endroit : on aime à voir les Belges à côté des Français ; ils vont montrer au loin, eux aussi, les fortes, solides et sérieuses qualités de leur race et de leur pays petit de taille mais grand par le cœur et l'intelligence. Je suis sûr que les prêtres du séminaire des Missions étrangères de Bruxelles porteront haut et glorieusement le drapeau de leur patrie au milieu des steppes de la Mongolie et du peuple aux huit bannières. Quant aux Espagnols, on est sûr de les trouver sur les chemins de la bravoure et de l'honneur ; nobles et fiers, ils sont toujours de la nation où le soleil ne se couche pas et ces soldats me rappellent leurs vaillants prédécesseurs des siècles passés qui, l'épée en main, frayaient la route aux ouvriers évangéliques (1).

Le lundi 21, nous sommes passés entre la Corse et la Sardaigne ; nous braquons nos lunettes sur la côte ; quelques bicoques, quelques barques de pêcheurs, rien d'extraordinaire. — Le mardi 22, la pleine mer, rien que le ciel et l'eau pendant vingt-quatre heures. La mer est calme, unie comme un miroir, le soleil est ardent ;

1. Tout le monde sait que S. M. le roi des Belges Léopold I s'est fait le promoteur et le généreux protecteur des grandes expéditions géographiques, surtout dans l'Afrique centrale : on sait aussi que le christianisme fleurit dans la belle colonie espagnole de Manille où tous les indigènes ont été convertis à la vraie foi par les soins et les travaux de la mère patrie et qu'au Tong-King les évêques et les missionnaires espagnols ont combattu courageusement à côté des nôtres et sont parfois tombés en héros dans les dernières persécutions.

que faire pendant ces longues heures pour occuper son temps ? On se promène sur la dunette, sans se lasser de contempler l'immensité des flots ; on lit, on cause, on regarde les matelots travaillant à la manœuvre, on s'initie à la vie maritime ; la cloche nous appelle à des heures réglées autour d'une table bien servie ; on dort, ou on pense à la patrie et à la famille dont le souvenir est dans tous les cœurs.

Le 23 nous voyons les îles Lipari et le Stromboli, qui lance au ciel des nuages de fumée ; nous avançons encore pendant cinq ou six heures et nous voilà devant le détroit de Messine, laissant à droite le gouffre tour-billonnant de Charybde et à gauche le village de Scylla, tout hérissé de rochers. Le vapeur triomphe du courant, tandis que les petits vaisseaux passent au large ; les trois pavillons au vent, nous enfilons le détroit ; je n'ai jamais rien vu de plus joli que ces deux côtes de Sicile et d'Italie, avec les villes de Reggio et de Messine, coquettement assises sur les deux rives : le chemin de fer de Calabre, qui côtoie la mer, les gares, les trains, les champs d'oliviers, les vignes, la montagne, les maisons blanches, les couvents et les campaniles des églises, tout fuit en tournoyant et les carillons des cloches, se mêlant à ceux des sonnettes des buffles, ajou-tent leur harmonie à celle du paysage.

Le 24, on entrevoit l'île de Candie et les oiseaux viennent se reposer sur les cordages du navire ; le 25 au soir, nous arrivons en face du phare de Damiette d'Égypte, aux bouches du Nil, sur la côte d'Afrique : plus loin, un autre phare qui fait rayonner ses feux en

tous sens, c'est celui de Port-Saïd : aussitôt, grande
animation sur le pont : les matelots montent sur les
mâts, hissent le fanal d'annonce, on tire un coup de
canon, on met le feu à des fusées : d'autres fusées répondent de la côte, le bâtiment est reconnu
par un pilote qui est monté à bord, nous [illegible]
dans la rade : les [illegible] se [illegible]
terre : voici la ville de Port-Saïd [illegible]
de Suez ; nous stoppons et nos hommes, [illegible]
des chaloupes suspendues aux flancs du navire, vont
attacher l'amarre à une bouée.

Ce soir-là, après la visite de *la santé*, nous avons été
envahis par une horde d'indigènes criant et hurlant
comme des démons ; pendant la nuit ce fut un tapage
effrayant jusqu'au lendemain matin. Je remarquai à
mon lever que nous avions pour voisins deux navires
de guerre égyptiens et quatre ou cinq bâtiments anglais
ou autrichiens et je m'en fus à terre, où je voyais les
pieux musulmans, agenouillés sur le quai et tournés
vers la Mecque, faire leur prière du matin. En descendant par l'échelle de tribord, il me fallut lutter avec
cinq ou six Grecs ou Éthiopiens qui m'enlevaient de
force pour me conduire dans leur barque moyennant un
demmi-franque.

Port-Saïd, à 400 lieues de la France, n'est rien qu'un
affreux désert, comme tout ce qui avoisine le canal de
Suez ou la mer Rouge : les consulats, deux ou trois
maisons qui s'intitulent superbement : *Hôtel du Louvre*
ou d'ailleurs, la *Photographie du Canal*, quelques ca-
fés à l'orientale, la douane, la police, une pauvre église

desservie par les Franciscains, voilà la ville ; ajoutez une chose remarquable : il n'y a pas un seul arbre à Port-Saïd. Le commandant de T... nous disait : « Il y en a « bien un, mais il est peint sur la devanture d'un ba- « zar et encore on se dispute pour s'asseoir sur un « banc situé à côté, sous son ombre ! »

Impossible de vous peindre le négligé avec lequel les Orientaux paraissent en public. La nuit et le jour (si on en excepte les gens riches), tout le monde est dans la rue avec son ménage et ses marchandises ; on crie, on se dispute, on se bat, on se vole ; c'est un casse-tête épouvantable. Un étranger paraît-il au milieu de la cohue, s'il n'a pas la fermeté de frapper à coups redou-blés du poing ou du bâton les personnes qui l'entourent, il verra en un instant ses poches et son sac de voyage remplis de tabac, de dattes, de courges et autres choses indigènes qu'on lui fera payer un prix impossible ; dans le même temps des chiens galeux lui déchirent pantalon et mollets et une armée de petits Arabes lui poussent des ânes dans le dos ; s'il ne fuit pas, il est littéralement enlevé d'assaut.

Je revins à bord moyennant un nouveau *demmi-franque;* nous levions l'ancre un peu après et nous en-trions dans le canal. Il commence par un chenal res-serré entre deux jetées de pierre et où l'on rencontre de temps en temps des dragues employées à creuser le lit de sable. Le canal proprement dit a une largeur de 25 mètres environ et une profondeur de 8 mètres. En s'écartant un peu à droite ou à gauche, un grand bâti-ment comme le nôtre, qui abandonnerait cette cuvette de 8 mètres de fond indiquée par des balises, ne trouverait plus que 6 mètres d'eau ou moins et échouerait infailliblement ; c'est ce qui nous arriva par la faute du pilote, au milieu du canal, en face d'Ismaïlia.

Le bateau étant chargé de marchandises pour la Chine et le Japon, il fallut enlever momentanément ce lest trop pesant, rude travail qui dura toute une nuit ; enfin, le lendemain, le navire déchargé bondit sur l'eau, l'hélice se débarrassa ; nous étions libres de continuer notre route vers Suez, où nous ne nous sommes arrêtés que fort peu de temps sans descendre à terre.

Voici donc la mer Rouge ; il paraît qu'elle s'étendait autrefois plus loin que maintenant et l'on m'a dit qu'entre Ismaïlia et Suez, dans les lacs Salés, nous avions coupé la ligne suivie par les Hébreux dans le désert. Ce désert, creusé et percé par le génie français, est bien une vaste et triste solitude d'apparence très-uniforme ; nous avons vu au milieu de cet océan de sable de curieux effets de mirage et pendant un moment notre bateau, qui filait seulement quatre nœuds à l'heure, a marché de conserve avec une grande caravane arabe, où les femmes voilées et les enfants presque nus étaient juchés sur des chameaux au long cou.

Nous avons salué le Sinaï le lundi 28, de bon matin : la mer Rouge est calme, mais quel ciel de feu ! quelle atmosphère brûlante ! on dirait l'enfer ou son vestibule : nous passons la nuit sur le pont, littéralement anéantis ; cette traversée, du reste, est dangereuse, parfois même on en meurt.

Singapour, 17 septembre.

Le supplice du feu a duré cinq jours dans la mer Rouge ; après avoir passé en vue de Djeddah, qui est le port de la Mecque et de Moka, célèbre par son café parfumé, nous sommes arrivés le 1er septembre à Aden, possession anglaise située dans le détroit de Bab-el-Mandeb, à 1200 lieues de Marseille. Nous voulons jeter un coup d'œil sur la ville et nous nous perchons bravement sur des ânes, qui dans tout l'Orient, sont extrêmement vigoureux et ne ressemblent que par les oreilles et l'entêtement à ceux de France ; le pays est d'une affreuse stérilité, nous nous acheminons vers des collines nues et fortifiées sur le sommet ; partout des Arabes dans un costume très-primitif ; ils conduisent de longues files de chameaux et tiennent à la main la houlette pastorale ; on dirait les fils de Jacob et une scène biblique. Nous arrivons à un pont-levis ; le poste sort pour nous faire honneur et la sentinelle irlandaise présente les armes aux *clergymen*. Aden est une ville arabe aux blanches maisons et à part quelques bazars et les fameuses citernes de Salomon, réparées par les Anglais, qui fournissent la seule eau qu'on trouve dans le pays, il n'y a rien à voir.

Pourtant cette ville est d'une force extraordinaire ; le port, qui est difficile et dangereux, est cerné de tous côtés par un double rang de rochers aigus et à pic, dominant d'une part la rade à une hauteur de 150 à 200 mètres et d'autre part la ville à une égale hauteur. Le génie de la marine anglaise a placé six forts dans la mer, en avant des rochers dont je viens de parler: inutile d'ajouter que ces forts sont hérissés de canons. Mais ce qu'il y a de plus surprenant et de vraiment grandiose, c'est que les rochers sont tous reliés entre eux par des ouvrages maçonnés ou par des ponts suspendus et sont perforés dans toute leur étendue, de façon à former des casemates et à recevoir des batteries pour bombarder et balayer le port d'Aden, comme ses environs, en un clin d'œil ; c'est le Gibraltar de la mer des Indes ; il commande la route de l'Indo-Chine à l'orient, et celle de Madagascar, de Maurice et de Bourbon au midi.

Les cœurs français se serrent souvent dans le parcours que nous avons déjà fait jusqu'à présent, car on ne s'arrête nulle part sans y découvrir une puissance étrangère et rivale. Quand, dans la Méditerranée, on veut s'arrêter à Malte, c'est sous la protection de l'Angleterre ; pour sortir de la mer Rouge, il nous a fallu passer sous le canon anglais à Périm ; avant de pénétrer dans l'océan Indien, nous mouillons en rade d'Aden, possession anglaise ; à Ceylan, à Singapour, à Hong-Kong, où nous ferons escale, ce sera sous le pavillon anglais.

Je ne pense pas qu'il soit possible de se figurer, même par l'imagination, le sol brûlant sur lequel Aden est bâtie ; elle compte 1,000 à 1,500 âmes et est habitée par des Osmanlis, des Juifs, des Parsis coiffés de la mitre noire, des Arabes et quelques Européens ; on y fait un grand commerce de café et nous y avons trouvé une chapelle catholique et deux missionnaires franciscains.

Nous reprenons la mer : jusqu'ici nous avions suivi la direction du sud, désormais nous allons de l'ouest à l'est ; nous laissons à notre droite le cap Gardafui et les îles Socotora ; de nombreux marsouins prennent leurs ébats autour du navire ; mais à peine avons-nous perdu de vue la côte que le vent s'élève tout à coup, nous marchons complétement à contre-mousson ; c'est une vraie tempête pendant quatre longs jours ; le bâtiment s'incline d'une façon effrayante, les lames furieuses passent sur le pont ; si l'on veut prendre l'air, on est inondé et on doit se lier à un mât pour ne pas être emporté par le vent ; il faut passer la plus grande partie du temps dans son lit, dans une cabine à l'odeur nauséabonde et dont les sabords sont clos hermétiquement; or, nul ne peut comprendre ce que c'est, s'il n'est point passé par une pareille aventure. Tout craque, tout mugit, tout danse, tout roule, et surtout notre pauvre cœur !!! . . . .

Enfin ! la mer se calme et le soleil, le beau soleil des Indes paraît dans tout son éclat ; on respire alors, on recommence un brin de toilette et on a tout oublié, car tout le monde sait que demain nous serons à Ceylan, le plus beau pays du globe.

L'île de Ceylan, où nous arrivâmes le 10 septembre, ressemble de loin à une corbeille de verdure placée sur la mer. Le contraste est frappant entre Aden et Pointe de Galles, où nous faisons escale. Rien de plus riant et de plus gracieux que ce que nous avons sous les yeux ; des collines verdoyantes chargées d'arbres touffus, les cocotiers qui s'élèvent comme de superbes colonnes couronnées d'un chapiteau de verdure et baignent leur base dans l'eau transparente. Le port est tout couvert de légères pirogues de guerre indiennes maniées par des hommes au type superbe, à la figure bronzée ; ce port n'est pas très-sûr et il y a quelque danger de tomber à l'eau quand on descend du navire ou quand on y monte. Néanmoins, tout alla pour le mieux et nous pûmes aller visiter la ville, où nous admirâmes de belles églises anglicanes et de jolies maisons à *vérandahs* ou galeries extérieures. Nous fûmes très-bien reçus par un missionnaire carme, qui nous engagea à faire une petite excursion dans l'île, au milieu de ses frais ombrages, sur des routes sablées comme nos jardins d'Europe. Nous allâmes boire du lait de cocotier dans une case indigène et nous revînmes enchantés. Toutes les races sont représentées à Ceylan et je ne pouvais me lasser de regarder les Singalais, les hommes du pays, qui, par la régularité de leurs traits, leur taille élevée, leurs manières nobles et un peu indolentes et la douceur de leur caractère, sont vraiment les dignes habitants de ce paradis terrestre.

D'Aden à Ceylan on compte environ un millier de lieues de France et de Ceylan à Singapour six cents ; nous arrivâmes dans cette petite île, située tout à l'extrémité de la presqu'île de Malacca, le dimanche 17 septembre, après avoir longé toute la ravissante côte de Sumatra, dans le détroit de Malacca. En 1820, Singapour n'étaitqu'un marécage ; aujourd'hui les Anglais, que l'on retrouve partout depuis Marseille, en ont fait une ville de 100,000 âmes, qui se divisent ainsi : 600

Européens , 14,000 Malais , 13,000 Indiens , 6,000 Arabes ou Persans, 60,000 Chinois ; c'est une ville de commerce et on en jugera quand on saura qu'il y entre par an 1,000 navires européens et 3,000 bateaux chinois ou indiens. L'île de Singapour, située sous l'Équateur, est, comme Ceylan, un magnifique pays; disons mieux, c'est un jardin ; partout des cocotiers, des bananiers, des palmiers éventails ; partout les costumes voyants des Malais et les belles figures indiennes; chez les uns et chez les autres, le costume consiste généralement en un long *sarrong*, large toile de coton qui leur tombe de la ceinture aux pieds ; les femmes portent de plus une écharpe en sautoir, et voilà tout ; on a dit que dans ces contrées on s'habillait avec une ceinture de maire et une cravate de magistrat : cela est très-juste.

On va beaucoup en voiture à Singapour comme à Pointe de Galles ; la voiture est une sorte de cage en bois léger, sans fenêtres et dont la partie supérieure est en persiennes ; un double toit peint en blanc la protège contre l'ardeur du soleil ; elle est traînée par un petit cheval, et le cocher court à la tête du cheval : c'est dans cet équipage qu'on nous conduisit chez Mgr Leturdu, vicaire apostolique de Malaisie, de la Société des Missions-Étrangères ; comme l'évêque était à la messe, nous allâmes à l'église. Monseigneur prêchait en malais ; n'y comprenant absolument rien, j'eus tout le loisir d'examiner l'église : bel autel, belles colonnes en style oriental ; les fenêtres ouvertes largement et tout d'une propreté remarquable ; un assez grand

nombre de fidèles européens et beaucoup d'indigènes.
La messe finie, on passa à l'évêché, belle maison à co-
lonnades et à vérandahs, entourée d'un jardin vert et
fleuri. Après déjeuner, nous visitâmes les deux établis-
sements des Dames-Saint-Maur et des Frères des Écoles
chrétiennes, qui sont vastes et admirablement tenus, et
nous allâmes dîner vers la nuit, en dehors de la ville,
à la procure des Missions, contruite au milieu d'un beau
parc.

Hong-Kong, 24 octobre.

Nous sommes entrés le **21** septembre dans la rivière
de Saïgon ; de Singapour à Saïgon il y a **300** lieues et
on monte constamment vers le nord. A l'embouchure
de la rivière se dresse le cap Saint-Jacques, avec un
poste français et le pavillon aux trois couleurs ; il
nous apprend que nous sommes chez nous : un canot
se détache du rivage et nous amène un lieutenant d'in-
fanterie de marine qui vient prendre des nouvelles.

Figurez-vous un pays parfaitement plat, coupé de
rivières et d'*arroyos* qui viennent se jeter dans les
grands cours d'eau, un pays extrêmement boisé, mais
boisé de tecks, de palmiers, de bananiers entre-croisant
de toutes les manières possibles leurs branches et leurs
feuilles immensément larges ; placez de loin en loin,
sous les berceaux de verdure ensoleillés, des cases
construites en bois de bambou et en roseaux couverts
de paille ; devant ces cases ou paillotes, mettez des habitants, hommes ou femmes, tous plus ou moins laids
et petits, uniformément vêtus d'une longue robe noire,

les cheveux arrangés en chignon et ornés d'un peigne en métal ; mettez aussi des buffles noirs, des porcs dont le ventre balaie la terre, des poules, des canards ; vous connaissez maintenant aussi bien que moi la colonie française que l'on appelle Cochinchine ; nos soldats y viennent et généralement ne s'y portent guère bien ; tout le pays, quand il n'est pas en forêts, est en rizières et par conséquent couvert d'eau ; un soleil terrible darde ses rayons sur les marécages et la fièvre est dans l'air.

Les bords de la rivière sont couverts de palétuviers et d'arbres gigantesques habités par un peuple de singes ; la rivière n'étant pas très-large, le commandant fait tourner ses vergues dans le sens de la longueur du bâtiment ; une fois, dans un voyage précédent, on n'avait pas pris cette précaution et il paraît que les vergues s'embarrassèrent au milieu des branches et des lianes de la forêt voisine ; les singes trouvèrent curieux de venir faire une promenade dans les agrès du navire et de faire pleuvoir sur l'équipage, du haut de la mâture, une grêle de noix de coco ; il fallut commander le branle-bas de combat et les chasser à coups de fusil.

Le fleuve s'élargit, il devient rade ; voici Saïgon, l'empire d'Annam, avec ses florissantes chrétientés de Cochinchine et du Tong-King ; c'est le pays des martyrs : « *Sanguis martyrum semen christianorum.* » Cette parole célèbre a été accomplie ici à la lettre.

L'*Alphée* arrête son hélice et jette l'ancre dans la rade de Saïgon. Le grand vapeur est immédiatement entouré de *sampans* ou petites barques annamites, avec des rameurs qui manient leur unique aviron, debout à l'arrière. La foule inonde le pont : les missionnaires nos confrères viennent nous enlever ; mais, attention ! Le soleil, ici, c'est l'ennemi, et si vous n'avez pas le *salaco* ou chapeau saïgonnais, voyageur prudent, ouvrez votre parasol !

Voici de belles maisons et d'infâmes paillotes ; voici un vaste caravansérail, la Poste, la Santé, les magasins de l'artillerie et du génie, les casernes de nos soldats ; elles disparaissent sous les plantes grimpantes et les fleurs aux couleurs vives.

On nous conduit au collège, qui est bien installé et riche d'une centaine d'élèves ; tout le monde serait frappé comme je l'ai été moi-même de la tenue de ces jeunes Annamites, de leur régularité, de leur piété et de leur bon esprit ; il faut dire aussi que leurs maîtres s'épuisent pour eux en dévouement et en complète abnégation. On nous fait fête : qu'il fait bon se reposer à terre, à l'ombre et deviser de la France avec ses amis ! Quand nous fûmes bien reposés, nous allâmes voir Mgr Miche, autrefois condamné à mort et enfermé dans une cage par l'empereur Tu-Duc ; le missionnaire doit s'habituer à tout et au lieu d'une cage, l'évêque possède maintenant un joli palais ; la cathédrale est moins belle, mais la Sainte-Enfance est un bijou ; nous voyons enfin le couvent des Carmélites qui ont voulu venir prier sur cette terre lointaine et le splendide hôtel du Gouvernement, auquel on met la dernière main.

Deux choses m'ont frappé particulièrement : le soleil, qui est atroce et la singulière habitude qu'ont les Annamites de chiquer le bétel ; le bétel se compose des ingrédients suivants : une feuille de poivrier, un morceau de noix d'arec et un peu de chaux de coquillage étendue sur la feuille ; on roule le tout, et il ne reste plus qu'à mâcher ; l'effet pour eux est de diminuer la soif et de purifier l'haleine, à cause du poisson, dont ils font leur aliment ordinaire ; mais le bétel pourrit les dents et rend la salive abominable. Il y a encore en Cochinchine deux ou trois petits inconvénients, comme les sangsues des rizières, les serpents, les tigres ; mais nous n'avons pas eu le temps de faire connaissance avec ces charmantes choses-là ; il fallait remonter encore vers le nord et franchir la distance qui s'étend entre le 10e et le 20e parallèle.

Nous eûmes mauvaise mer pendant ce voyage ; néanmoins, nous étions le 26 septembre devant Hong-Kong.

L'île de Hong-Kong a 9 milles de longueur sur 26 de circonférence ; elle présente une surface inégale et très-pittoresquement variée, surtout par les rochers, les ravins et les pics très-élevés qui s'y trouvent accumulés (le pic Victoria, le plus élevé, a 2,000 pieds de haut). La ville de Hong-Kong s'élève en amphithéâtre au bord de la mer, les maisons ont deux étages au plus, avec des vérandahs ou des balcons couverts qui entourent la maison sur les quatre faces ; la procure générale des Missions, où logent les missionnaires de passage, est dans ce style : on y jouit d'une vue splendide sur la mer ; il n'y a qu'à traverser la rade en barque, et on se trouve en Chine, sur le continent, dans la province de

Canton. Hong-Kong est une île chinoise cédée aux Anglais par les traités depuis leur première guerre avec le Céleste-Empire; c'est une forte position stratégique. Il y a dans la ville des églises catholiques et protestantes, des palais, des promenades, des bazars chinois, des casernes, un bagne ; dans la rue, des chaises à porteur nous coudoient et les soldats irlandais ne manquent pas de nous présenter les armes.

Nous devions rester dans ce charmant séjour une quinzaine pour attendre un autre confrère destiné aussi aux missions de Chine et qui devait arriver par le paquebot suivant, quand surgirent quelques difficultés qui nous obligèrent à rester plus longtemps à Hong-Kong; il est vrai que les difficultés furent levées très-rapidement et nous pûmes partir pour Chang-Hay et l'intérieur ; que dis-je? mes compagnons de voyage partirent et je demeurai, hélas ! cloué sur mon lit par un abcès qui venait de se déclarer au genou. Un docteur anglais est venu me voir et m'a très bien soigné ; j'ai fait connaissance alors avec les cataplasmes, les pommades et les pansements ! Pendant de longs jours j'ai dû rester assis dans un immense fauteuil long, en osier, au bout de la grande galerie à colonnes, ayant sous les yeux, il est vrai, le plus beau soleil, les plus jolis petits oiseaux, les plus magnifiques bambous et la plus belle mer du monde, sur laquelle les grands navires se tiennent immobiles, sans

> Le moindre vent qui d'aventure
> Fait rider la face de l'eau.

Cette vie est supportable, mais je voudrais bien partir!
je ne souffre plus, je marche bien, je puis me remettre
en route.

II

CHANG-HAY.

Arrivée à Chang-Hay. — La procure de San-te-tang ou des Trois-Vertus. — Ses hôtes. — Climat. — Aspect des concessions. — Une promenade dans la campagne du Chang-Hay. — Les trois courriers Pan, Lu et Lieou. — La toilette. — Programme du voyage.

Chang-Hay, 14 novembre 1871.

Je me suis embarqué le 4 à *Hong-Kong*, à bord du *Sowunada*, beau steamer de la Compagnie Heard, commandé par le capitaine Clarck, pavillon des États-Unis d'Amérique. Le voyage a duré cinq jours, nous montions vers le nord, sans jamais perdre de vue les côtes de Chine et nous arrivions le jeudi soir, 9; j'ai encore passé la nuit à bord. Le lendemain vendredi 10, je faisais appeler un *sam-pan* ou petite barque qui se tenait près du bâtiment au mouillage et un Chinois me conduisait à terre en passant au milieu d'une foule de gros navires de toutes nationalités.

Nous avions quitté la mer de Chine, la veille, à midi, pour entrer dans le grand fleuve du *Yang-tse-Kiang* (rivière, fille de la mer), appelé *Fleuve Bleu* par les Européens; vers le soir, nous nous étions engagés dans

2

un affluent du Kiang, et c'est un peu plus loin, sur les bords de cette rivière, que s'élève la ville de *Chang-Hay* ; on rencontre d'abord la concession américaine, quartier affecté aux États-Unis, puis la concession anglaise ; tout derrière, le quartier allemand ; en suivant la rive, la concession française, et enfin les fortifications de *Tong-ka-dou* ou Chang-Hay, la ville chinoise.

La procure des Missions-Étrangères, *San-té-tang*, maison des Trois-Vertus, se trouve à l'extrémité de la concession française, non loin des remparts chinois ; suivant les conseils que l'on m'avait donnés à Hong-Kong, je m'étais empressé, en descendant dans le *sampan*, de répéter plusieurs fois : « San-té-tang, San-té-tang, » à mon batelier, qui sifflait entre ses dents pour appeler le Dieu du vent. Efforts inutiles ! peine perdue ! on ne me comprenait pas ! Quand je fus descendu à terre, après avoir couru longtemps dans les concessions, mon brigand de batelier, pliant sous le poids de ma valise, ne trouvait pas la maison des Trois-Vertus ! Pourtant, un jeune chrétien chinois passant par là et voyant mon embarras, devina ce que je désirais, nous indiqua du doigt la route et j'arrivai à la procure en suivant les quais. Le portier m'ouvrit, bientôt j'étais dans les bras du P. L..., qui, n'ayant pas encore reçu avis de l'arrivée du bateau, n'avait pu venir à ma rencontre. J'allai rendre visite à Mgr R..., vicaire apostolique de la Corée qui est ici avec un de ses missionnaires.

Ils vont y séjourner tout l'hiver, en attendant les moyens de passer dans leur mission. Il y a aussi avec eux dix Coréens ramenés par les Américains qui

viennent d'échouer dans une expédition entreprise en
Corée, pour obtenir réparation de l'injure faite à leurs
nationaux, à propos d'un bateau des États-Unis naufragé
sur les côtes du pays et mis au pillage. Les dix Coréens de la procure sont tous, fils, frères, cousins,
parents de martyrs tombés pour la foi ; celui qui me
sert la messe est l'ancien domestique de Mgr Daveluy
et du P. de Bretenières ; je vous laisse à penser si je
suis ému en le contemplant de mes yeux, en conver-
sant avec Mgr R..., « le *témoin des témoins* », comme
l'appelait un éminent publiciste à Rome, il y a deux
ans.

J'ai parlé d'hiver ; je ne suis plus à *Singapour* ni à
Saïgon ; on gèle ici, maintenant, tout comme en France
à cette époque et un officier de la frégate française
l'*Alma,* qui est en rade, me disait ce matin : « Il fait un
froid bleu ! » Cela vous indique un beau ciel d'azur et
un petit vent très-piquant. Pourtant nous sommes à
31 degrés de latitude ; la position de l'Égypte et de
l'Algérie est à peu près la même par rapport à l'Équateur. Ne vous étonnez pas de cette différence de température et songez que les vents du nord et de la Tartarie
nous arrivent sans rien qui les arrête au passage.

Chang-Hay, 28 novembre.

Je suis sorti assez souvent, depuis une quinzaine de
jours et j'ai vu Chang-Hay ; c'est une belle ville européenne et une assez vilaine ville chinoise. Elle est donc
bâtie sur un affluent du Fleuve Bleu, mais peu éloignée

de la mer, puisque sur cet affluent même on a les marées absolument comme à Hong-Kong ou sur les bords de l'Océan et que le mot Chang-Hay veut dire littéralement : *sur mer*.

Les endroits concédés aux Européens sont tout près de la rivière : là s'élèvent les superbes maisons, je dirais presque les palais des princes du commerce, des agences et des Compagnies maritimes de toutes sortes, la résidence des consuls ; les mâts qui portent les nobles pavillons de la France, de la Grande-Bretagne, de l'Allemagne, des États-Unis d'Amérique, de l'Espagne et du Danemark. Entre ces splendides demeures, on en voit d'autres plus modestes, mais néanmoins belles et bien bâties, par exemple : l'hôpital, desservi par les Sœurs de charité, les procures des Missions étrangères et des Lazaristes. Sur la rivière, large et profonde, des bâtiments de guerre et de commerce de toute grandeur et de tout pavillon, environnés tout autour de barques et de canots dans lesquels on voit grouiller, crier et gesticuler des milliers de figures jaunes, aux yeux en amande, à la tête infailliblement ornée de l'appendice si connu ; ils portent des ballots, des caisses, des paquets de toutes formes ; ils chargent et déchargent, en chantant, les navires rangés près du quai et mouillés au large. Sur les quais, spacieux et commodes, une foule énorme de Chinois court à ses affaires, à pied, en palanquin, dans des brouettes à deux places qui sont les fiacres du pays (à 50 sapèques ou 25 centimes la course, — 100 sapèques ou 50 centimes l'heure). Quelques Européens à cheval ou même en tilbury, le policeman qui voit et surveille tout, des portefaix à chaque pas, des piles de balles de soie ou de caisses de thé : voilà le paysage.

Derrière les grands consulats et les palais du commerce, s'étendent les rues et les maisons du quartier français, de la concession anglaise, de la concession américaine ; on y rencontre les superbes temples des anglicans et des presbytériens et la jolie église des Pères Jésuites, avec une résidence à côté pour les missionnaires. Puis peu à peu, en s'avançant, on trouve les maisons et les rues chinoises, et puis, les remparts de Tong-ka-dou. C'est le chemin que nous faisions, l'évêque de Corée et moi, jeudi dernier ; mais en arrivant aux pieds des murs, au lieu de nous aventurer dans la tortueuse cité indigène en entrant par la grande porte surmontée de l'inévitable toit aux arêtes recourbées et du traditionnel dragon, nous passons outre et longeant la muraille jusqu'à la campagne, nous voilà au milieu des rizières et des champs.

Les laboureurs en robe bleue retroussée, la queue roulée autour de la tête pour la commodité du travail, les pieds dans l'eau de la rizière, nous regardaient ébahis, et certes la longue, l'immense barbe de Mgr R..., sa croix d'or et les boutons rouges de sa soutane étaient bien faits pour les étonner ; malgré le voisinage de l'Européen et de sa civilisation, l'Européen est toujours un objet de curiosité pour l'indigène ; ce peuple chinois des campagnes a bonne figure, bonnes intentions ; il est *bon enfant*, c'est le mot. Ne vous moquez pas de lui, ne le froissez pas, ne le brutalisez pas surtout ; vous ferez de lui tout ce que vous voudrez et pour peu que vous puissiez balbutier quelques mots de sa langue et si vous respectez ses usages, il n'éprouvera plus pour vous la moindre antipathie, au contraire il vous accueillera comme un des siens, il vous témoignera des égards et vous montrera du respect; alors vous ne serez plus pour lui le *barbare des mers occidentales* et *le diable d'étranger*, l'homme malfaisant; au contraire, vous apparaîtrez à ses yeux comme revêtu d'un triple caractère et avec tout le prestige que donnent l'autorité, la science, la fortune; car il vous croit puissant, puisque vous commandez, vous commerçant, à vos ouvriers, vous missionnaire, à vos chrétiens; il vous croit savant pour arriver chez lui il vous a fallu traverser tant de pays! vous avez dû voir tant de monde, tant de choses! vous avez donc une foule de connaissances; enfin vous êtes riche, car il faut l'être pour entreprendre d'aussi lointaines pérégrinations! (sur ce point il est vrai, les bons Chinois peuvent se tromper, du moins en ce qui concerne le missionnaire). Il vous respectera donc, il vous offrira l'antique hospitalité, il vous rendra service et vous trouverez ici comme ailleurs des amis sûrs et dévoués.

Dans la campagne de Chang-Hay, on cultive le riz et le coton; il y a aussi beaucoup de jardins: ici un carré d'épinards, là des choux, là des haricots, plus loin des betteraves. Le jardinier se sert d'engrais humain, de là parfois une insupportable odeur: j'avais remarqué aux abords de la porte de Tong-ka-dou un grand nombre de *coolies* qui passaient dans la cohue portant sur le dos deux seaux, à la manière de nos porteurs d'eau parisiens ; or, les seaux contiennent la précieuse marchandise, et, chose étrange ! dans toute cette foule personne ne semble heurté ni endommagé le moins du monde par les habiles et intelligents porteurs. Je me sentais heureux en marchant par les petits sentiers chinois et me figurais déjà être par delà le Kiang-nan et le Hou-pé, courant par monts et par vaux pour visiter *mes* chrétiens ; une maisonnette dans les arbres, un buffle, une poule blanche, une pierre sépulcrale, un beau cercueil en bois rare exposé dans un sillon en plein air; tout était pour moi un sujet d'étude et de curiosité.

Tournant la ville et après avoir laissé sur notre droite un arc de triomphe élevé à une riche veuve, puis un camp de soldats à la blouse noire bordée d'une large bande écarlate et portant sur la poitrine et sur le dos, un caractère qui signifie : *soldat de l'Empereur*, nous sommes entrés dans la ville chinoise, où nous avons fait un instant la stupéfaction des bons bourgeois et des bateliers qui prenaient le thé en devisant devant les boutiques. A certain endroit, je demandai à Monseigneur où nous étions et le digne évêque, qui m'avait fait trotter trois heures durant sans s'en apercevoir, me répondit : « Chez les Pères de la Compagnie de Jésus. » Je ne l'aurais pas cru ; mais au bout d'une rue qui allait à la rivière, je vis une des grandes portes de la ville surmontée d'une croix, au lieu du dragon : Dieu à la place du Diable. A la bonne heure ! il paraît que les Pères ont tout un petit quartier qui leur appartient ; j'ai entrevu tout près de là l'église, la maison et le noviciat de la Compagnie. C'était la fin de la promenade. Je ne vous décris pas plus au long ce que c'est qu'une ville chinoise, car j'aurai de meilleures occasions d'en parler; j'en verrai bien d'autres que celle-ci. Ce que je ne verrai plus heureusement dans l'intérieur, c'est le triste spectacle qu'offrait l'autre jour, à des yeux français et lorrains, le navire allemand le *Sedan* entrant à pleines voiles dans le port (1).

Dimanche dernier, deux chaises à porteur sont entrées dans notre jardin par la porte ouverte à deux battants, elles sont venues s'arrêter au bas du perron sous la *vérandah* et l'évêque et le supérieur de la mission de Chang-Hay en sont descendus ; ils venaient nous inviter à rehausser par notre présence la fête prochaine de saint François Xavier, qui sera célébrée dans leur église de la concession française : les offices sont bien suivis dans cette église par la population chinoise et par la colonie européenne catholique ; j'y ai vu dernièrement tout l'équipage d'un vaisseau de guerre autrichien assister dévotement à la messe.

Heureuse et bénie soit la nation qui donne un si bon exemple dans ces lointains parages ! Et mon cœur a tressailli dans ma poitrine lorraine, en pensant que le chef de cette nation catholique était celui de la maison de Lorraine ! Honneur à lui ! quoique Français et bons Français, nous lui avons conservé nos sympathies.

1. Depuis, le navire qui portait orgueilleusement ce nom, de triste mémoire, écrit en caractères gigantesques sur sa coque, a fait naufrage et a péri sur les côtes de Chine.

Voici l'hiver, et je vais m'embarquer sur le Grand-Fleuve, on m'a acheté hier des souliers fourrés ; on me confectionne en ce moment une robe bleue très-chaude et on me dit qu'il faudra encore en mettre deux autres par dessus ; c'est la coutume du pays quand il fait froid ; je porte déjà un pantalon ouaté qui donne à ma jambe cinq fois sa grosseur naturelle ; jugez un peu si avec une chaufferette chinoise j'aurai froid sur la barque qui va m'emporter !...

Chang-Hay, 12 décembre.

J'ai attendu jusqu'ici avec les charmants compagnons que vous savez, l'occasion de pénétrer dans l'inté-rieur ; cette occasion s'est enfin présentée sous la forme de trois courriers chrétiens envoyés par la mission du *Se-Tchouan* oriental pour prendre le vin de messe et les caisses et objets destinés aux missionnaires du centre et de l'ouest. Vous savez sans doute qu'il est im-possible d'avoir du vin dans ces provinces éloignées, car on n'y cultive pas la vigne, et, si on y trouve du raisin, il est tout au plus bon à être mangé à la main et comme dessert. On est donc obligé de faire venir du vin d'Europe ; c'est généralement de l'Espagne ou du Portugal qu'on le tire. Ces trois courriers me reviennent ; ils ont bonne mine. Voulez-vous leurs noms ?... Ils s'appellent Pan, Lu et Lieou.

Pan est d'âge moyen ; il est désormais le surinten-dant général de mes affaires, chargé de me procurer tout ce qu'il me faut, de me conduire, de me parler; jusqu'ici, voici notre conversation :

Le procureur m'a appris quelques mots de chinois, et entre autres une fameuse phrase qui sera comme le : « Sésame, ouvre-toi. » « *Tché ko kiao che mo ?* » — « Comment cela s'appelle-t-il ? » — Avec cette clef j'apprendrai des substantifs et des verbes. Quand donc je veux essayer ma science sur Pan le courrier, le bon-homme qui ne sait qu'un traître mot de latin, pour me répondre et me faire plaisir, me dit : « *Etiam, pater* — Oui, mon père » — Apprenez-donc le chinois avec cela ! — Le courrier Lu a une bonne vieille physionomie de grand-père ; c'est un Mentor ! un Nestor ! j'ai du respect pour sa petite moustache grisonnante ; quant à Lieou, on me vante ses talents culinaires ; ses fréquents voyages sur le littoral, et ses rapports avec les Européens ont, paraît-il, développé en lui un talent naturel à tous ses compatriotes ; il sera chargé de mon alimentation et par une douce transition, il me fera passer de la cuisine française à la cuisine indigène ; comme aussi il est chasseur et qu'il a un vieux pistolet de cavalerie, il fera tomber les faisans du haut des cieux dans la marmite.

A l'heure qu'il est, vous ne reconnaîtriez guère votre Lucien ; cette après-midi est venu un barbier qui m'a enlevé prestement la moitié de ma chevelure et a ajouté une belle natte tressée aux cheveux qui me restaient sur le sommet de la tête. J'ai pris mes habits chinois et c'est à s'y méprendre; on l'affirme hautement autour de moi.

Bref, j'ai de nouveau le bâton de voyage à la main. Demain, à neuf heures du soir, je monte à bord du *Tong-*

sin, charmant vapeur anglais qui me conduira sur le Fleuve-Bleu jusqu'à *Han-Kéou*. Le capitaine du bâtiment est Irlandais. Sur ce vapeur, comme à l'ordinaire, il y a la place des Européens et celle des Chinois, places complétement distinctes. Pan et Lieou iront à l'avant ; mais le grand homme *Tong-lao-ié* se tiendra dans le salon de l'arrière avec les Européens, malgré son costume de Célestial. (Vous saurez désormais que Tong est mon nom chinois ; il est formé de deux caractères dont l'un signifie homme, *jen*, et l'autre ouvrage, *Kong*. C'est bien le nom d'un missionnaire, Homme d'Ouvrage.) A Han-Kéou nous retrouverons Lu, le troisième courrier, qui, parti d'avance, nous attend avec toutes ses caisses chez le Père procureur des Franciscains italiens missionnaires du *Hou-Pé*. Ce dernier est un bon religieux que je connais déjà pour l'avoir vu ici il y a quinze jours. Nous nous embarquerons à Han-Kéou, à bord d'une grande jonque louée exprès pour nous et pour nos bagages ; nous quitterons bientôt après le Grand-Fleuve ou *Ta-Kiang* pour prendre par les lacs et les canaux du Hou-Pé. On me dit qu'ensuite nous débarquerons ; le voyage, alors, s'effectuera pour moi en palanquin, les *coolies* portant à dos nos caisses et paquets. Cette route par terre durera un jour seulement et nous rejoindrons le *Yang-Tse ;* nous n'aurons mis que quinze jours pour en arriver là et nous aurons évité tous les détours du fleuve en gagnant aussi quinze jours. Mais qui peut savoir tout ce que nous ferons et tout ce qui nous arrivera dans ce long itinéraire ? J'ai mis une cinquantaine de jours pour parvenir en Chine ; d'ici à

Tchong-Kin-Fou, je compte sur un voyage de trois mois!

On dit pourtant que nous n'aurons pas encore trop de difficultés, et cela tient à ce que nous autres hommes des mers occidentales et missionnaires, nous adoptons costume, usages, langue et tout ce qui est indigène ; en outre, le type des Chinois du nord-ouest se rapproche plus du nôtre que celui des Cantonnais et des méridionaux ; ajoutez à cela et posée sur mon nez, une paire de lunettes en cristal de roche à monture en écaille, dont les verres sont gros comme des assiettes et que je porte avec une aisance remarquable, enfin un bon passeport et trois compagnons dévoués ; c'est plus qu'il n'en faut pour être rassuré.

Permettez-moi de m'arrêter ; au surplus, le monceau de vêtements que j'ai sur le dos gêne singulièrement mes mouvements et m'empêche réellement d'écrire ; pour terminer, je vais dire un mot de ma coiffure. J'en ai quatre, ni plus ni moins : une élégante calotte en soie bleu de ciel, un chapeau de feutre, un bonnet pour se garantir du froid : il couvre le menton et les oreilles et descend jusqu'au milieu du dos, par-dessus la queue ; on l'appelle le *fong-mao* ou bonnet du vent ; enfin, un quatrième bonnet qui emboîte toute la figure et ressemble assez à ce que les archers et arquebusiers du moyen âge portaient sur la tête, moins la différence qu'il y a entre le feutre et l'acier ; me voyez-vous avec cela ? j'ai absolument l'air belliqueux et je ressemble à un homme d'armes qui va monter la garde sur les remparts d'un château fort. Une rude garde, n'est-ce pas, celle qu'il faut monter dans cette vieille Chine en face de l'ennemi Satan ?

.   .   .   .

Je viens de passer ces six derniers jours avec l'aumônier de la frégate l'*Alma*, qui arrive de Yokohama (Japon), où il a vu notre cher Père M... Bonnes nouvelles de celui-ci.

III

LA ROUTE DU SE—TCHOUAN.

Un peu de géographie. — Le Fleuve Bleu. — Spectacle enchanteur. — Arrivée à Han-Kéou. — Mon passeport. — Importance commerciale de Han-Kéou, Han-Yang et Ou-Tchang-Fou. — Départ. — La jonque. — Installation. — Lacs et canaux. — Kin-Tchéou-Fou. — La ville et la garnison tartare. — Architecture chinoise. — Les chrétiens.

Han-Kéou, 21 décembre.

La Chine est un grand royaume situé à l'extrême orient de l'Asie ; elle est bornée au nord par le désert de Mongolie ; à l'est par l'océan Pacifique et la Gorée ; au sud par la même mer et à l'ouest par le Thibet, la Birmanie et le Tong-King ; elle présente à peu près la forme d'un cercle compris entre le 20e et le 43e degré de lat. N., et entre le 95e et le 140e degré de long. E. Son étendue est donc à peu près, du nord au sud, de cinq cent cinquante lieues, et de six cents lieues de l'est à l'ouest, et sa superficie près de huit fois celle de la France.

Trois grands bassins fluviaux : celui du Nord ou du Fleuve Jaune (Hoang-Ho) ; celui du Centre ou du Fleuve Fleu (Yang-tse-Kiang) et enfin celui du Midi ou du Fleuve de l'ouest (Si-Kiang) ; les trois bassins partent

du versant oriental des montagnes du Thibet et ils
sont séparés par des chaînes de montagnes considérables appelées montagnes du Nord (Pé-lin) et montagnes du Sud (Nan-lin) ; de nombreuses et grandes
rivières descendent de ces montagnes vers les grands
fleuves qui, dans la partie orientale, où se trouvent
d'immenses plaines, atteignent en largeur des propor-
tions inconnues en Europe.

L'Empire chinois compte 18 provinces et même 19,
si on y comprend la Mandchourie. Voici les noms de
ces provinces, en commençant par celle qui a pour
chef-lieu la capitale Pé-kin ; provinces du Nord : le Pé-
tché-li, le Leao-tong et la Mandchourie, le Chan-tong,
le Ho-nan, le Chan-si, le Chen-si, le Kan-sou ; provinces
du Centre : le Se-Tchouan, le Koui-Tcheou, le Hou-Pé,
le Hou-nan, le Kiang-si, le Gan-hoei, le Kiang-sou
(cap. Nan-kin); provinces du Sud : le Tché-kiang, le
Fo-kien, le Kouang-tong (cap. Canton), le Kouang-si,
le Yun-nan. Ces provinces se subdivisent en départements, en arrondissements et en districts.

La province dont je parlerai surtout dans mon journal est le *Se-Tchouan* (les quatre vallons). C'est la plus
vaste et la plus belle de tout l'empire. Située entre le 27e
et le 32e parallèle, elle a pour frontières, la province du
Hou-Pé à l'est et le Thibet à l'ouest, elle est bornée au
nord par le Chen-si et au sud par le Koui-Tcheou et le
Yun-nan. D'un bout à l'autre du Se-Tchouan, dans sa
plus grande longueur, on compte bien 300 lieues ou
40 jours de marche et on y trouve 9 villes de premier
ordre, 115 de second et de troisième rang. La capitale a

nom Tchen-Tou-Fou ; mais *Tchong-Kin-Fou*, la ville principale du Se-Tchouan oriental, ne lui cède guère en beauté et en grandeur.

La température est modérée dans cette province centrale. Les hivers y sont bénins ; pourtant, en été, on y souffre parfois de la chaleur, et le thermomètre marque souvent plus de 30° +. Le pays est très montagneux, couvert d'accidents de terrain ; le sol est fécond, coupé par de nombreuses rivières et surtout par le fameux Grand Fleuve ou *Fleuve Bleu*. On y cultive le riz, le froment, le thé et le pavot pour l'opium, et on y élève les vers à soie.

Le Se-Tchouan est renommé pour la politesse et l'élégance de ses mœurs. Les négociants de Tchong-Kin, qui font de brillantes affaires et voyagent beaucoup pour leur commerce, affectent un grand luxe dans leur mise et leur ameublement, et bien des fonctionnaires retraités viennent finir leurs jours dans une des jolies villes de la contrée. Les habitants du pays sont forts et robustes et peut-être plus grands que dans le reste de l'empire, surtout dans le midi.

Le christianisme est florissant au Se-Tchouan et les efforts des missionnaires sont couronnés de succès ; la province est divisée en trois vicariats apostoliques confiés aux prêtres de la société des Missions-Étrangères de Paris et le nombre des chrétiens s'élève à plus de 40,000 pour chaque mission, qui entretient plusieurs collèges et est desservie aussi par un bon nombre de prêtres indigènes.

Je suis donc arrivé à Han-Kéou ; voyage excellent à

bord du *Tong-Sin*. J'étais le seul passager européen ;
le capitaine m'a entouré de soins et d'attentions ; il
mangeait dans sa cabine ; j'ai pris tous mes repas avec
le *second* et le chef mécanicien, qui sont bien les deux
meilleurs hommes du monde. La table était bien
servie et je me demande comment on peut faire si
bonne chère pendant les trois cent soixante-cinq jours
de l'année ! C'est une question toute naturelle pour un
Français déjà à moitié Chinois ; je me la poserai surtout dans un mois d'ici, en face de ma pauvre tasse de
riz cuit à l'eau.

Je sais cent mots d'anglais, cent mots de chinois ; les
deux officiers pouvaient un peu causer avec moi et mes
courriers venaient régulièrement me voir dans ma cabine et me faire répéter mes cent mots : j'employais le
temps à prier, à lire et à regarder l'admirable panorama
qui se déroulait à chaque instant sous mes yeux.

Le *Yang-tse-Kiang* est vraiment un fleuve magnifique ; il mesure quelquefois plusieurs lieues de largeur
et quand on côtoie une rive, à peine peut-on apercevoir la rive opposée ; ce ne sont que montagnes et val-
lées pittoresques, grandes villes murées ou jolis villages dans les arbres, pagodes et tours à dix étages sur
les bords du fleuve. La Chine a une population effrayante
de nombre et de densité et de quelque côté que mes
regards se tournaient, c'était pour apercevoir dans la
campagne, sur les routes, au milieu des champs, un
peuple d'infatigables travailleurs et de longues files de
piétons et de portefaix qui marchaient d'un air affairé.

Nous passons à toute vapeur ou nous touchons à peine

à *Tchin-Kiang-Fou* (à 60 lieues de Chang-Hay), *Nan-kin, Ou-hou, Gan-Kin-Fou, Kieou-Kiang*, ports ouverts au commerce étranger et où nous apercevons quelques constructions européennes groupées sur le bord du fleuve.

L'entrée du grand canal impérial se trouve auprès de Tchin-Kiang-Fou; ses talus sont en ruine (1), ses eaux sont croupissantes; ce grand ouvrage accompli par les empereurs présente maintenant un aspect désolé, il ressemble à un lac empesté, à une mer Morte; on peut en dire autant pour Nan-kin; les rebelles ont ruiné la superbe *capitale du sud* et de sa Tour de Porcelaine qui élevait si orgueilleusement la tête au-dessus des monuments de la ville, de cette merveille de la Chine il ne reste plus rien. Kieou-Kiang (Kiang-si) possède de nombreuses fabriques de belle porcelaine; c'est du reste l'industrie de la province et on peut dire que les produits du Kiang-si inondent non-seulement la Chine, mais le monde entier.

Pendant que notre bateau représentant du progrès moderne passe en soufflant, sifflant et vomissant des torrents de fumée au milieu de cette vieille civilisation, tous ces braves fils du Ciel nous regardent avec admiration; une chose qui intéresse aussi beaucoup le voyageur qui arrive pour la première fois dans ces parages, c'est la quantité innombrable de jonques à voiles de

1. Il n'est pas rare de voir les habitants du pays enlever les briques dont les bords du canal sont revêtus et les employer à la construction de leurs maisons. — *Compte rendu du voyage du colonel Unterberger* à la Société de géographie de Saint-Pétersbourg, 17 février 1880.

bambous qui couvrent le fleuve, jonques de commerce
ou jonques de guerre, encombrées de canons et de pavillons militaires et les immenses radeaux sur lesquels
dix, quinze ou vingt familles ont élevé autant de maisons qui forment ainsi de véritables villages flottants ;
voilà une originalité complétement chinoise !

Nous sommes arrivés ici le dimanche 17 décembre.
Le Père procureur des Franciscains est venu me
chercher à bord du bateau, et je reste chez lui pendant
quelques jours. Les courriers sont venus nous dire que
nous partirions le 26, lendemain de Noël. J'ai reçu
mon passeport de la légation de France, à *Pé-kin* ; il
est écrit en gros caractères, sur une grande feuille de
papier, d'un côté en français, de l'autre en chinois ; je
transcris :

« En vertu de l'article 8 du traité conclu à Tien-Tsin
« entre leurs augustes majestés l'empereur des Français
« et l'empereur de la Chine, le 27 juin 1858, nous, chargé
« d'affaires de France, prions les autorités civiles et mi-
« litaires, générales et provinciales, supérieures et in-
« férieures de la Chine, de laisser librement passer M.
« V..., missionnaire, se rendant dans la province du
« *Se-Tchouan* et de lui donner aide et protection en
« cas de besoin. » Puis le sceau de l'ambassade et le
grand sceau de l'empereur de Chine, Fils du Ciel.
Devant le signe redouté, tous, grands et petits, mandarins et peuples, doivent courber la tête et fléchir le
genou !

Une intéressante petite population de chrétiens entoure la pauvre procure des Franciscains; ces chrétiens

viennent tous les jours prier dans la chapelle, le matin
et le soir ; ils chantent à demi-voix sur un ton doux
et plaintif qui touche le cœur et fait presque venir
les larmes aux yeux. C'est un bon vieillard qui me sert
la messe et il bredouille les répons à faire sourire les
anges qui entourent l'autel.

Je suis sorti deux fois seul, mais on voit bien que les
barbares du Hoù-Pé ne savent pas ce que c'est qu'un
jeune lettré du Se-Tchouan aux manières distinguées et
aristocratiques ! Ils se retournaient tous pour me
regarder et puis sourire.

Après avoir parlé de Chang-Hay, que dirai-je de Han-
Kéou ? « Quand on n'a pas pénétré jusqu'au centre de
« l'empire, raconte le Père Huc, quand on n'a pas vu
« ces trois grandes villes, Han-Yang, Ou-Tchang-Fou et
« Han-Kéou, placées en face l'une de l'autre, il est im-
« possible de se former une idée exacte de l'activité et
« de l'immensité de ce commerce intérieur. C'est sur-
« tout Han-Kéou, « la bouche des entrepôts » qu'il
« faut visiter ; tout y est boutique et magasin ; chaque
« produit a sa rue ou son quartier qui lui est spécia-
« lement affecté. De toutes parts on y rencontre tou-
« jours une si grande affluence de piétons, les masses
« sont tellement compactes et pressées qu'on a toutes
« les peines du monde à se frayer un passage. Les
« magasins sont toujours remplis de vendeurs et d'a-
« cheteurs, les fabriques d'ouvriers et d'artisans, et
« si l'on ajoute à ces multitudes les femmes, les vieil-
« lards et les enfants, on ne sera nullement surpris

3.

« qu'on élève à huit millions (1) la population de Han-
« Kéou, de Han-Yang et de Ou-Tchang-Fou. Nous ne sa-
« vons pas si l'on comprend dans ce chiffre les habitants
« des barques. Le grand port de Han-Kéou est bien lit-
« téralement une forêt immense de mâts de navires ;
« on est saisi d'étonnement en voyant, au milieu de la
« Chine, des bâtiments en si grand nombre et d'une
« telle dimension (2). »

Ce que le P. Huc a vu, je le vois et j'en suis véritablement étonné comme il l'a été. « Les trois villes pla-
« cées en triangle en vue l'une de l'autre et séparées
« comme par des bras de mer sont, en quelque sorte, le
« cœur qui communique à la Chine tout entière sa pro-
« digieuse activité commerciale (3). » Tout près de la
ville chinoise de Han-Kéou il y a, comme à Chang-
Hay, une ville européenne ; il y a aussi des concessions;
mais à part quelques maisons de consuls et de négociants, quelques rues propres et bien alignées, on n'y
trouve rien de remarquable ; c'est dans les concessions
qu'est située la procure où je suis installé pour le moment.

1. Le chiffre de huit millions est peut-être un peu fort ;
on pourrait le réduire de moitié ou même des deux tiers;
mais il ne faudrait point trop s'étonner de voir ainsi chiffrer
en nombres énormes la population chinoise, quand on pense
que les dernières statistiques et les plus sérieuses disent que
tout l'empire contient environ quatre cents millions d'habitants.
Voir le *Nouveau Dictionnaire de Géographie universelle* de M.
Vivien de Saint-Martin. Livraison de janvier 1879. — Et l'article du docteur Martin, de la Légation de France à Pékin, sur
la statistique relative au dénombrement de la population en
Chine. — *Bulletin de la Société de géographie de Paris*, 1872.
— T. IV, 6ᵉ série.
2. *L'Empire chinois.*
3. *Idem.*

Aujourd'hui deux missionnaires viennent de nous arriver ; ils m'ont proposé de passer le fleuve et d'aller faire une visite à Mgr Z... et à son séminaire de Ou Tchang-Foù. J'ai accepté, bien volontiers ; nous nous sommes donc rendus sur le rivage, d'où nous apercevions du côté opposé l'immense capitale du Hoù-Pé sans pouvoir la distinguer clairement, tant le fleuve est large et tant la distance est grande ; il a fallu une bonne heure pour arriver au port et après avoir mis pied à terre, j'avoue que enfermé dans un palanquin et courant à toute vitesse sur le dos de mes porteurs, à travers des rues d'une interminable longueur, je n'ai pas pu jouir du spectacle de la ville. Je ne tenais point, du reste, à me faire voir et à être remarqué. Mgr Z... m'a accueilli avec la plus grande bienveillance.

J'ai visité son collège : il est établi dans une maison chinoise construite moitié en briques, moitié en bois. J'ai vu là une vingtaine de jeunes gens qui étudient le latin et la théologie et qui sont venus tous se prosterner à deux genoux devant moi. La chapelle est assez grande, elle sert aussi d'église pour les chrétiens du quartier ; une cloison a été installée dans le milieu pour séparer les hommes des femmes. Invité à un dîner servi à la chinoise, j'ai dû essayer les bâtonnets pour manger ; heureusement pourtant qu'on avait placé près de moi cuiller et fourchette, sans cela j'aurais couru grand risque de revenir à Han-Kéou avec un bon appétit.

Je ne pourrai plus désormais être aussi exact dans ma correspondance, car il me sera difficile d'arrêter la poste en route. En Chine, le Gouvernement n'a de poste que pour lui : l'Empereur et les ministères correspondent avec les mandarins de toutes les provinces par des courriers spéciaux ; les particuliers s'arrangent donc entre eux. Or, il y a une poste privée dont nous nous servons et qui fonctionne assez régulièrement. Vos lettres d'Europe mettent quatre jours pour venir de Chang-Hay à Han-Kéou, avec les vapeurs ; d'ici on les envoie à Tchong-Kin-Fou par la poste chinoise, qui va par le fleuve et par terre, au moyen de relais, sans s'arrêter ni le jour ni la nuit, et met jusqu'au Se-Tchouan vingt jours pour aller et dix jours seulement pour revenir, parce qu'on descend rapidement sur le Yang-tse. Le prix du port pour une lettre sans s'occuper du poids est de 60 sapèques ou 30 centimes et le courrier part tous les cinq jours du point terminus.

Quant aux télégraphes impériaux, n'en parlons pas, n'est-ce pas ? ils sont inconnus, on ne connaît même plus ceux qu'inventa l'empereur Ou-Ouang (mille deux cents ans avant J.-C.).

C'étaient des fourneaux établis dans la campagne et séparés l'un de l'autre par une distance de un kilomètre environ ; quand on voulait par exemple transmettre rapidement la nouvelle de l'arrivée d'une bande de rebelles, on y brûlait des *argols* ou excréments de moutons et la blanche fumée qui s'en échappait avertissait le poste télégraphique voisin qui transmettait le signal à son tour par monts et par vaux ; on faisait ainsi une centaine de lieues par jour.

K int-chéou-fou (Hou-Pé),
15 janvier 1872.

Le samedi 30 décembre, à Han-Kéou, dernière ville où l'on rencontre des négociants européens et où les vapeurs s'arrêtent, j'étais à dîner quand le courrier Lu entra et se prosternant jusqu'à terre, vint me dire que tout était prêt pour le départ. En un quart d'heure j'avais fait mon paquet, dit adieu aux amis et je me rendais sur les bords du Fleuve Bleu ; on monte dans un petit canot, et nous voilà partis, nous faufilant au milieu des nombreuses jonques ou grosses barques qui se trouvent ancrées dans le grand port ; au bout d'une demi-heure nous avions trouvé la nôtre, les bateliers nous y faisaient entrer et se chargeaient de mon léger bagage. C'était fini : désormais la Chine, et rien que la Chine !...

Je trouvai en arrivant les deux autres courriers qui disposaient tout dans les cabines, de manière à me donner et à se donner à eux-mêmes le plus de confortable possible ; les Chinois sont uniques en ces circonstances, ils savent mieux qu'aucun Européen disposer et faire tous les arrangements de leur chez soi. Avez-vous vu les Anglais en voyage ? Le Chinois, c'est l'Anglais de l'Orient, il est partout chez lui et vit partout à l'aise.

Une jonque chinoise ! figurez-vous un de ces gros bateaux qui voyagent sur nos canaux de France, mais de formes plus légères et plus gracieuses, quelque chose même de svelte et d'élégant ; l'avant se termine

toujours en pointe, l'arrière se redresse d'une façon co-
quette, surmonté de deux énormes lanternes qu'on
n'allume jamais ; elles servent de décoration et souvent
portent les noms, titres et qualités des « illustres »
hôtes qu'abrite la barque ; deux mâts, le plus petit à
l'avant, l'autre très-grand, presque au milieu ; sur ces
mâts, les longues voiles de bambou qui se plissent
comme des éventails. Il y a à l'avant une sorte de pont
découvert, et très-étroit, qui sert pour les manœuvres
des bateliers, puis vient une façon de petite maison ou
cabine construite sur la barque et qui forme corps avec
elle ; le dessus ou toiture va toujours en s'élevant jusqu'à l'arrière ; dans cette maison ou cabine, trois compartiments : le premier, long de cinq ou six mètres et
large de trois, c'est la chambre commune ou le salon
et dans un coin, près de la porte, la cuisine ; on entre
par cette porte en se courbant un peu, mais dans la
chambre on peut tout juste se tenir debout ; le second
compartiment est un peu moins long, c'est ma chambre
à coucher ; le troisième sert de chambre au patron de la
barque et à sa famille ; quand la nuit vient, les courriers déroulent leurs nattes et leurs lits et ronflent le
mieux du monde, étendus sur le plancher de la première salle et moi, dans une chambre séparée de la
leur et de celle du patron par une mince cloison fen-
dillée qui ne protége guère des yeux curieux qui veulent
voir le *si-yang-jen*, l'homme des contrées occidentales,
je tache de dormir sur mon lit chinois ; mon lit ! une
planche élevée au-dessus du sol, sur la planche une
natte et sur la natte deux couvertures ; on s'introduit

Jonque sur le Fleuve-Bleu.

tout habillé entre les deux couvertures et sur douze heures, j'en emploie ordinairement six à sommeiller et six à penser à vous !

. . . .

Les mariniers qui ne sont pas de la famille du patron de la barque construisent le soir sur le pont découvert une case avec des bambous et des nattes, puis ils établissent leur lit et dorment comme des bienheureux en attendant l'aube. On ne voyage jamais pendant la nuit.

Nous devions partir le jour même, le samedi 30 décembre, je ne sais pourquoi on a remis au lendemain ; du reste, pour cette fois, je n'ai pas trouvé le temps long ; la nouveauté des choses m'intéressait au plus haut point. Le moment du dîner arrivait bientôt ; en attendant, j'examinais l'intérieur de la chambre commune ; une petite estrade dans un coin avec toute la batterie de cuisine, qui est sommaire ; une table, quatre chaises en bois comme celles que l'on voit dans nos villages lorrains, mais dans le goût chinois et en bambou, l'arbre aux multiples usages ; des paniers qui contiennent les provisions : le riz, le vin ; puis, des deux côtés de la chambre, fixées contre les parois de la barque, deux petites perches ; au moyen d'un système de cordes et de ficelles on y suspend ici la pipe à eau avec tous ses accessoires, là une volaille ; d'un côté une paire de bottes, de l'autre un gros morceau de porc, etc. Le plus jeune des courriers, Lieou, fait la cuisine et me sert à l'européenne trois plats passablement accommodés ; on apporte aussi des bâtonnets, mais j'exhibe mes couverts et mon couteau, et je renvoie les bâtonnets à un peu plus tard. Du vin, des oranges et du thé, rien ne manque et la pipe vient après; désormais il me faut fumer, les rites l'exigent. Les chrétiens prennent la pipe, la nettoient, la remplissent, l'allument en me la présentant et ne souffrent jamais que le Père entre dans ces détails.

Pour eux et pour les bateliers on a fait cuire le riz qu'on place tout chaud dans un panier, au sortir de la grande marmite; à côté du panier et sur le pont du bateau on a posé sans façon deux ou trois petites assiettes, qui contiennent du piment rouge et du poisson salé; chacun s'est assis sur les talons après avoir saisi d'une main les bâtonnets de bambou, de l'autre une tasse bleue pleine de riz et le repas du soir commence sous la voûte étoilée au milieu des conversations et des éclats de rire de l'équipage.

Après le souper, la nuit venait, et pour la première fois je voyais les superstitions à bord des bateaux. Le chef de la jonque, *lao-pan*, s'avance gravement avec un plateau sur lequel il y a un gros quartier de porc, du riz, du thé et du sel; il le dépose à la proue; pendant ce temps-là, un homme du bord frappe à grands coups de marteau sur le *gong* ou *tamtam* qui résonne d'une façon effrayante (cet instrument produit les premières fois une impression étrange de peur et d'effroi), et le plus jeune des mousses brûle du papier sacré tout autour de l'avant, en promenant ici et là son papier enflammé, un peu comme le prêtre à l'encensement de l'autel, dans nos églises catholiques; puis il fait éclater une douzaine de pétards attachés en grappe, et c'est ainsi que tous les soirs les marins chinois demandent au Diable du beau temps pour le lendemain.

Ce lendemain, un dimanche, dès le grand matin, nous voilà partis ; trois moyens d'avancer sur le canal où nous venons de nous engager en quittant le Yang-tse pour couper au court : la voile, la rame et une corde de halage à laquelle dix, trente et quelquefois cinquante ou soixante hommes s'attellent en tirant de toutes leurs forces depuis le rivage et en répétant sans cesse, pour s'exciter mutuellement : « *La tche ! la tche !* » Tire ! tire ! Mais, quelle lenteur ! quelle lenteur ! et comme un Français qui va de Paris à Strasbourg en une petite journée se trouve désagréablement surpris par ce mode de voyage à la chinoise ! Heureux pourtant celui qui, aujourd'hui, peut déjà faire avec la vapeur, en quatre jours, de Chang-Hay à Han-Kéou, un voyage qui demandait plus d'un mois il y a quelques années.

Rien d'intéressant comme pays : nous sommes presque toujours au milieu des rizières ; le 31 nous arrivons à une douane vers midi et comme il faut attendre son tour pour passer, nous attendons jusqu'au lendemain matin et nous couchons là. Le lendemain, on tirait de la cale les ligatures de sapèques pour payer les droits.

Que faire pendant ces longues heures d'attente ? Je suis Européen, encore gauche et embarrassé dans mon nouveau costume ; je ne puis descendre à terre sans exciter l'attention et la curiosité de gens inoffensifs peut-être, mais qui me suivraient partout et seraient pour moi un ennui insupportable. Que faire donc ?

Je reste là assis au fond de la barque, et suis obligé de passer ma journée avec mes livres, mon bréviaire, mon dictionnaire chinois et… ma pipe. Mes courriers essayant toujours de me faire causer, je dois leur dire les choses les plus extraordinaires en faisant des fautes de ton, car parfois ils ne peuvent s'empêcher de sourire respectueusement.

Les bonnes gens ! ils sont aux plus petits soins pour moi ; ils me trouvent des gâteaux de froment qui, à la rigueur, peuvent ressembler à du mauvais pain ; ils ont du café et mille petites choses précieuses pour un Parisien perdu au milieu de la Chine ; ils me traitent réellement comme si j'étais un homme de papier mouillé qui va se déchirer d'un moment à l'autre. Décidément on a tort, en Europe, de juger les Chinois incapables de sentiments élevés. J'aime mes courriers ; ils sont intelligents et bons.

— Le 1er janvier 1872, date qui passe complétement inaperçue en Chine, à quatre heures du matin, je célébrai la messe de la Circoncision dans la barque, sur un autel préparé par mes chrétiens au moyen de leurs caisses et ballots. La chose s'est faite sans bruit, sans ambages, et j'ai eu un instant le bon Dieu pour compagnon de voyage. C'est une consolation inappréciable, et maintenant, vogue la nacelle ! Nous partons : temps superbe, villages nombreux sur la rive, sites enchanteurs ; nous mouillons dans une petite anse.

— Le 2, nous arrivons à un endroit où il y a un poste de police, *Kouan-chouy ;* nous couchons là tout près et je fais savoir au mandarin qu'il a pour voisin un

homme du grand royaume de France, *ta-fa-koué-jen* ;
je lui envoie mes salutations sur une carte en beau
papier rouge, selon la coutume.

— Le 3, les bateliers sont infatigables ; ce jour-là,
comme pour regagner le temps perdu, ils travaillent
depuis le grand matin jusqu'à la nuit déjà commencée.

Encore un préjugé renversé : les Chinois ne ressemblent pas, comme on se l'imagine dans notre pays, à
leurs magots de porcelaine aux attitudes nonchalantes
et paresseuses ; ils ne sont nullement paresseux ; au
contraire, je les vois actifs, laborieux, durs à la besogne ;
le patron de la barque est un jeune homme toujours
gai, toujours content ; il paraît me respecter beaucoup
et me rend de petits services. Il a deux femmes avec
lui ; l'une semble être sa mère, l'autre son épouse ; elles
travaillent toutes deux à la manœuvre et tiennent en
main le gouvernail à tour de rôle.

— Le 4, nous sommes en pleine inondation : nous
voguons sur les maisons, les arbres et les champs. C'est
chose commune en Chine et c'est un spectacle à la fois
triste et splendide. Tout me fait supposer qu'il y a longtemps que cette inondation dure, car je ne vois organiser aucun moyen de sauvetage et nous ramons soli-
tairement, en nous maintenant dans le lit du canal. Un
vent violent s'élève ; nous passons une nuit affreuse
dans un petit port de village.

— Le lendemain 5, on part malgré la tempête et
nous faisons une course furieuse : roulis et tangage,
comme en plein Océan ; accroupi dans un coin, j'ai

presque le mal de mer : tout danse, tout roule dans la barque. La nuit est assez bonne.

— Le 6, jour de l'Épiphanie, je dis encore la messe ; c'est une vraie chance de pouvoir le faire ; les missionnaires, presque jamais, n'ont pu avoir ce bonheur pendant leurs voyages sur le Fleuve Bleu ou ses affluents ; il est vrai que la chose est plus facile pour moi, qui suis seul avec mes courriers. Cette fois, je commence à croire que nous ne sommes plus en pays inondé, mais bien sur un lac situé dans le coude fait par le *Yang-tse*, entre Han-Kéou et *Kin-tcheou-fou*; ce lac a trois lieues de long. J'aperçois un grand nombre de jonques qui nous précèdent ou nous suivent; dans une de celles-ci il y a un riche lettré du Se-Tchouan, qui est chrétien; il est venu dîner hier avec les courriers (je dis les courriers, car, pour moi, je mange toujours à part et seul, c'est la règle de politesse). Ce lettré m'a salué en fléchissant les deux genoux devant moi; si on ne se rappelait pas que l'on est prêtre du Très-Haut, quelle confusion on ressentirait ! Il a aussi voulu absolument m'apporter du feu pour la pipe.

— Du 7 au 12, rien de bien intéressant ; nous avons quitté le lac pour entrer dans un autre canal; la campagne est de nouveau inondée; les courriers ont des armes à feu, pistolets et fusils; de temps à autre, ils descendent à terre, abattent une pièce de volaille et me la servent à table; la volaille ne manque pas et s'ils étaient ici nos chasseurs de France seraient dans le ravissement : vanneaux, pluviers, faisans, canards mandarins, sarcelles, bécassines, lièvres et chevreuils abondent dans ces parages ; seulement nos chasseurs devraient amener avec eux nos cuisiniers, car tous ces trésors livrés aux Vatel du Céleste Empire (n'en déplaise au bon Lieou) ne font en somme que des plats piteux d'aspect et peu agréables au goût : les malheureux, ils ne savent pas ce que c'est qu'un rôti ! Les fusils de nos courriers sont encore les vieux fusils à mèche du moyen âge ; cette arme est longue et légère, elle porte très-bien et j'ai pu m'en convaincre en l'essayant un jour sur un oiseau de petite taille que j'abattis à une assez grande distance. Dans la soirée quand nous avons jeté l'ancre, si nous sommes dans un endroit isolé, mes gens tirent quelques coups pour effrayer les voleurs. Je fais un jour l'expérience du cercle astronomique pour avoir l'heure vraie au soleil et régler ma montre ; je suis sûr que mes compagnons m'auront pris pour un grand savant !

Je vois aussi pour la première fois les cormorans pêcheurs. Les pauvres oiseaux, perchés sur le bord d'une barque, tout hérissés, se jettent à l'eau et reviennent toujours avec un poisson dans le bec ; un anneau de fer fixé au cou les empêche d'avaler leur proie. Dans d'autres barques, on pêche au filet carré, qui, placé à l'avant, s'abaisse ou se relève au moyen d'un système de bambous. Les rivières de Chine abondent en toutes espèces de poissons : des poissons blancs, des tanches, des carpes, des brochets et une foule de poissons inconnus dans nos pays, entre autres le fameux *kouan-yu*, poisson mandarinal.

— Le samedi 13 janvier, seconde douane ; on n'en

finit pas avec ces formalités. Pendant que je dis mon bréviaire, arrivent quatre ou cinq personnages dans la barque, ils s'asseoient et se mettent à causer avec les courriers ; le décorum m'empêche de leur donner beaucoup d'attention, mais quand pourtant j'ai tourné un peu la tête de leur côté, l'un d'eux s'avance, m'adresse la parole en bon français et tous tombent à genoux.

Mon interlocuteur est un séminariste chinois de la mission du Hou-Pé, qui fait son stage près du Père G..., missionnaire italien, dont la résidence est à Kin-tcheou-fou, seconde ville de la province. Ce séminariste lui-même a été en Europe ; il a habité quelque temps Rome, Naples et Marseille et appris notre langue ; il vient me chercher pour aller passer trois ou quatre jours à Kin-tcheou, car on a prévenu le missionnaire par la poste depuis Han-Kéou. Me voici heureux, on peut le croire ; je mets mes plus beaux habits et descends à terre pour partir ; les courriers doivent transporter toutes les marchandises sur une autre jonque ; c'est ici tout près qu'on retrouve le Yang-tse-Kiang, à *Cha-che*, encore un autre immense entrepôt de commerce (50 lieues de Han-Kéou) et pour le grand fleuve notre bateau actuel est trop petit ; on viendra me chercher quand tout sera fait : *Va bene !*

On veut me faire prendre une petite barque pour aller, par un canal voisin, jusqu'aux remparts de la ville, à quelques lieues ; j'en ai assez ! je veux marcher, je suis privé depuis quinze jours de ce plaisir ; partons à pied et faisons les dix *ly* ou la lieue qui nous sépare de la résidence du Père G..., située dans la banlieue de Kin-tcheou. Et nous voilà par un beau temps et sous un gai soleil, dans la campagne, sur les petits sentiers chinois et au milieu des arcs de triomphe élevés aux vierges qui n'ont point voulu se marier pour se consacrer au service de leurs parents ou aux veuves restées fidèles à la mémoire de leurs maris.

Ceci est bien chinois ; mais, autres pays, autres mœurs. Toujours est-il que ces monuments sont d'un joli effet ; ils sont en bois ou en pierre, ornés de sculptures et des inscriptions pompeuses s'étalent en lettres d'or au frontispice ou sur les côtés, pour célébrer les vertus des héroïnes en l'honneur desquelles ils furent élevés.

Veut-on un spécimen de ces inscriptions relevé sur un arc de triomphe dans la campagne de Kin-tcheou ?

« Un bon sujet ne sert pas deux souverains : une femme vertueuse ne prend pas deux époux. »

Tchong tchen pou se eul Kiun, tchen fou pou se eul fou.

Je traverse un petit bourg, deux villages et j'arrive sous les murs de la grande ville de Kin-tcheou sans que personne ait pris garde à moi ; mais si ! on m'a regardé deux ou trois fois, il me semble ; c'est parce que je suis vêtu comme un lettré et que je dois avoir plus de distinction qu'un paysan ou un ouvrier ! je suis donc ravi qu'on me prenne pour un habitant du Céleste Empire et qu'on me donne enfin comme un brevet de citoyen chinois !

A notre arrivée à la Résidence, un Père chinois vient

à ma rencontre ; il a été douze ans à Naples et parle parfaitement le français et l'italien ; c'est un plaisir de causer avec le Père *Hoang*. Le Père G... n'est pas là ; il est à courir dans la montagne pour son ministère, il reviendra après-demain.

— Le 14, un dimanche, j'ai dit la messe devant trois cents chrétiens ; j'ai eu ainsi le bonheur de voir que les efforts des missionnaires ne sont point stériles. Que j'aime ces braves gens et leurs usages ! tout est si patriarcal, si biblique ! Pendant que nous prenions notre repas solennellement, en présence du public, il y avait dans la salle une trentaine d'hommes de tout âge et de toute condition, qui nous environnaient et prenaient plaisir à nous rendre tous les services imaginables. Hier on m'a conduit dans une famille chrétienne qui jouit d'une belle aisance ; les chefs de la famille sont de gros négociants et j'ai vu faire dans leurs ateliers ces fameux parapluies en papier verni qui causent notre étonnement en Europe.

La maison se compose d'une quarantaine de personnes. Pour qui aime la Bible, je le répète, c'est ici, en Chine, qu'on retrouve Abraham, Isaac et Jacob ; on nous a apporté au salon des pipes et du thé et pendant que nous prenions ces rafraîchissements, depuis le chef de la famille et la vieille mère jusqu'aux plus petits enfants, dont on guidait les pas chancelants, tous sont venus me saluer à l'orientale.

Kin-tcheou-fou est une ville double : d'un côté la ville chinoise, de l'autre la ville tartare ou ville militaire, qui est aussi considérable que la première et a aussi son enceinte fortifiée ; elle est commandée par le général mandchoux ou *kiang-kiun ;* c'est un des principaux centres de garnison de l'empire ; l'armée tartare, le véritable noyau de l'armée chinoise, étant répandue un peu çà et là, du nord au midi et de l'est à l'ouest. Malgré un peu de répugnance, et sur les instances du Père Hoang, avec lui et escorté de quelques chrétiens, j'allai visiter la ville. Elle me parut assez belle, avec des rues étroites, mais bien pavées et bordées de beaux magasins. Les étalages de ces magasins se font en plein vent, entre les colonnes et les pilastres. L'usage des vitres est inconnu ici, mais il y a un luxe d'enseignes inouï : enseignes horizontales et verticales, avec de magnifiques et gigantesques caractères peints en or ou en vermillon, sur laque noire.

Parfois nous nous avancions à travers des quartiers consacrés uniquement au commerce, ailleurs nous parcourions de longues rues où l'on ne trouve que des maisons bourgeoises, maisons basses et qui n'ont qu'un rez-de-chaussée ; elles sont construites en briques ou en bois peint d'une couleur rougeâtre et recouvertes de tuiles grises. Dans ces maisons on peut voir plusieurs corps de bâtiments séparés par des cours et de petits jardins en miniature remplis d'arbustes auxquels on fait prendre les formes les plus surprenantes, formes d'animaux surtout. Les fenêtres des appartements donnent sur ces cours et jardins ; elles sont garnies d'un treillage fixe et d'un papier blanc qui laisse passer la lumière sans permettre de distinguer les objets du dehors : le bord du toit, on le sait, est relevé en forme

de gouttière, les angles sont terminés en arc et représentent des dragons ou des animaux fantastiques.

Il n'y a pas de monuments publics dans les villes
chinoises, si ce n'est les tribunaux et les pagodes ; je
savais que je rencontrerais au Se-Tchouan de fort belles
pagodes ; ici je voulus visiter les prétoires des mandarins,
puisque j'en avais l'occasion. Qu'on se figure d'abord
une grande enceinte murée et devant l'enceinte, en
face de l'entrée principale, deux immenses mâts de
pavillon qui supportent l'étendard impérial, hissé au
sommet ; la toiture est chargée de petits belvédères à
plusieurs étages, aux toits superposés et recourbés dans
le même sens ; au centre des bâtiments, une grande
salle dont le portail est orné de peintures qui représentent des personnages historiques ; la salle de justice,
où siège le préfet, est située tout au fond et pour y
arriver il faut faire un assez long chemin en traversant
toute une série de portails et de cours intermédiaires ;
les bureaux des greffiers, les appartements du mandarin
et des employés, les prisons des condamnés ou des
prévenus trouvent place dans ce vaste local.

Dans le courant de ma promenade j'eus occasion de
remarquer que les Chinois et les Tartares, dans les
villes de garnison, ne vivent pas toujours en parfaite
intelligence ; je fus le témoin de plusieurs rixes et
batailles où généralement c'était le soldat grossier et
mal élevé qui avait commencé à chercher noise au
tranquille et paisible bourgeois ; il vint un moment où
moi-même j'eus à me plaindre des militaires désœuvrés;
ne sachant que faire et bayant aux corneilles, ils eurent

bientôt remarqué quelque chose d'insolite quand leurs regards se furent un peu arrêtés sur ma physionomie. Je m'en doutais à l'avance ; je devais forcément, tôt ou tard, attirer la curiosité ; aussi, je vis se former un rassemblement qui me suivait par-derrière, pendant qu'on se demandait à droite et à gauche, dans la rue : « Ce monsieur est-il Européen ou Cantonnais ? » Chose singulière ! la Chine est si vaste, que de province à province on est étranger et que Canton ou Paris, c'est à peu près la même chose pour Kin-tcheou. Pourtant peu à peu, à un coude de la rue, la foule se dissipa et je pus visiter à mon aise la ville tartare, où je ne trouvai rien de curieux, à part la grande place des exercices, près du palais du général. J'eus aussi l'occasion de remarquer que les femmes tartares, loin de se comprimer les pieds comme les Chinoises, leur laissent au contraire prendre leur développement naturel et raisonnable.

Deux mandarins militaires mandchoux sont venus à la maison du missionnaire. Je suppose que c'est tout simplement pour avoir le plaisir de contempler un diable d'Occident ; aussi le Père Hoang m'a présenté à eux et j'ai eu soin d'observer exactement le cérémonial prescrit par les rites pour les visites, gardant un sérieux imperturbable en élevant ma tasse de thé à la hauteur de mes yeux pour faire honneur à nos hôtes et ne buvant que lorsqu'ils buvaient eux-mêmes et à petits coups. Je faisais aussi traduire mes compliments par le Père Hoang, qui est réellement un homme supérieur..... Je n'ai vu le Père G... que très-peu de temps à son retour de la montagne ; nous avons causé de l'état du christianisme dans le Hou-Pé ; il est loin d'être aussi florissant que dans nos missions du Se-Tchouan.

IV

LE SE-TCHOUAN. — TCHONG-KIN-FOU.

Kouy-fou, Se-Tchouan oriental, 6 février 1872.

Hier notre barque faisait son entrée dans le port de Kouy-fou, ville de premier ordre (Se-Tchouan) ; immédiatement après avoir jeté l'ancre j'allais à terre et je montais dans un palanquin ; la ville est à quelque distance du bord de l'eau ; en y entrant, sans souci du populaire qu'on appelle ici les cent familles, et, bien malgré moi, les porteurs, marchant comme le vent, criaient à tue-tête et culbutaient les distraits sur leur passage. Enfin ils s'arrêtèrent devant une maison de bonne apparence, dont on ouvrit bientôt après les trois ou quatre portes à grand fracas ; au bout de toutes ces portes et de toutes ces cours chinoises, je trouvai un ami et un compatriote, le Père O..., de Nantes ! Vive la France ! Oui, vive la France ! Car nous en causons et nous ne pouvons nous lasser de causer de cette chère patrie dont nous sommes séparés par des milliers de lieues ; mais, comme disent les Chinois : « Le cœur ne connaît point les distances ! »

La France ! Elle est du moins connue ici ! elle est connue au Se-Tchouan ! J'ai dit ailleurs combien j'avais été attristé de voir que rien ou presque rien ne me rappelait mon pays pendant mon long voyage à travers la Méditerranée et la mer des Indes surtout ; combien j'étais heureux en foulant le sol de la Cochinchine française ; mais en quittant notre colonie, derechef, je n'ai plus jamais aperçu que l'étranger ; l'Anglais et l'Américain sont partout sur le littoral à Hong-Kong, à Chang-Häy, à Han-kéou. Et maintenant, me voici perdu au fond de l'Empire chinois et je retrouve mon pays, ma langue, mes usages, ma religion avec les missionnaires, et les chrétiens et les païens même qui m'entourent ne connaissent qu'une nation européenne, la France !

Je me réserve néanmoins quelques instants pour écrire la suite de mon voyage. Le 17 janvier, je me rends à Cha-che, près de Kin-tcheou et je monte à bord d'une grosse jonque de même modèle que la première mais beaucoup plus grande ; sur les flancs à bâbord et à tribord on a assujetti de grosses pièces de bois afin de protéger la barque contre les rochers de la rive ou les écueils du fleuve quand nous serons secoués par les rapides. Nous avons cinquante hommes d'équipage qui couchent sur le pont ; à l'arrière il y a deux cabines, l'une est la mienne ; j'y couche avec deux des courriers, le troisième s'installe pour la nuit sur une autre barque que nous avons aussi louée ; la seconde cabine est celle du patron ; le jour, on enlève la toiture et le pilote s'y installe pour manier le gouvernail. Nous partons au son du tamtam et au bruit des pétards. Le spectacle est grandiose ; nous avons rejoint le Yang-tse-Kiang, qui roule impétueux, large, profond, couvert d'embarcations. Nous sommes encore au milieu de terrains plats ; le rivage est couvert de grands roseaux.

Le 23, pour la première fois, je vois les montagnes se resserrer près du fleuve ; sur la rive très accidentée, on aperçoit d'énormes pierres et des blocs de rochers qui ont roulé çà et là et sont entassés les uns sur les autres ; c'est comme l'image du chaos dans sa splendeur primitive ; voici une ville de troisième ordre bâtie sur la montagne ; on ne s'arrête pas.

Le 24, une grande tour à sept étages et toits superposés annonce l'approche de *I-tchang-fou ;* ville de première classe qui se trouve à vingt ly ou deux lieues (Hou-Pé). C'est le grand port commerçant qui réunit les négociants des provinces de l'ouest et du centre quand ils ont à traiter entre eux. Les bateaux à vapeur peuvent venir jusque là ; plus loin la navigation à vapeur est presque impossible (1).

Le 25, *I-tchang-fou ;* je passe là trois jours, enfermé dans la barque ; il n'y a pas moyen d'aller en ville, je courrais trop grand risque d'être remarqué et m'exposerais à me faire suivre partout de la foule curieuse.

Les douaniers viennent à bord prélever la taxe et fouillent toutes les marchandises avec leurs longues

____

1. La convention de Tche-fou a ouvert I-tchang-fou aux Européens en 1877.

tiges d'acier, mais ils respectent mes malles et mes effets. Quelqu'un s'introduit dans la barque ; c'est un jeune homme fort bien mis, qui veut absolument causer avec moi. Je ne sais à qui j'ai affaire et n'ai qu'une ressource, causer avec le dictionnaire du P. Perny, qui donne le mot français à côté du caractère chinois et de la prononciation. Je me tire à peu près d'affaire, grâce à cela, et je crois comprendre par les caractères que mon hôte me désigne et dont j'ai le sens, qu'il veut m'inviter à dîner. Je refuse poliment et finalement les courriers arrivent pour me tirer d'embarras.

On m'a dit ici le mot de l'énigme ; ce visiteur était un *tong-sen*, c'est-à-dire un candidat au baccalauréat ; il paraît que la ville, à notre passage, était remplie de jeunes lettrés qui venaient y passer leurs examens annuels. Un d'eux, cousin du patron de ma barque, étant venu sur le fleuve, on lui avait dit sans doute : Il y a là *un grand homme* des pays occidentaux, il avait voulu voir, et m'avait fait de pures politesses, sans avoir la pensée que j'accepterais ses invitations. Tous ces lettrés sont jolis, proprets, bien vêtus ; ils parlent bien et me rappellent nos élégants des boulevards, à Paris.

Le 27, je mets pied à terre un instant et me promène sur la rive ; le temps est toujours beau, peu ou point de pluie ; ici il ne fait pas froid, décidément ! On part vers le soir et nous allons mouiller sous un rocher creusé en grotte ; nous couchons au milieu de montagnes noires d'une hauteur incroyable.

Le 29, nous sommes dans les gorges d'I-tchang aux

frontières du Hou-Pé ; de chaque côté des rochers superbes, droits comme des murailles, couverts de végétation ; dans ces défilés l'eau profonde coule assez lentement, le silence est solennel, troublé seulement par le bruit des rames tombant et retombant en cadence et par les cris que nos mariniers poussent par saccades en s'excitant mutuellement ; nous voici en face du premier rapide, *Hoang-lin-tse*. Le fleuve est resserré entre des montagnes à pic ; gêné par les rochers énormes qui sont dans son lit et parfois émergent et montrent leurs têtes noires au-dessus des flots, il devient torrent et présente de graves difficultés, tant pour la montée que pour la descente. Malheur au pilote qui a un moment d'oubli ! Malheur aux navires mal conditionnés dont le gouvernail ou les câbles de halage viennent à casser ! Le malheureux navire, emporté alors par un courant irrésistible, va se jeter contre les récifs et périt corps et biens !

Plusieurs jonques éventrées, qu'on voit de temps en temps sur le bord de l'eau, ne sont pas d'un aspect bien rassurant. Apparemment, les courriers s'imaginent que j'ai peur, car ils me font descendre et suivre un sentier creusé dans le rocher pour les remorqueurs, puis ils m'installent dans une mauvaise auberge de bateliers, en compagnie d'une pipe et d'une tasse de thé, pendant que la jonque passe au milieu du rapide.

Le 30, deuxième rapide, *Hong-che* ; nous couchons près du troisième, *Ta-che*, qui est le plus grand et le plus dangereux.

Le 31, à la pointe de l'aube, tout est en mouvement sur

le bateau, le gros de nos hommes va à terre. Je ne sais comment ils vont s'en tirer : point de chemin de halage ; il faut à chaque instant gravir des rochers qui font obstacle, et les escalader à la façon des chamois dans les Alpes, ayant d'un côté la pierre nue, de l'autre le gouffre béant du fleuve qui donne le vertige. Aussitôt que l'ancre est levée, ils se mettent à tirer vigoureusement la remorque en s'excitant par de grands cris ; deux chefs d'équipe les stimulent encore davantage en déchargeant sur leurs épaules de grands coups de rotin ; trois hommes sont à la barre et y emploient toutes leurs forces ; un autre, à l'avant, sonde le fleuve avec une sorte de godille énorme ; un autre frappe sur le gong ; un dernier bat furieusement du tambour ; l'eau saute en gerbes brillantes et fait un bruit d'enfer autour du navire, qui craque d'une manière sinistre et gémit dans toute sa membrure. En un pareil moment, j'avoue qu'on est ému ; mais, grâce à Dieu, nous sommes passés ! Nous respirons plus librement, quoique nous ayons encore à éprouver les mêmes angoisses cinq ou six fois d'ici à Kouy-fou.

Après Ta-che, on arrive au grand village de *Chan-teou-pin*, puis au rapide de *Tsin-tan*, le plus dangereux de tous : deux villages à droite et à gauche tout peuplés de mariniers. On aperçoit d'ici les sombres montagnes de *Ou-chan*.

Ville de *Kouy-tcheou-hien*, de troisième classe ; *Ou-chan-hien*, située sur une hauteur ; grands rapides dangereux de *Ya-thang* et de *Mou-keou-thang* ; grâce au Ciel, point de cordes cassées ni d'accidents d'aucune sorte, ce qui doit être rare.

Je suis un peu fatigué, sans pourtant être malade ; cela tient sans doute à cette navigation pénible et aux mauvaises nuits passées sur le lit chinois, qui n'est, après tout, qu'une vraie planche à laquelle on ne s'accoutume pas déjà si facilement ; quant à dormir ici, chez le P. O..., il n'y faut pas songer ; nous avons tout à côté de la maison le prétoire d'un mandarin de deuxième classe, et, pendant la nuit, un satellite fait un vacarme affreux, en sonnant les heures sur un tambour monstre ; de plus, Kouy-fou est une ville de luxe et de plaisir, où la morale est bien moins sévère que partout ailleurs : dans les rues, comme sur le fleuve, ce ne sont que bandes joyeuses d'hommes et de femmes qui nous assourdissent de leurs cris et de leur mauvaise musique.

Je termine ma lettre à la hâte ; le séminariste du P. O... vient me dire : « *Cymba urget*, le bateau est pressé de partir ! » On m'attend ! Je monte en palanquin pour descendre au port...

Dans la barque, sur le Yang-tse-Kiang,
entre Kouy-fou et Tchong-Kin (Se-
Tchouan oriental), le 14 février 1872.

En arrivant, on nous fait attendre une heure, parce que les reçus de la douane ne sont point encore remis. On les apporte, nous partons (7 février).

Le lendemain, à midi, les barques s'arrêtent ; c'est la veille du nouvel an chinois, *Sin-niên* ; ni aujourd'hui ni demain on ne marchera. Les réjouissances commencent. Quel luxe de pétards, grand Dieu ! Nos bateliers mettent leurs beaux habits, ils s'installent sur le pont dans tous les coins ; on bat le tambour ; on frappe sur le tamtam ; les uns jouent aux dominos, aux cartes ; les autres fument, d'autres encore se battent. C'est complet ! Les courriers, tout à l'heure, sont entrés dans ma chambre ; ils ont fermé la porte et se sont jetés à genoux : « Père, nous vous souhaitons mille félicités ! » Et moi de dire la formule : « *Tien-tchou-kiang-fou-ngy-mên !* « Que le Seigneur du Ciel vous bénisse ! bons et braves « chrétiens, je vous dois vraiment bien de la reconnais- « sance ! ». Puis je déballe un gros paquet de pains d'é- pice et de fruits qui m'ont été donnés à Kouy-fou, et j'invite mes gens à se rafraîchir.

Cependant on a tiré de la cale deux énormes lanternes d'un demi-mètre de long, on les a fixées à l'extrémité d'un long bambou et on a mis les bambous et les lanternes sur le toit de la barque. A l'arrière flotte le pavillon jaune ; on a écrit sur le pavillon cinq ou six gros carac- tères : « *Tong-se-to-ta-fa-koué-lay-ty.* Tong, docteur « et prêtre venu du grand royaume de France. » Il y avait devant nous, à quelques brasses, une barque man- darine qui n'avait pas plus d'insignes que la mienne !

Nous sommes en retard pour la nouvelle année, on le voit ; nous supputons par mois lunaires, ici, et aujour- d'hui c'est le sixième jour de la première lune : c'est ainsi désormais que je devrai compter.

Le samedi 10, on part de bonne heure. Sur la route, une ville de troisième ordre, une chrétienté administrée, me disent les courriers, par un prêtre chinois. J'ai pu comprendre cela et j'en suis tout réjoui.

Le 11. Les montagnes ne sont plus à pic sur le fleuve,

elles s'en écartent un peu ; le fleuve s'épanouit de nouveau dans la plaine et le paysage n'en devient que plus joli. Je vois des rizières, des champs de cannes à sucre, des plantations de pins ; çà et là dans la campagne des arbres qui ressemblent à l'olivier et au cerisier. Il fait très-beau temps.

Le 12, *Ouan-hien*. Quoique cette ville ne soit qu'une ville de troisième ordre, un *hien*, elle est grande, populeuse et vraiment belle ; elle est bâtie en amphithéâtre. J'aperçois les *ya-men* ou tribunaux des mandarins, marqués par les deux hautes colonnes placées devant l'entrée principale ; les pagodes, les monastères des bonzes à portes ornementées, les pavillons aux toits recourbés et aux tuiles vertes, étincelantes au soleil. C'est vraiment beau... et voici le Se-Tchouan dans toute sa splendeur. Sur les chemins qui conduisent à la ville, des bourgeois à pied, à cheval, en chaise ; des paysans qui apportent leurs provisions au marché ; sur le fleuve, les petites barquettes se croisent en tous sens, quelques-unes viennent accoster notre jonque ; les courriers achètent d'excellentes oranges et des morceaux de canne à sucre que je croyais meilleurs.

Mercredi 14. Ce matin, à mon lever, on m'a appelé pour me montrer quelque chose de surprenant ; c'est un rocher très-haut et très-large situé sur la rive ; contre le rocher une tour qui, s'appuyant à la pierre, monte jusqu'au sommet ; elle a dix étages, que j'ai bien comptés à l'aide de ma jumelle marine. L'étage supérieur forme pavillon et donne accès dans un vaste monastère bouddhique, bâti là-haut comme un nid d'aigle. Un village assez considérable a été construit dans le bas. Pour arriver chez eux, messieurs les bonzes sont obligés de monter tous les étages de la tour, ce qui doit leur prendre au moins une demi-heure. Il faut convenir que tout cela est parfaitement bizarre et original, parfaitement chinois. L'endroit s'appelle *Che-pao-tchaé*.

Vous avez maintenant une idée du voyage sur le *Ta-Kiang*. Même dans cette saison le spectacle est beau, et l'hiver ici n'est qu'un automne. Pour varier le paysage : des montagnes, des blocs de rochers entassés, des arbres au noir feuillage, inconnus en Europe, des oiseaux d'une grosseur extraordinaire, d'autres plus petits aux mille couleurs, le bec jaune, les pattes vertes, les plumes rouges et brunes ; des villes entourées de murs élevés, des fermes propres et bien entretenues au milieu de forêts de bambous, de jolies pagodes, des kiosques élégants ; l'œil est charmé à tout instant ; il n'y a que les rapides qui sont désagréables, à cause du danger qu'ils présentent, et encore on les passe au son de la musique et ces incidents ont un côté pittoresque ; quand c'est fait, les bateliers, comme de grands enfants insouciants, sautent de joie et se livrent à mille démonstrations d'allégresse sans penser que demain il faudra recommencer.

Mais on doit bien prendre garde de se mêler aux manœuvres de ces hommes, qui sont fort expérimentés, et nous point. On m'a montré ces derniers jours, un peu après avoir passé la ville de Ou-chan, l'endroit de triste mémoire où le P. M..., jeune missionnaire, est tombé à l'eau et s'est noyé misérablement pour avoir voulu tirer un cordage qui l'entraîna par dessus bord. Au demeurant ce voyage est réellement dangereux, comme le prouve cet exemple. Il est à désirer que le génie européen en vienne enfin à vaincre les difficultés que présentent les rapides, les chutes et les cataractes du Grand-Fleuve ; à creuser au milieu des rochers un chenal indiqué par des balises comme dans le canal de Suez. Il le faut surtout à Kouy-fou où la réunion des courants offre un obstacle terrible et dans la gorge de Tsin-tan, si redoutée des bateliers ; ces difficultés vaincues, le commerce y gagnera et la propagation de l'Évangile aussi !

Jeudi 15. *Tchong-tcheou*, ville de deuxième ordre, très-pittoresque au milieu des arbres.

17. *Fong-tou-hien*. Les *hien* sont les villes de troisième ordre. Le mot *tcheou*, à la fin, désigne une ville de second ordre. Ces deux classes sont des sous-préfectures. La terminaison *fou* indique une ville de premier ordre ou préfecture.

19. *Fou-tcheou*, à l'embouchure du fleuve de *Yeou-yang*, qui est la ville où l'on tue les missionnaires. Ce Yeou-yang est le pays le plus sauvage du Se-Tchouan oriental. Le vieux Lu cherche à me raconter quelque chose du martyre du P. Rigaud, dont il était le catéchiste.

21. *Tang-tcheou-hien*.

22. Encore cinquante ly, encore cinq lieues, et nous sommes au port. J'ai fini par m'habituer aux rapides que nous rencontrons de temps en temps, et puis la délivrance approche, et cela soutient le courage.

Tchong-kin-fou, 23 février. Notre jonque vient de passer devant la grande pagode située au bord du fleuve et en face du gros Bouddha qui tient ses mains jointes sur le ventre et qui a bien dix mètres de haut ; cette figure calme, aux traits allongés, à la contemplation passive, à la perpétuelle extase, c'est la divinité du fleuve.

Les Chinois lui ont imposé un abdomen monstrueux, il ne faut pas s'en étonner ; ils ne font rien comme nous. « Des gens qui se vêtent de blanc quand ils sont en « deuil, qui se fâchent lorsqu'on se découvre devant « eux, qui mangent le dessert au commencement du « dîner, ces gens-là semblent mettre le siège de l'in- « telligence ailleurs que dans le cerveau (1). » On dirait qu'ils l'ont placé dans le ventre. Quoi qu'il en soit, nos matelots brûlent des pétards pour remercier le dieu de notre heureux voyage ; plus que jamais ils font retentir bruyamment le tam-tam, et nous jetons l'ancre, au milieu d'un bruit effroyable, en face de deux grandes villes : *Tchong-kin-fou* et *Kiang-pé*, séparées l'une de l'autre par un affluent du Grand-Fleuve et qui contiennent plus d'un million d'habitants.

Descendu dans une petite barque et obligé de passer au milieu d'une foule de bateaux de commerce et de jonques pavoisées, décorées de tous les insignes man-dariniques, j'arrive, au bout d'une heure, devant l'es-calier, large et raide, qui conduit des dernières rues de la ville, bâtie en amphithéâtre, jusque dans l'eau du fleuve.

Là, je monte en palanquin et suis transporté rapide-ment à la maison épiscopale appelée *Tchen-yuen-tang*, ou Maison de la Vraie Origine. L'évêque, Mgr D...,n'y est

1. *Exploration du Mékong*, par M. de Carné.

pas ; il est en France ; mais j'y trouve deux missionnaires, le vieux procureur, le P. F..., qui a déjà trente-
cinq ans de Chine sur les épaules et un jeune homme,
le P. A..., que j'ai connu à Paris avant 1870, et qui a
séjourné dans la famille où j'apprends que l'on doit
m'envoyer pour étudier la langue. On me reçoit avec une
chaleur toute française et qui fait du bien ; on m'installe
dans une chambrette très-convenable, où je vais pouvoir
me reposer et passer quelques bonnes nuits dans un lit
plus commode et moins dur que celui du bateau.

Après les premiers épanchements, je n'ai rien de plus
pressé que de prendre connaissance des lieux. L'habi-
tation de l'évêque est une maison spacieuse, autrefois
détruite et pillée pendant la persécution, mais, depuis,
reconstruite et embellie à grands frais par les mandarins ; on y voit plusieurs cours et jardinets, des salles
de réception avec des entrées, comme dans les tribunaux des préfets ; ce sont des baies percées dans le mur
et affectant la forme circulaire, comme un énorme œil-de-
bœuf à ras de terre. Le *Tchen-yuen-tang* renferme un
nombreux domestique et de vieux serviteurs de la Mission retraités. Je reçois la visite des deux curés indigènes
et des principaux chrétiens : ils sont deux à trois mille
dans cette grande ville.

Tchong-kin, 3 mars.

Ce matin, à six heures, au lever du jour, une chaise à
porteurs très-confortable s'arrêtait à la porte extérieure
de la maison épiscopale, et j'y montai pour me rendre

dans la famille *Tong*, dont je porte le nom. Je passai
par des rues dont la ressemblance est parfaite avec
celles que l'on trouve dans toutes les villes chinoises ;
je dirai seulement qu'elles m'ont paru peut-être moins
propres que celles de Kin-tcheou. Dans cette grande cité
commerçante, la population énorme, le va et vient des
mariniers et des voyageurs, le climat pluvieux et le voisinage immédiat du grand fleuve, tout concourt à rendre
les rues sales et boueuses ; l'œil n'est donc pas satisfait
de ce côté-là ; le touriste qui viendra plus tard de
Paris à Tchon-kin devra aussi se munir d'Eau de Co-
logne et de flacons d'essences aromatiques sous peine
de ne pouvoir avancer qu'en se bouchant les narines, ce
qui est fort désagréable pour la respiration.

Outre l'odeur du musc particulière à la Chine et aux
Chinois, et après tout très-supportable quand on s'y
est habitué, il y en a une foule d'autres qui mettraient en fuite les moins difficiles de mes compatriotes :
odeurs de crasse, odeurs d'immondices, odeurs de cuisine, odeurs de boucherie, et que sais-je ?

En revanche, on peut voir à Tchong-kin des magasins
de toute sorte et très-bien tenus. Ici on vend des remèdes, c'est une pharmacie ; là on vous fera admirer
de superbes palanquins de ville ou de voyage ; plus
loin ce seront des étoffes de soie brodées et enrichies de
dessins fantaisistes qui représentent surtout des oiseaux
et des fleurs aux couleurs vives et variées ; avancez
encore, vous êtes devant un marchand d'ustensiles en
cuivre qui possède une belle collection de casseroles,
de théières, de cuvettes pour la toilette, de tubes à eau

et de pipes à petit foyer ; à côté on vous montrera enfin de très-belles porcelaines, vases à fleurs, assiettes et soucoupes, tasses à riz, à thé, à vin, ornées de la figure des *tsien-teou-jen* ou personnages des temps passés avec des devises écrites en beaux caractères, comme celles-ci par exemple :

Les nobles et les riches font grasse chère, les pauvres mangent des herbes.

Fou-kouy-jou-che, pin-tsien-ho-che.

Celui qui n'a pas d'or n'est pas noble ; le cheval qui n'a pas de fourrage n'engraisse pas.

Jen-ou-houang-tsay-pou-fou, ma-ou-ye-tsao-pou-fey.

Marchands d'idoles, de meubles, de lunettes, de pierres fines travaillées en globules ou en anneaux, d'éventails de forme ovale, carrée ou triangulaire, en soie, en papier de luxe, en feuilles de palmier ; ils sont tous là dans leurs magasins, ces riches Tchong-kinois, graves, imperturbables, vêtus de soie, cérémonieux de manières et de langage, vous regardant passer en tirant quelques bouffées de leur tube à eau ou en faisant leurs supputations à l'aide de la machine à compter, le *souan-pan* aux trois tringles où sont enchâssées des billes de bois mobiles.

Et au milieu de la voie publique, sur les larges dalles du pavé noir et glissant, quel bruit, quelle animation ! un jongleur fait des tours tout près d'un théâtre de marionnettes qui nous montre que ce goût est de tous les pays ; un tireur de cartes est fort entouré par des paysans qui sont venus au marché, et c'est encore comme chez nous, car tous les hommes se ressemblent, sous toutes les latitudes ; des marchands des quatre-saisons vendent une tranche d'orange ou un *se-tse* (sorte de figue sèche) pour la modique somme d'une sapèque ; un perruquier tourne entre ses mains habiles le crâne rasé d'un fils de Han et lui tresse soigneusement la queue avec une dextérité merveilleuse ; tout un peuple d'ouvriers, d'employés, de soldats, de porteurs de fardeaux, vous heurte, vous coudoie et vous bouscule, et de tous les côtés partent, en signe de quelque réjouissance, des bruits assourdissants de pétards et de fusées. Qu'eût dit Boileau, grand Dieu ! s'il se fût trouvé dans cette bagarre ? Les *Embarras de Paris* sont bien dépassés.

Cependant le jeune commis d'une grande maison court vers le port pour y recevoir les marchandises expédiées à ses patrons ; le riche bourgeois promène çà et là son ventre rebondi et se met en quête de nouvelles en vrai Athénien qu'il est ; la dame de qualité trottine sur ses petits pieds en s'appuyant sur l'épaule de deux suivantes et le bonze, à l'air dévot, enveloppé dans son large vêtement gris-cendré, passe au milieu de la cohue; mais, tout à coup, le gong a retenti, la foule s'écarte et voici venir tout courant le cortège d'un mandarin : porteurs de palanquins, d'étendards, d'insignes, de tablettes, tous arrivent, paraissent et disparaissent avec la rapidité de l'éclair ; les pauvres gens ont eu soin d'enlever leurs chapeaux de paille et de dérouler leurs nattes, et j'en vois qui se frottent encore les côtes plus ou moins enfoncées par les brancards des palanquins ou le rotin des satellites du grand homme père et mère du peuple, *Fou-mou-Kouan*.

Après avoir traversé une immense place qui sert, m'a-t-on dit, aux manœuvres et aux revues des soldats, je passai à côté d'un quartier récemment détruit par le feu et qui présentait le spectacle dela plus affreuse désolation. Tout était calciné, noir, hideux, les ruines de ces pauvres maisons brûlées laissaient encore échapper des torrents de fumée infecte et au milieu de ces ruines et de cette fumée on pouvait voir les malheureux habitants cherchant les épaves de leur fortune contre toute espérance. Qu'on juge de ce que peut être un fléau comme l'incendie dans une ville où toutes ou presque toutes les constructions sont en bois, où le service des pompes et des secours est nul ou à peu près et où les voleurs et les pillards sont aussi nombreux que les étoiles du firmament et le sable de la mer !

J'arrivai bientôt chez ces riches chrétiens, où je devais célébrer la messe. Leur maison est un petit palais ; salles, galeries, jardins, tout est orné avec un goût et une élégance qui témoignent que les négociants de Tchong-kin ne sont pas les premiers venus. Dans un endroit spécial, au centre de la maison, je trouvai une chapelle ou *kin-tang, salle de prières*, avec un autel en bois sculpté et tout ce qu'il fallait pour dire la sainte messe. Il y avait là une quarantaine d'hommes et à peu près autant de femmes ; c'est-à-dire les chefs de famille, les fils, les arrière-petits-fils, les filles, les domestiques et les nourrices.

Après la sainte messe, on m'invita à passer dans la salle des hôtes, située au centre de la maison ; pour y arriver, je traversai un délicieux jardin intérieur tout couvert de fleurs et d'arbustes ; j'y admirai des bananiers, des camélias, des magnolias, des jasmins, des pêchers et une petite fleur blanche parfumée qu'on appelle ici *lan-hoa* et qui ressemble à une tulipe. La salle des hôtes correspond à notre salon ; elle est comme partagée en trois nefs par des colonnes de bois peintes en rouge et posées sur des socles de pierre ; elle est meublée de chaque côté entre les piliers avec deux rangées de fauteuils en bois noir couverts d'une pièce de drap rouge et séparés par de petites tables hautes sur lesquelles on sert le thé pendant les réceptions, à côté de chaque visiteur ; au milieu du salon est une table carrée sur le devant de laquelle est fixée une bande d'étoffe rouge ; un large divan en bois laqué occupe le fond de la pièce et on peut s'accouder sur une crédence qui le partage en deux parties ; deux personnes peuvent y prendre place : ce sont les places d'honneur.

Dans les salons chinois, point d'œuvres d'art, en peinture, sculpture ou gravure ; en fait de statues, ils n'ont ici que les idoles de leurs temples ; en fait de tableaux, que les productions de quelques peintres indigènes de Canton ou de Chang-haï, qui travaillent d'après les procédés européens. A Canton, on vend à tous les voyageurs de charmants dessins aux couleurs vives exécutés sur le fameux *papier de riz*, qui n'est que la moelle déroulée de l'*aralia papyrifera* ; chez les Tong, comme partout, de longues tablettes en papier décorent les murs blancs ; on y admire quelquefois des aquarelles curieuses, mais toujours sans perspective et représentant des paysages, des oiseaux ou de grands hommes d'État, ou bien on y lit des sentences écrites avec ces beaux caractères qu'un habile pinceau peut seul former. Chez les païens, les livres de leurs fameux philosophes, Confucius, Meng-tse ou Lao-tse, fournissent des maximes en quantité, comme aussi leurs recueils de proverbes.

Exemple :

Le bien et le mal reçoivent toujours leur récompense; elle arrive seulement un peu plus tôt ou un peu plus tard.

Chan-ngo-tao-teou-tchong-yeou-pao, tche-tsen-lay-tsao-yu-lay-tche.

Le fleuve Jaune a lui-même parfois son eau limpide; est-ce que l'homme n'aurait pas lui aussi quelques jours heureux ?

Hoang-ho-chang-yeou-ten-tsin, ſ *je-ky-ko-jen-ou-té-yun-che.*

Les chrétiens ont les saints Évangiles ou de pieuses sentences : généralement, elles vont par groupes de quatre, comme les suivantes :

Si vous voulez honorer le Seigneur du Ciel, il faut observer ses commandements :

Kin-tien-tchou-kio-tsen-ky-kou.

Si vous voulez imiter la vertueuse mère (Ma-ly-a), il faut constamment réprimer vos passions.

Hiao-y-mou-hen-fang-ky-se.

Le saint nom de Jésus pénètre tous les cieux.

Ye-sou-chen-hao-teou-tchou-tien.

La grâce miséricordieuse du Sauveur du monde est donnée à toute la terre.

Kieou-che-tsi-ngen-ko-pou-ti.

On ne doit pas oublier dans l'ameublement les grandes lanternes en étoffe rouge qui pendent du plafond et sont d'un fort joli effet et d'un usage universel.

Après avoir reçu toute la famille et dit pour la circonstance tout ce que je savais de chinois, je rentrai; je n'étais pas plutôt arrivé qu'on m'appela; le plus jeune des Tong m'apportait des présents; c'était un pardessus en beau drap russe doublé de soie (1), deux bourses brodées en soie sur satin et qui doivent servir à renfermer les linges d'autel, des couvertures de missel, des mouchoirs richement travaillés. Voilà qui est galant; cette famille Tong est du reste très-bonne pour les missionnaires à qui elle doit en grande partie la prospérité de ses affaires commerciales, comme me le dit le P. F... Un de mes confrères, le P. V..., chimiste distingué, leur a appris entre autres choses le secret de l'affinage des lingots d'argent au moyen de l'acide sulfurique; ils en extraient l'or tous les jours et réalisent ainsi de grands profits.

Demain, à quatre heures du matin, je pars pour le collège de *Pé-ko-chou*, à douze lieues vers le sud, sur la route du Kouy-tcheou. J'irai à pied jusqu'au fleuve, que je passerai en barque; je ferai l'ascension d'une montagne, qui est de l'autre côté; au sommet, on trouve un marché et des palanquins de voyage; j'aurai avec moi un domestique-guide appartenant à la Mission,

---

1 On sait que les Chinois ont des relations commerciales assez étendues avec la Russie par le nord de l'Empire, et qu'en échange de leurs soies et de leurs thés, ils tirent de la Sibérie les draps russes et plusieurs produits européens.

quatre porteurs de chaise, deux porteurs de bagages.
Mon bien est divisé dans quatre caisses en bambou qui
ont la forme de cartons à chapeau et qui pèsent chacune quarante livres ; c'est le poids réglementaire : on
est venu les peser ce matin.

Je vais essayer de dormir ; le pourriez-vous, vous ? dans
la rue à côté de moi, quel vacarme ! il vient de cesser
depuis un instant, mais le veilleur de nuit se charge
de l'entretenir par intervalles au moyen du tam-tam ou
des bâtonnets de bambou qu'il frappe l'un contre l'autre
pour effrayer les voleurs, et les malheureux ne s'imaginent
pas qu'ils me volent mon sommeil et mon repos !

V

VOYAGE A PÉ-KO-CHOU.

Les mendiants et les voleurs. — Vue pittoresque. — Le palanquin et les porteurs. — Pourquoi les chemins de fer sont impossibles en Chine. — Agriculture chinoise. — Bonne tenue des champs. — Nuit passée chez les chrétiens. — Le collège. — Causeries.

Collège de Pé-ko-chou, 11 mars.

J'ai suivi mon programme de point en point. Le jour commençait à peine quand je descendis vers le fleuve ; obligé de fournir une longue traite, il fallait partir de bonne heure ; à chaque instant, dans la pénombre, je heurte du pied les mendiants couchés devant les magasins encore fermés ; ces mendiants sont presque nus, maigres, sales, couverts d'ulcères, hideux à voir. En Chine, le pays d'associations par excellence, il n'y a guère d'associations de charité et de bienfaisance ; on donne au pauvre une poignée de riz pour se débarrasser de lui et éviter la loi de responsabilité, qui pèse si lourdement sur ceux qui seraient tentés de tendre la main au misérable qui viendrait leur demander un abri pour mourir. A celui qui agirait avec humanité, on demanderait compte du cadavre, et ce serait peut-être pour lui la source d'interminables vexations ; on voit que nous sommes loin de la civilisation et des principes chrétiens !

Mais aussi quel est le résultat du manque de charité et de ces façons d'agir si païennes ? Les mendiants sont mis au ban de la société ; alors ils se font voleurs, et les voleurs pullulent ; *pick-pockets* d'Europe, crocheteurs, détrousseurs, vous êtes bien dépassés et vous avez trouvé vos maîtres dans vos confrères de l'Empire du Milieu ! Ils ont le génie et l'adresse du vol ; ils prennent le bien d'autrui de toutes les façons.

Je suis en Chine depuis quelques mois et déjà on m'a raconté maintes histoires abracadabrantes sur la matière : tantôt, nos gaillards s'introduisent adroitement dans une barque, pendant la nuit, et y enlèvent un butin de choix ; tantôt, toujours à la faveur des ténèbres, ils font tout simplement un trou dans le mur fragile d'une maison de ville ou de campagne et viennent soustraire les malles et les habits des dormeurs ; ils vont plus loin quelquefois, ils emportent la couverture qui protège les membres de ceux-ci contre l'air de la nuit ; à une certaine fraîcheur qui vient de l'orifice pratiqué dans la muraille, le propriétaire s'aperçoit qu'il n'est plus à son aise et bientôt, quand il est mieux éveillé, il constate avec épouvante qu'on lui a fait une visite qu'il n'attendait pas et qu'il désirait encore moins.

Avez-vous rencontré quelquefois deux bandes de voyageurs traversant un marché ou *forum* ? la première est composée moitié d'honnêtes commerçants, moitié d'inconnus qui ont demandé à faire route avec les autres ; la seconde bande qui les suit tranquillement s'est arrêtée

tout à coup, et pousse des cris de paon effarouché ; c'est
qu'un voleur a fait main basse sur la besace de l'un
d'eux ; tous l'affirment et disent que le voleur est certainement dans la société qui les précède : les inconnus
s'écrient que l'honneur est en jeu et que tous ceux de la
première bande doivent payer à la seconde une indem-
nité qui écarte tout soupçon ; on parlemente et on finit
par payer en effet une jolie somme sans compter le thé
et le reste à la prochaine auberge qu'on trouvera sur
la route. Ces inconnus qui marchent en avant, sont tout
simplement les compères de ceux qui viennent après,
des voleurs de la plus belle espèce.... et les innocents
paient.

Avez-vous vu des mendiants ou des bonzes arrêtés à
la porte d'une maison de banque ou d'un mont-de-piété
et faisant un vacarme épouvantable avec tambour, tam-
tam, fibre ou clairon, sous prétexte de donner une au-
bade à *l'intendant de la caisse ?* Celui-ci sera bien
obligé de s'exécuter, car ils n'en démordront pas et
resteront là le jour et la nuit à faire cette harmonieuse
musique jusqu'à ce qu'ils aient obtenu les cinq ou
six mille sapèques qu'ils sont venus chercher. Voilà
encore une nouvelle manière de voler. Le riche
bourgeois se garde bien de donner des coups de bâton
à ces indiscrets quémandeurs, car l'un de ceux-ci tombera pour mort immédiatement ; les autres porteront
plainte au tribunal et le mandarin, qui peut aimer le
peuple et tenir à sa popularité, condamnera le bourgeois
pour une somme plus forte encore que celle qu'il eût
donnée de bonne grâce.

On voit comme le Chinois sait prendre sa conscience et *la faire passer derrière les épaules.*

Pa-leang-sin-fang-tsay-pey-chang.

Mais, à propos de voleurs, il est bon de noter une chose curieuse ; c'est que les coquins étant associés entre eux, si l'autorité veut absolument avoir le dernier mot d'une affaire, elle s'abouche souvent avec les chefs de ces étranges associations pour traiter à l'amiable. Quand un Européen est volé, s'il est ferme, il peut généralement rentrer en possession des objets perdus (1).

Je descends le long escalier qui conduit au fleuve. Je m'installe en bateau et nous mettons une demi-heure à traverser le Kiang ; quel fleuve superbe ! comme il est majestueux ! et encore je ne le vois pas dans toute sa beauté ; pour juger de sa puissance et de sa véritable grandeur à cinq cents lieues de son embouchure, il faut le contempler dans les grandes crues et dans les inondations ; c'est comme une mer, il devient d'une rapidité extrême et emporte tout sur son passage ; on me dit qu'il amène alors à Tchong-kin toutes sortes de choses, des arbres, des maisons ; un jour il amena même un criminel enlevé à la porte d'un prétoire et qui dut sa liberté au fleuve et son salut à l'instrument de son supplice, à la cangue ou table de bois qu'il portait suspendue au cou, et qui le soutenait sur les ondes déchaînées.

---

1. J'en ai eu la preuve plus tard : un de mes confrères avait eu son pardessus volé à la porte d'un restaurant de village ; il fit connaître son nom et sa qualité au maire de l'endroit ; une heure après, on lui restituait son bien moyennant un léger pourboire.

Voici devant moi une haute montagne : il faut l'escalader ; la montée est raide et pénible : mais après quelque
temps, à mi-chemin, quand je me retourne, quel spectacle grandiose ! La ville qui se réveille avec un sourd
murmure, le soleil qui dore les toits jaunes des pagodes
et des pagodes, les aiguilles de pierre qui se dressent
au sommet des tours à étages du temps des Ming et des
Yuen, le Grand Fleuve couvert de barques et de grosses
jonques à l'arrière lourd, aux formes arrondies, qui
viennent se ranger près des immenses escaliers terminés
vers le haut par les portes de la cité ; celles-ci s'ouvrent
comme des gueules béantes et vomissent déjà des flots
de population ; les bateliers s'interpellent d'une embar-
cation à l'autre, et dans la gaie lumière, sous le ciel
éclatant, sur l'eau limpide, leurs voix, il me semble,
parviennent plus distinctement à l'oreille et produisent
l'effet d'une joyeuse chanson ; sur la montagne, une
forêt de bambous à travers laquelle les torrents bon-
dissent en mugissant, des rochers habillés de fleurs, de
buissons d'aubépine blanche, de touffes de glycine vio-
lette, de plantes grimpantes. De temps en temps on rencontre un de ces arbres séculaires qu'on ne trouve
qu'en Chine, et une caravane de portefaix installée à
l'ombre, qui se repose un instant en fumant une pipe
de tabac : plus loin, c'est une auberge pleine de voyageurs qui mangent le riz du matin ou boivent le thé
brûlant.

Au sommet, nous sommes dans un gros bourg ; un
marché s'y tient tous les deux ou trois jours : il est plein

frayer un passage à travers toute cette foule. Pour avoir une idée du commerce de Tchong-kin, c'est dans les environs de la ville qu'il faut se rendre, c'est sur le fleuve, c'est sur les routes qui l'avoisinent aussi bien que dans l'intérieur de ses rues et de ses magasins. De longues files de porteurs de fardeaux se hâtent vers la cité ou en sortent d'un air effaré en poussant leur *ho-ho* en cadence; ils s'en vont dans les villes ou les provinces voisines porter les produits du pays : les remèdes et ingrédients pharmaceutiques, — ce qui est une spécialité du Se-Tchouan, — le riz, le foin, l'huile de *tong-you* (*Eleococea vernicia*); ils apportent les cotonnades, le sel, la houille, la mercerie et la quincaillerie d'Europe; le fleuve à son tour charrie les grosses marchandises, comme les bois de construction et les céréales.

Ah ! si l'on ouvrait un débouché à la Chine méridionale et occidentale par le fleuve *Song-coi* ou *Hong-kiang*, le fleuve Rouge du Tong-king, cette activité et cette fièvre de commerce serait doublée encore, si c'est possible ! Quarante jours de voyage suffisent de l'embouchure de la Rivière-Rouge à Tchong-kin, et mon pays tendrait la main à cette belle et riche province du Se-Tchouan !

Pendant que je me livre à ces réflexions, nous entrons dans l'hôtellerie, où nos porteurs de palanquins sont venus s'installer dès la veille ; on descend le palanquin fixé à deux poutres du plafond et on le transporte dans la rue ; j'y prends place et nous partons. On est parfaitement bien là-dedans ; dans ce coupé à une seule place, il y a un fauteuil large et commode, une planchette pour

Une halte au milieu des rizières sous un arbre séculaire.

s'appuyer par devant sans tomber, de chaque côté deux petites fenêtres pour voir à l'extérieur; quand on veut dormir, on baisse les rideaux et on se trouve dans l'obscurité favorable au sommeil,

Namque facit somnum clausa lectica fenestra.
JUVÉNAL. Satire III.

Balancé doucement sur les épaules des porteurs, vous pouvez vous fier à leur habileté ; ils ne vous jetteront point par terre ; ils vont comme le vent, babillant joyeusement et ne s'arrêtant que quelques minutes pour se rafraîchir. Si vous voulez leur faire plaisir, descendez quelquefois à la montée et ajoutez un léger pourboire aux quatre cents sapèques ou deux francs que vous donnez à chaque homme pour une journée de marche.

Qu'est-ce qu'une route chinoise ? Ah ! c'est une chose curieuse ; figurez-vous un chemin large d'un demi-mètre, ou d'un mètre tout au plus ; cette route est bien dallée en grosses et belles pierres ; des deux côtés, la rizière pleine d'eau. Ici, puisqu'on n'a pas de voitures, il est inutile d'avoir de grandes et larges routes comme en Europe ; il suffit que les porteurs puissent s'avancer un de front, et la place des pieds d'un homme est seule rigoureusement nécessaire. Il n'y a qu'un petit inconvénient : on rencontre souvent des caravanes de portefaix et quelquefois d'autres palanquins appartenant à des dignitaires qui ont droit de préséance; le plus digne alors passe le premier, et ceux qui doivent lui céder le pas, les voyageurs de moindre qualité n'ont qu'une chose à faire : descendre dans l'eau et la boue de la rizière, s'il ne se trouve point sur la route un endroit plus large qui puisse servir pour se garer.

Pourtant, qu'on se garde bien de médire des petits chemins chinois, où l'on est obligé de marcher à la file, l'un après l'autre. J'ai posé une question à ce sujet et l'on m'a répondu tout naturellement que si l'on faisait des routes comme les nôtres, là où il y aurait des routes, il n'y aurait point de champs et que c'était autant de perdu. Du reste, l'immense population de l'Empire a besoin de gagner sa vie et d'avoir place au soleil comme tout le monde. Que deviendraient les porteurs de palanquins et de fardeaux, s'il y avait en Chine des voitures et surtout des chemins de fer ? Quelle immense révolution dans l'ordre établi depuis des siècles ! Parmi les Cent Familles, on en verrait la moitié mourir de faim ! Au surplus, les chemins de fer et autres machines et engins diaboliques renverseraient les monuments antiques, les tombeaux célèbres et les beaux arbres séculaires. Voilà ce qu'on m'a répondu ici et ce qui paraît tout naturel pour les bonnes gens qui m'entourent : je doute fort qu'il en soit de même pour des Européens et des Français ; ils me diront certainement que les portefaix pourront se faire cochers, conducteurs, mécaniciens ! Eh ! moi qui suis Chinois, je ne les comprends pas ! et je sais que dix portefaix font la besogne d'un seul cocher, mais si l'un d'eux se fait cocher, que deviendront les neuf autres qui restent sans emploi ? Et puis les Européens ne connaissent pas le *fong-choui* (le vent et l'eau), le fong-choui ou le grand Esprit providentiel, qui conserve et gouverne toutes choses dans la nature et coordonne les éléments : le feu et l'eau, la terre et les airs . Barbares occidentaux, si vous établissez des voies ferrées dans l'Empire des Fleurs, si vous y plantez des poteaux télégraphiques, ces monstres hurlants et ces diableries et sorcelleries vont attirer sur nous la peste, la famine, la guerre et tous les maux imaginables ! Vous allez détruire le *fong-choui* ! Conclusion : ce n'est pas encore bientôt qu'on verra les locomotives courir en sifflant à travers les campagnes du Se-Tchouan (1) !

Ces campagnes sont superbes : on y voit surtout des champs de riz couverts d'eau comme des marais ; le riz croît dans l'eau ; pas d'eau, pas de riz, et c'est la famine assez fréquente en Chine sur un point ou sur un autre. Si le soleil ne cesse pas de darder ses rayons brûlants sur le sol, si la pluie ou les orages n'y font point tomber l'eau indispensable et qu'on appelle de tous ses vœux, « les populations aux abois n'ont plus qu'une chose à « faire, courir aux pagodes et promener leurs dieux « muets à travers les plaines desséchées pour obtenir du « Ciel les quelques gouttes d'eau qui les empêcheront de « mourir de faim. Le mandarin prescrit alors trois jours

1. N'avons nous pas entendu raconter dans les journaux, il y a trois ans, la singulière histoire du chemin de fer de Chang-hay ? Les Anglais, si je me le rappelle bien, avaient construit un chemin de fer de quelques kilomètres et une machine qu'ils faisaient fonctionner de temps en temps, pour y accoutumer les *Célestes*; plusieurs accidents eurent lieu sur la ligne : deux ou trois hommes écrasés ; Etait-ce pur hasard ? Etait-ce un fait exprès ? Car cela peut être s'il s'agissait d'un suicide ou même encore d'une condamnation capitale : toujours est-il que les autorités proposèrent à la compagnie anglaise de leur vendre son matériel, et quand il fut vendu on le brûla, on le détruisit complètement.

« de pénitence ; il est défendu aux bouchers de vendre
« et d'étaler la viande en plein jour ; il est défendu de
« manger trop ostensiblement cette viande prohibée...
« Quand l'eau ne fait pas défaut, les vertes tiges des
« rizières continuent de grandir et de mûrir. Assis sur
« la pelouse fleurie des talus le propriétaire fume pai-
« siblement sa pipe et jette de temps en temps un regard
« sur les champs d'alentour ; si l'eau est trop abon-
« dante, il va d'un pas tranquille enlever la pierre ou
« les mottes de terre qui empêchent l'eau de couler
« dans le canal ou dans le champ voisin ; si au contraire
« le niveau n'est point à la hauteur désirée, il détourne
« le cours du canal et en fait arriver une partie dans le
« champ. » (*Relation d'un missionnaire.*) Il faut voir ici
les paysans à l'œuvre ; l'irrigation est vraiment leur fort ;
ils font monter l'eau jusqu'au sommet des collines où
l'on trouve des rizières et pour cela ils se servent de
pompes à chapelets de seaux mises en mouvement avec
les pieds par deux d'entre eux.

Les instruments de labourage sont fort simples ;
la charrue n'a point d'avant-train : elle entame le sol
peu profondément, mais cela suffit ; c'est le buffle ou
bœuf d'eau, *choui-niou*, qui traîne la charrue ; quelquefois c'est la femme du paysan qui sautille avec ses petits
pieds d'un sillon à l'autre, sans pourtant paraître trop
fatiguée de cette gymnastique, par suite de l'habitude,
probablement. On se sert d'engrais humain, et l'odeur
en est souvent insupportable. On avait placé dans le fond
de ma chaise un petit paquet de gâteaux de *Tchong-kin,*
qui à certain moment vint à tomber sur la route et roula

dans la rizière ; il fut aussitôt repêché et on me le rendit ; je le refusai en souriant, pour la raison qu'on pense ; deux minutes plus tard il était dévoré par les hommes de mon escorte, moins scrupuleux et peu délicats sur le choix de la nourriture.

La bonne tenue des champs excitait mon admiration. Le peuple chinois est le peuple agriculteur par excellence ; il a une patience infatigable pour arracher les mauvaises herbes et fait produire tous les terrains à force d'art et de travail, comme l'ont dit les premiers voyageurs qui ont raconté les merveilles de ces pays. Sur le bord de la rizière, il y a toujours de petites plates-bandes où l'on plante un peu de froment et des légumes. On laboure tout et on laboure sans cesse ; la terre ne se repose pas, elle doit produire et aussitôt qu'elle a produit une récolte on l'ensemence pour une autre. J'ai vu aussi des champs de pavots pour recueillir l'opium et des mûriers pour nourrir les vers à soie, qu'on élève en grand nombre dans le Se-Tchouan ; je n'ai point vu d'arbustes à thé. Le thé que j'ai bu jusqu'ici vient généralement de la province du Yun-Nan, qui produit celui qui est le plus estimé.

Le spectacle que j'ai sous les yeux est pittoresque. Nous passons devant les fermes chinoises blanchies à la chaux et qui semblent très-proprement entretenues ; ici, je vois que la remarque faite à moi l'autre jour par un de mes collègues est très-juste ; en Chine ce sont les campagnes qui sont propres et les villes qui sont sales. Pas de fumier ni de mares croupissantes devant les maisons comme dans certains de nos villages français,

mais une cour, une aire spacieuse avec un sol bien
nivelé où se fait le battage des grains. Par les portes
des greniers on aperçoit les paniers d'osier qui servent
à renfermer la fortune du laboureur. Tout cela est rangé,
ordonné, entretenu dans la perfection.

Les fermes sont situées sur le penchant d'une colline,
au creux d'un vallon, entourées de bosquets de bambous. Rien de gracieux comme cet arbre élancé, à la
tige bien droite, aux feuilles légères ; ses usages sont
innombrables ; il est employé partout ; on en mange
comme on mange aussi la racine du nénuphar des pièces
d'eau.

Pas de vigne ; elle est négligée ici, sacrifiée à la cul-
ture des céréales. Le vin chinois n'est qu'une affreuse
liqueur obtenue par la fermentation du riz.

Quelles céréales rencontre-t-on en Chine et au Se-
Tchouan ? Un peu de tout comme en France, comme
chez nous : riz, froment, orge, maïs, sarrazin, millet,
le sésame pour faire l'huile ordinaire, — les Chinois le
préfèrent à l'huile d'olive, — le colza, le ricin ; comme
légumes : les haricots, les pois, les lentilles, les choux, les
raves, les navets, les pommes de terre ou patates sucrées
qui font la nourriture principale des montagnards, dans
le nord de la province, les carottes, les épinards, le céleri,
le cerfeuil, l'échalote, le piment rouge et vert, les pastèques, les concombres et les aubergines.

En fait de fruits : les pommes et les poires ; « *ce n'est
que de l'eau* », comme diraient nos Marseillais facé-
tieux, ces fruits n'ont pas de saveur ; je n'en dirai pas
autant des abricots, des pêches, des prunes, des noix

et surtout des excellentes oranges mandarines et des bananes, grenades, *li-tchi et che-tse*, que l'on trouve en se rapprochant du midi. Du reste le fruit n'est compté pour rien par les Chinois, on ne le sert pas dans les repas proprement dits comme dessert; c'est tout au plus si on le mange comme simple rafraîchissement et pour passer le temps, *choa*.

Les porteurs vont bon train. Ils rencontrent de temps en temps un gros serpent noir inoffensif, qui s'élance d'un champ à l'autre en traversant la route, et ils crient en riant : *kouy ! kouy !* « C'est le diable ! c'est le diable! Nous avons pénétré dans un charmant bocage, véritable fouillis de verdure et suivi longtemps le bord d'une petite rivière aux eaux scintillantes ; nous avons aussi traversé bon nombre de marchés où j'ai excité plus ou moins la curiosité du public, non par mes allures d'étranger, mais par mon vêtement et mon escorte, qui désignent un bourgeois, absolument comme il en arriverait dans nos villages français. Voici le soir ; nous ne voyons pas le collège. « *Ky-to-yeou-ly-lou?* Combien y a-t-il encore de ly? demandai-je au conducteur de la bande. — Père, il y en a encore quatre (environ deux kilomètres) ; mais comme la nuit arrive et que nous ne voyageons pas pendant la nuit, nous allons vous conduire dans la famille *Tcheou*, dont la maison est proche d'ici. » On ne voyait plus clair ; je descendis du palanquin pour éviter les accidents ; mon ange gardien me posait le pied à l'endroit propice, car il y avait beaucoup d'ornières et d'entorses à attraper et je m'en tirai heureusement ; nous arrivons à un marché, et dans une des premières maisons, chez les Tcheou, parents de la famille où je dois aller passer quelques mois pour apprendre la langue.

On me reçoit comme un prince ; la chambre du Père est prête, son souper l'attend, j'ai tout ce qu'il faut pour célébrer la messe demain matin ; je passe une nuit délicieuse. Le lendemain, après avoir dit la messe et mangé une tasse de riz, j'escalade une haute montagne, et, au bout d'une heure, j'aperçois, sur le versant d'une colline boisée, une série de bâtiments avec une enceinte de murs, de la fraîcheur, des arbres, des rochers partout : c'est le collège ou grand séminaire de Pé-ko-chou. Les terribles chiens de garde nous laissent approcher ; on dépose la chaise à porteurs ; je suis arrivé.

C'était le moment de la classe ; pendant qu'elle s'achève, je vais visiter une jolie chapelle construite dans le goût chinois ; on vient m'y chercher au bout de quelques instants. M. B..., provicaire de la Mission et supérieur du collège, était à la porte qui m'attendait : c'est un homme excellent ; je suis à l'aise tout de suite avec lui. Le Père T..., professeur de philosophie, arrive à son tour : c'est un jeune homme, et c'est vite un ami. Les élèves, qui sont une vingtaine environ, viennent me saluer en mettant genou en terre tous ensemble. Il y a encore trente autres séminaristes qui vivent en dehors du grand collège, soit comme professeurs dans les deux collèges élémentaires de *Choui-ya-tang* et de *Chen-ken-tse*, soit à la suite des missionnaires comme *ministres* ou secrétaires de ceux-ci. Les bâtiments de *Pé-ko-chou* orment un carré dont trois côtés sont occupés par les salles d'étude et les logements ou dortoirs et le quatrième, celui du devant, par une galerie ; au milieu de cette galerie s'ouvre l'entrée principale, qui donne sur une terrasse et un jardin clos ; quand on entre par la porte de la galerie, on a en face de soi la chapelle, adossée à la colline, et pour y arriver on traverse la grande cour centrale.

C'est dans cette délicieuse solitude que les deux missionnaires forment à la science et à la piété les jeunes indigènes qui doivent plus tard, après un certain temps de probation, recevoir les ordres sacrés, et, quand ils seront prêtres à leur tour, aider puissamment le missionnaire dans la prédication évangélique. On leur apprend ici la philosophie et la théologie ; préalablement, ils ont étudié le latin, et tous le parlent avec une remarquable élégance ; on n'a généralement qu'à se louer de leur intelligence et de leur bonne volonté.

Le pays est ravissant, les arbres et les champs sont couverts de fleurs ; c'est une vraie Suisse, et il y a près d'ici des montagnes et des précipices qui ne seraient point déplacés dans l'Oberland ou sur le lac des Quatre-Cantons. Le collège est entouré de tous côtés par les cultures : des rizières, des plantations de tabac, des champs de *kao-leang* ou sorgho ; en les parcourant dans mes excursions j'apprends à connaître l'arbre à cire, le *pé-la-chou* habité par un insecte qui y dépose la précieuse substance, le *tcha-chou* ou olivier chinois, le *tsi-chou* ou arbre à vernis et la plante *tsao-ko* (Saponaria sinensis) dont le fruit sert aux blanchisseuses

de l'endroit ; çà et là des bosquets d'orangers, des camélias et des bambous offrent une ombre propice et
un abri discret où je puis me retirer avec mes compatriotes pendant les récréations. Le supérieur de Choui-
ya-tang, le P. G..., est venu me voir hier et n'est reparti
que ce matin ; tous les confrères sont très-bons et nous
causons du pays natal pendant de longues heures sans
nous lasser : je passe donc des moments très-agréables ;
mais, par exemple, pas d'effusions intempestives devant
nos élèves chinois. Ici on ne s'embrasse pas, on ne se
serre même pas les mains prosaïquement à l'anglaise :
oh non ! les rites le défendent, Confucius ne le permet
pas et on serait scandalisé de nous le voir faire ; c'est
à peine si on tolère que la maman donne un affec-
tueux baiser au petit enfant qu'elle tient dans ses
bras.

Pas de caresses, pas de danses, ceci n'est pas chinois ;
pas de grands gestes, ni d'éclats de voix : le sérieux et
la gravité des philosophes et des docteurs, voilà ce
qu'on attend de nous ! et puis c'est à mon tour de m'é-
tonner et de faire une foule de questions à mes collègues ;
je leur demande entre autres choses pourquoi les gens
que je vois autour de moi se permettent une foule d'in-
congruités, pourquoi ils se mouchent par exemple entre
leurs doigts absolument comme au commencement du
monde, pourquoi aussi quand ils sont un tant soit peu
fatigués, pour se reposer on les voit s'accroupir les uns
à côté des autres sans toucher terre et dans une position qui laisse tout à fait à désirer pour des yeux européens. Un Anglais dirait : *Choking !* ici on n'y prend pas

garde et cela prouve que la politesse est quelque chose de tout à fait relatif.

On a voulu que je reste huit jours. Demain, le collège tout entier viendra me conduire à une lieue d'ici, dans la ferme de la famille Tcheou, où l'on m'installera pour six mois. Le P. L..., qui est un peu plus loin dans une autre ferme pour y étudier aussi la langue, est averti de mon arrivée, et nous nous verrons bientôt.

VI

LA FERME DE TA-PIN-KANG.

Ta-pin-kang, 29 mars 1872.

Monter, descendre, monter de nouveau et descendre de nouveau pour monter encore, voilà la vie du missionnaire dans le Se-Tchouan oriental, et voilà à quelle agréable occupation je me suis livré pour arriver jusqu'ici en quittant Pé-ko-chou. Ta-pin-kang est donc un charmant séjour situé au milieu des montagnes et une assez belle maison appartenant à la famille Tcheou, qui occupe aussi dans d'autres fermes une grande partie de la campagne environnante.

La ferme est adossée à une colline couverte par un bois de bambous qui s'écartent de distance en distance pour laisser voir un gros bananier aux feuilles immenses ; elle a trois corps de logis ; la construction est en terre et en bois, blanchie à la chaux, reposant sur un soubassement en pierre, ressemblant à un chalet suisse ; le tout est couvert de ces belles tuiles que l'on retrouve partout et à l'extrémité des arêtes du toit on voit encore les dragons et les ornements fantastiques si aimés des Chinois. Un auvent s'étend sur toute la façade ; il y a une petite terrasse et une grande cour devant la maison ; un escalier donne accès à la porte du milieu, la porte de la *salle des hôtes*, que les chrétiens appellent *Kin-tang*, salle de la prière ; en effet, c'est là que je dis la messe ; on y trouve un autel élevé tout au fond contre la muraille ; du côté gauche de l'autel on voit une porte, c'est la porte de ma chambre, la chambre du père spirituel, « *Chen-fou-ty-fang-kiuen* ». S'il y faisait un peu plus clair, si le plafond était un peu plus élevé, vraiment, ça vaudrait vos beaux salons de France.

Dans un coin, un lit à moustiquaire, pour garantir des piqûres d'insectes durant la nuit (ces insectes sont insupportables surtout pendant les premiers temps) ; un bahut près du lit ; sur le bahut, on a placé une de mes malles, qui contient mes pauvres petits ornements ; deux armoires : dans l'une sont les effets du curé du district, un prêtre chinois, le P. Nien ; dans l'autre je mets un peu de tout : mes habits, mes chaussures, ma provision de tabac, après m'être bien informé s'il n'y a pas ici de fourmis blanches qui sont le fléau des appartements ; puis un lavabo primitif ; un prie-Dieu élémentaire ; ce qu'il y a de plus beau c'est la table en bois vernis et la belle palme du jour des Rameaux bénite dimanche dernier par moi ; elle a été cueillie dans le jardin d'une bonzerie voisine.

A ceux qui s'étonneront de la simplicité de mon appartement et de son mobilier, je répondrai que je suis à la campagne et que je n'habite point Ning-po ni Canton où je pourrais avoir des meubles en bois sculpté incrustés de découpures en ivoire ou en bois noir décoré de marbre blanc ; où je pourrais coucher dans un lit à panneaux à jour et derrière un paravent à transparents de gaze ou de soie peinte. Il y a des seigneurs chinois qui se paient tout cela pourtant !

Le jour pénètre dans la chambre par quatre fenêtres en petit treillage et en vitres de papier fin ; deux ans avant mon arrivée ici, un jeune missionnaire qui étudiait la langue dans cette chambre parvint à ouvrir une des quatre fenêtres destinées, dans l'esprit des menuisiers du Céleste-Empire, à être éternellement closes ; avant-hier, avec un marteau et des tenailles, j'en ai ouvert deux autres ; de plus, j'ai inventé un mécanisme pour les fermer à volonté. Décidément, je suis un grand homme !

Deux familles Tcheou habitent la maison : ma famille à moi se compose de la vieille mère, de deux tantes qui sont vierges chrétiennes (nous appelons vierges les femmes qui demeurent chez leurs parents et font vœu de virginité pour un an ; ce sont nos religieuses, si on peut les appeler ainsi) (1), des deux fils

_____

1. Ces vierges sont nombreuses au Se-Tchouan : elles font la classe aux petites filles, baptisent les enfants en danger de mort, remplissent le rôle de catéchistes près des femmes : elles rendent donc de très-grands services ; aussi les vicaires apostoliques se sont-ils préoccupés d'assurer le recrutement et la perpétuité de cette institution pour l'avenir ; quelques-uns

avec femmes et enfants et de leurs deux sœurs, vierges aussi ; j'ajouterai un petit bonhomme de neuf ou dix ans, qui étudie les caractères près de ses tantes les vierges et mon théologien *Ou-sien-sen*, qui doit m'apprendre le chinois, au moyen du latin ; tous les braves gens désignés ci-dessus se joignent à lui pour m'étourdir les oreilles de leurs leçons du matin au soir.

J'ai voulu voir un peu la maison, j'entends les endroits où l'on peut pénétrer, car il existe des endroits où je ne puis mettre les pieds : le *gynécée*, par exemple, c'est-à-dire les chambres réservées à la partie féminine et aux enfants ; j'ai vu la salle à manger, *fan-tang*, salle de riz, qui est d'une simplicité primitive : pour plafond les tuiles du toit ; pour meubles une table et quatre chaises ; j'ai vu la chambre de mon ministre *Ou* et une salle où on élève les vers à soie dans de grandes et larges corbeilles en bambou.

Je suis aussi tombé sur la chambre des cercueils ; je savais qu'il y avait une chambre des cercueils, et néanmoins j'ai été saisi d'étonnement quand j'ai pu constater la chose de mes yeux, *de visu ;* quelles mœurs extraordinaires chez les Chinois !... et quels magnifiques cercueils ! Ceux-ci doivent coûter plusieurs centaines de francs. Voici ce que dit le P. Huc à ce sujet ; sous une forme très-humoristique, c'est bien cela :

avaient essayé de les réunir dans des sortes de couvents, l'entreprise n'a pas réussi pleinement et il semble que le rôle de la religieuse chinoise doit s'accomplir au milieu du monde. C'est M. Moye, missionnaire apostolique au Se-Tchouan qui a fondé l'institut des Vierges approuvée par la Propagande en 1784. — Voir la *Vie de M. Moye* par le savant monseigneur Marchal, archevêque de Bourges.

« Il faut être en Chine pour entendre parler de cette
« gracieuseté...; c'est un article de luxe et de fantaisie.
« Il faut voir comme, dans les grandes villes, on les
« étale avec élégance et coquetterie dans de magnifiques
« magasins ; on les vernit, on les frotte pour les faire
« reluire, pour agacer les passants et les faire acheter.
« Dans les appartements convenablement ornés, ça ne
« peut manquer de présenter un consolant et agréable
« coup d'œil ! Pour les enfants bien nés, c'est un ex-
« cellent moyen de témoigner la vivacité de leur piété
« filiale ; quand on aime, on est toujours ingénieux
« pour procurer d'agréables surprises.... Chez les
« pauvres, on appelle le menuisier, qui prend mesure
« au malade, et on a soin de faire observer que le cer-
« cueil doit être un peu grand, car quand on est mort,
« on grandit toujours un peu ; le malade peut entendre
« tout près de lui le grincement sourd et mélancolique
« de la scie qui lui découpe des planches... » (1)

Ta-pin-kang, 9 mai 1872.

J'ai reçu vos lettres de janvier avant-hier par le courrier de Tchong-kin ; vous êtes sûrs de me faire plaisir
en m'écrivant des lettres comme celles-là et vous ne
vous doutez pas des accès de folie joyeuse et de gaieté
insensée dans lesquels vous me faites tomber. Il faut
vous dire que je suis si ému en ouvrant vos chères mis-
sives, que je ne comprends rien du tout à la première

1. *L'Empire chinois.*

7

lecture, et puis je relis et relis encore, et dissèque chaque mot avec le scalpel de mon cœur !

Vos lettres me sont arrivées en même temps qu'une autre de Cochinchine ; une insurrection formidable vient d'éclater dans ce pays et notre cher Père T... se trouve juste au milieu des insurgés. Le Père Abonnel, que j'ai connu un an à Paris, a été massacré et décapité par les rebelles en sortant de chez notre ami ; pour comble de malheur, celui-ci me raconte qu'un typhon vient de lui détruire entièrement église et maison ; il n'a plus pour abri que les arbres de son jardin.

J'ai reçu ces jours-ci la visite du Père P..., successeur du Père Rigaud, martyrisé à *Yeou-yang* ; il est là maintenant avec le Père Hue (1), et ils sont relativement tranquilles.

Le mandarin du lieu se montre très-bon pour eux et ne les inquiète nullement ; du reste, il a été baptisé, et quoiqu'il ne pratique point, on ne peut se plaindre de lui ; sa femme est une excellente chrétienne. Le Père P... est arrivé au collège pour la fête de Pâques, après quinze jours de voyage.

J'apprends par une autre lettre de *Sui-fou* (Se-Tchouan méridional), que mon petit confrère G..., que vous connaissez depuis longtemps, vient de perdre tout son bagage au fond de la rivière de *Tchen-tou*. Le Père G..., en m'écrivant, fait cette réflexion philosophique : « Il va pratiquer la pauvreté apostolique dès le principe ; *sine pera, sine calceamento;* » c'est beau, mais c'est triste !

2. Tombé depuis au champ de l'honneur.

Voici mon premier acte de ministère : Il y a une dizaine de jours (c'est-à-dire au bout de deux mois d'étude de la langue), on vint me dire qu'à *Leou-fang-keou*, une ferme située à une demi-lieue d'ici, une vieille chrétienne (*lao-po-po*) allait mourir et demandait le Père. Je prends immédiatement les saintes huiles, je donne à mon théologien mon surplis, mon étole et mon rituel, et me voilà en route. La pauvre vieille avait le *han-pin*, une maladie qui ne pardonne pas ; c'est à peu près le typhus de nos pays ; on en est saisi, on meurt en un rien de temps, et à cette époque de l'année, avril-mai, les Chinois y passent par centaines. Dans la famille Tcheou, voici déjà cinq personnes dont j'apprends le décès.

J'arrive ; on me reçoit dans le vestibule de la maison et on m'apporte une pipe dont je tire quelques bouffées, précaution utile, pour ne pas dire nécessaire, avec les affections contagieuses. Puis je vais confesser la bonne vieille ; la confesser, *en chinois ;* oui, vraiment ! Pour être prêt à tout événement, j'avais depuis quelque temps bien étudié une série de questions composées en forme d'examen de conscience par mon ministre, et finalement nous nous sommes entendus à peu près, la pauvre femme et moi. Il fallait voir comme elle s'efforçait de me faire des *ko-teou* ou génuflexions, malgré ses souffrances et son abattement !

Je lui donne l'Extrême-Onction (c'était la première fois que je le faisais) ; je lui applique l'*indulgence* et je promets de revenir le lendemain apporter le Saint-Viatique. Le lendemain, en effet, après ma messe, on vint me chercher en palanquin et je la communiai. Le jour d'après, elle s'envolait au ciel, heureuse d'avoir pu trouver un prêtre à ses derniers moments, car ce n'est pas toujours facile et le curé du district est très-loin d'ici. Ce premier acte de ministère m'a fait du bien, et j'ai senti que j'étais missionnaire.

J'ai été surpris du calme étonnant des Chinois quand ils meurent : ils s'éteignent sans secousses, sans agonie, pour ainsi dire ; cela doit être attribué à leur organisation lymphatique ; ils connaissent aussi ce proverbe consolant :

Dans le Kiang, le flot suivant chasse celui qui le précède ;

Dans le monde, les nouveaux nés chassent les anciens.

Tchang kiang heou lang tsouy tsien lang, che chang sin jen tsan kieou jen.

Quand le malade va mourir ou « *saluer le monde* » comme on dit ici, ses parents et amis ont une phrase curieuse qu'ils répètent sans cesse : « Il ne fume plus, « il ne peut plus manger le tabac, » disent-ils. « *Ta-pou-tche-yen.* » La pipe est d'un tel usage pour tous, que s'en priver un seul instant est la preuve d'une grave perturbation et d'un danger sérieux, comme on le voit. — Quand les Tcheou eurent placé leur parente défunte dans un de ces beaux cercueils en bois violet dont j'ai parlé, on entonna au *Kin-tang* de la maison mortuaire les psaumes de l'office des Morts, qui ont été traduits en caractères chinois pour la commodité des chrétiens, et puis chacun revêtit par-dessus ses habits une pièce de toile blanche, ce qui, avec une ceinture blanche, un linge blanc roulé autour de la tête et le cordon blanc de la natte, constitue le deuil chinois.

Quelques jours après la mise en bière, on porta le cercueil sur la montagne voisine et on l'enfouit sous un petit tertre ; sur une pierre longue plantée en terre, contre le tertre, on pouvait lire en beaux caractères le nom et l'âge de la défunte, et ce fut tout. Chez les païens, on appelle les bonzes et les *tao-se* ou prêtres de Tao (culte de la raison) autour du mort et ils chantent des prières funèbres en s'accompagnant avec le gong et les cymbales. Les parents viennent aussi, à certains moments, se ranger autour du cercueil pour faire des lamentations et adresser au défunt les regrets les plus attendrissants, puis on tire des pétards, accompagnement obligé de toute cérémonie chinoise.

On remarquera que toute cette pompe est déployée pour un homme, voire même pour un enfant, j'entends un petit garçon ; si c'est une femme et surtout une petite fille, l'affaire des funérailles est menée tambour battant.

La femme est toujours plus ou moins sacrifiée, peut-être un peu moins maintenant qu'autrefois ; néanmoins elle sait s'arranger pour n'avoir point encore la vie trop dure, elle sait prendre à propos quelques loisirs pour aller voir sa famille ou pour aller aux assemblées religieuses et aux fêtes de confréries : elle sait surtout, au moyen des sociétés et associations, se créer des ressources pour l'avenir, même pour des funérailles et un enterrement honorables.

On peut s'étonner de tous ces détails si .... chinois. Mais c'est que la Chine est le pays des confréries et des associations, ou il n'y en a point. Qu'ils sont intéressants à étudier quand ils se réunissent entre eux pour une raison ou pour une autre, pour faire ce qu'ils appellent le *chang-leang*, c'est-à-dire tenir conseil : ils arrivent, ils saluent gravement, puis s'accroupissent à la façon des tailleurs, bourrent leur pipe, l'allument et en tirent des bouffées avec une majesté dont rien n'approche ; pendant la pipe et le thé on parle de la pluie et du beau temps, on dit des choses indifférentes, on se congratule mutuellement, mais, à un certain moment, deux ou trois orateurs très-connus pour leur habileté à discourir prennent la parole et parlent à la façon des guerriers d'Homère, dans le même style à peu près et avec les mêmes longueurs, pendant des heures entières. De quoi parlent-ils ? de tous leurs intérêts, et ils sont nombreux ; puis on prend des décisions et on s'organise : de là, sociétés financières (des emprunts d'argent ou de grains pour le négoce, les pompes funèbres, ou les dots des filles à marier) ; sociétés industrielles (comme celles des mendiants ou des lettrés qui veulent de l'avancement) ; sociétés de sécurité (gardes champêtres, gardes nationaux, plaideurs et veilleurs de nuit) ; sociétés de bienfaisance (fossoyeurs, pompiers ou prêteurs sur gages). Ces associations sont aussi variées que les besoins de la vie.

Je vous ai parlé du logement, je dirai aussi un mot du train de vie commun, de la nourriture, du vêtement, de l'économie domestique, du ménage et des finances.

Le matin, je me lève à six heures, avec le jour. Quand j'ai dit mes prières, *Tcheou-kié*, le bambin que vous connaissez et qui me sert de petit domestique apporte l'eau bouillante dans un bassin de cuivre et la petite serviette. Je me lave la face (expression chinoise); mon ministre vient à son tour, prend les ornements d'autel, ouvre la porte qui donne sur le *Kin-tang* et dispose tout pour dire la messe; j'accomplis les fonctions sacrées comme il est d'usage; cependant, vous saurez que nous avons un ornement en plus : c'est le *fang-ki-mao* ou bonnet carré, espèce de mitre en soie richement brodée avec deux longs fanons qui pendent par derrière, absolument comme ceux de Nosseigneurs les Évêques. Nous avons ce bonnet sur la tête pendant toute la durée du saint sacrifice, en vertu d'une permission du Pape; c'est l'antique coiffure *aulique*, le bonnet que l'on portait à la cour des empereurs sous les anciennes dynasties; les missionnaires qui avaient alors accès près du chef de l'État, et qui étaient tout-puissants, en récompense de leurs nombreux services, obtinrent le droit de porter cette coiffure pour eux et pour tous leurs collègues : l'usage s'en est conservé jusqu'à nos jours.

Pendant la messe, les chrétiens, agenouillés sur des nattes, les hommes d'un côté, les femmes de l'autre, chantent ces admirables prières chinoises qui m'avaient tant ému quand je les entendis pour la première fois, à Singapour et à Han-keou. Je ne puis résister au désir de vous transcrire le *Pater* et l'*Ave Maria*; mais ce que je ne pourrai vous rendre, c'est la mélodie douce et suave de ce chant qui va au cœur. Quand le jour baisse et que le moment est à la rêverie, je me surprends souvent à écouter longtemps les longues oraisons du soir que les vierges viennent moduler à demi voix dans le *Kin-tang*, près de ma chambre, et qui me jettent dans un ravissement inexprimable : *Chen Mou Ma-ly-a ; chen Pe-to-lou ; chen Pa-o-lo ; chen I-gni-se ; chen Tche-tchi-ly-a* ; ô saints hommes, ô saintes femmes ; ô sainte mère Marie, ô Pierre, ô Paul, ô Agnès, ô Cécile, priez pour nous ! priez pour nous ! — Ces voix exotiques, pleines d'une harmonie étrange, répétant dans la nuit des noms si connus, y font luire une mélancolique clarté ; elles évoquent la douce patrie et la famille aimée ! !...

Voici le *Pater noster* dans la langue du Pays des Fleurs :

« *Tsay-tien-ngo-ten-fou-tche ; ngo-ten-iuen-eul-min*
« *kien chen ; eul-koué-lin ké ; eul-tche tchen-hin-iu-*
« *ti-jou-iu-tien-ien. Ngo ten ouang-eul kin-jé, iu-ngo*
« *ngo jé-iuong-leang ; eul-mien-ngo-tchay-jou-ngo-y*
« *mien-fou-ngo-tchay-tche ; ieou-pou ngo-hiu han iu-*
« *icou-kan ; lay-kieou ngo iu hiong ngo. Ya-mong.* »

Voici l'*Ave Maria* ou prière de la sainte mère Ma-ly-a : « *Chen eul-fou-Ma-ly-a, man-pi-chen-tchong-*
« *tche ; Tchou-iu-eul hiei-ien ; Niu tchong-eul ouy-*
« *tsan-mey ; Eul tay-tse-Ie-sou-pin-ouy-tsan mei.*
« *Tien-Tchou chen-mou-Ma-ly-a ouy ngo-ten tsouy*
« *jen-ky-Tien-Tchou-ky-Ngo-ten-se-heou.Ya-mong.* »

N'est-ce pas que c'est beau ? — L'autre jour, c'était la fête des ancêtres dont les païens conservent les tablettes

dans leur maison, et en font l'objet d'un culte superstitieux : prières, offrandes de repas, etc ; dans le voisinage, on tirait le canon pendant que je disais la messe ;
nous célébrions la fête d'un docteur, et je chantais avec
mes chrétiens : *Credo in unum Deum verum !* Je crois
en un seul Dieu, le Dieu véritable ! Comme je me sentais grand dans ma petite chapelle en pensant qu'à côté
il y avait de pauvres malheureux qui disaient le *Credo*
au diable ! Quel contraste !

Je fais mon action de grâces après la messe ; on m'apporte une tasse de thé brûlant sans sucre ; un peu après
on vient me dire que le déjeuner est prêt : « *Chen-fou-
tsin-tche-fan* : Père spirituel, nous vous invitons à
manger le riz. » Je réponds : « *Tsieou-lay* : J'y vais de
suite. » Sur la table on a mis trois, quatre ou cinq
tasses en porcelaine ; les jours de fête on en met neuf
ou douze ; ces tasses contiennent les mets, ce sont les
plats ; dans l'une d'elles du porc bouilli, dans l'autre
du poisson que l'on a pêché dans la rizière, c'est dire
assez quel poisson : des têtards, probablement, ou
quelque chose d'analogue ; dans une autre, des pois,
des haricots ou des épinards : de viande de mouton, de
bœuf, point.

Le bœuf ou *buffle* est l'animal de l'agriculture ; on le
laisse mourir de sa belle mort, et on ne le tue pas ; si
on mange du bœuf, c'est généralement du bœuf volé,
et on contrevient aux lois du pays, ce que nous ne pouvons ni ne voulons faire en conscience. Dans les marchés, les agents de police ou satellites des mandarins,
recherchent la viande de bœuf, et comme en Chine il

n'y a pas de secret, ils ont bientôt fait de saisir le consommateur, le marchand et le voleur ; après les avoir conduits au prétoire, on leur administre à chacun la bastonnade légale, et c'est bien fait.

J'ai vu quelquefois de la volaille mal accommodée, et on m'a servi souvent des œufs cassés dans de l'eau bouillante ou dans un plat de fèves ; une des tasses contient toujours le fameux *teou-fou*, fromage de haricots que l'on prépare dans toutes les familles et que l'on mange cru ou cuit, bouilli ou rôti : dans une théière d'étain, on a versé le vin de riz, *chao-tsiou*, espèce d'eau-de-vie bouillante d'un goût nauséabond ; immédiatement devant vous, vous avez les hors-d'œuvre : deux ou trois petites soucoupes qui contiennent du piment et des légumes confits : *han-tsay, pi-tsay, kiu-tsay,* ou des œufs cuits pendant plusieurs mois dans une composition et enfouis dans la terre et dans la cendre ; le blanc est devenu tout noir et le jaune d'un beau vert ; n'ayez point peur d'y toucher, c'est ce qu'il y a de meilleur et ça ressemble pour le goût à de l'excellent fromage de Roquefort (1) ; ne méprisez pas non plus ce qui est là

1. Bien des personnes seront heureuses de posséder la recette pour faire des *œufs pourris*, appelés en chinois : *py-tan*. La voici telle qu'elle m'a été livrée par un mandarin de mes amis et traduite *littéralement* d'un livre de cuisine chinois :

« Chaque fois, il faut prendre cent œufs de canard, employer quatre onces de bon thé, (l'once est égale à 31 grammes) en faire une infusion très-forte ; jeter alors dans cette infusion de la bonne chaux à la quantité de trois tasses à riz (*fan-ouan*) ; y mettre aussi des cendres de bois passées au crible à la quantité de sept tasses à riz ; y mettre encore dix à douze onces de sel blanc ; mêler tout cela ensemble de façon à faire une boule que l'on partage en cent boulettes ; envelopper chaque œuf avec une de ces boulettes, puis recouvrir les œufs (*ko-ki-tao*)

tout à côté : c'est encore une vraie gourmandise que cette délicieuse sauce fermentée, le *soya* (1).

A portée de la main, vous avez le couvert ; une microscopique tasse de porcelaine pour le vin de riz, une petite cuillère pour prendre les sauces, les deux *kouay-tse* ou bâtonnets d'ivoire ; on les appelle *kouây-tse* ou bâtonnets *agiles*, parce qu'on doit les manier avec adresse et agilité ; on y arrive après quelques efforts : l'un doit être fixé dans la main droite, et l'autre placé dans la même main, à peu près comme on tient un crayon ou un porte-plume, doit se rabattre sur le premier comme une pince et saisir les mets que l'on ap-

avec de la cendre de bois passée au crible et enfin les placer dans des vases de terre cuite et les y laisser, pendant quarante jours, sans y toucher : après cela on pourra les manger.

Si l'on désire avoir des œufs dont la surface soit enjolivée de dessins, il faut brûler des branches de pin ou de cyprès ou des feuilles de fleurs, en faire des cendres que l'on mélangera avec celles dont on se sert pour envelopper les œufs ; on obtiendra ainsi des dessins. »

1. Recette pour préparer la sauce fermentée. « Un quart de haricots rouges est mis à cuire dans de l'eau pendant une heure ; le tout est ensuite jeté sur un tamis et égoutté. Les haricots sont saupoudrés de farine de froment, étendus sur un plateau de bois et recouverts, puis placés dans un lieu chaud et humide, qui favorise le développement d'une moisissure considérable. Après quatre ou cinq jours selon la marche plus ou moins rapide de la moisissure, on la râcle avec un couteau de bois et on lave à l'eau froide les haricots qu'on a eu soin auparavant de bien faire sécher au soleil, pendant vingt-quatre ou quarante-huit heures ; on fait alors dissoudre une livre et demie de sel dans trois litres d'eau qu'on a d'abord eu soin de faire bouillir pour en chasser l'air. On abandonne cette préparation à elle-même et exposée au soleil pendant quinze jours. Enfin on la fait bouillir pendant une demi-heure, en y ajoutant pour l'aromatiser une demi-poignée d'anis étoilé, autant d'anis simple et deux écorces d'orange On la passe ensuite à travers un panier qui retient les débris de haricots et on la met en bouteilles. » — *Journal d'un voyage en Chine* par M. J. Itier.

porte tout découpés de la cuisine. Et maintenant, barbare occidental, mangez et ayez soin d'observer les rites et les convenances sociales dans cette fonction importante de la vie, sous peine de passer pour un incivil et un malappris (1) !

Les chrétiens sont tous là debout, prêts à me servir; celui qui s'asseoirait devant le père spirituel commettrait un crime de lèse-majesté. Je bois le vin brûlant à petits coups, et on a soin de m'exciter à boire un verre de plus : « *Chen-fou-tsin-y-pei !* Père, nous vous invitons à boire encore une tasse ! » Je pique avec les bâtonnets çà et là dans les plats, je bois de nouveau une tasse de vin, et enfin on m'apporte une tasse de riz ; je ne dois plus boire alors, mais manger les mets avec le riz, qui sert de pain et qui est la base de la nourriture, comme le pain l'est chez nous ; on sert jusqu'à cinq ou six tasses de riz s'il le faut; pour moi, pauvre sire, quand j'en ai absorbé deux tasses, je trouve déjà que c'est beaucoup, et ça ne passe pas plus facilement que si j'avalais du gravier : néanmoins, courage ! encore un petit coup de vin, et, pour finir, une tasse de thé sans sucre. Cette cérémonie se répète trois fois par jour, le matin, à midi et le soir, à sept heures.

Plaignez-vous en donc ! C'est impossible, vos gens en raffolent et ne pourraient se passer de leurs trois repas :

1. Il va sans dire que ce barbare occidental est toujours un missionnaire ; les rares explorateurs qui vont dans l'intérieur ne s'astreignent point au régime chinois et se font suivre de caisses de vin et de conserves, sans quoi ils seraient bientôt à bout de forces et de santé.
— Voir le *Voyage de M. Margary au Yun-Nan.*

par contre, ils n'aiment pas ce que nous aimons, nous. Un jour, j'avais offert un verre de vin d'Espagne à mon ministre; il ne le trouva pas bon, je m'en aperçus bien à la grimace qu'il fit. *Non disputatur de gustibus.*

Aux jours de grandes fêtes, et dans les repas plus solennels, si on est plusieurs du même rang, on ne se place jamais que quatre à la table carrée, dans la même disposition que les joueurs de whist. On commence le repas par des sucreries et du thé. Les sucreries sont arrangées sur un plateau de laque à plusieurs compartiments; au fond des tasses de thé on a jeté une pincée de la précieuse feuille et on verse l'eau bouillante par-dessus; quand on a bu ce liquide, qui se colore immédiatement et devient d'un beau jaune doré, on verse l'eau de nouveau sur les mêmes feuilles, qui peuvent servir plusieurs fois.

Chacun doit faire assaut de politesse, s'inviter mutuellement à boire, et en buvant à petits coups, en même temps que le voisin, bien maintenir le couvercle posé obliquement sur la tasse et éviter de rien renverser.

Un agréable passe-temps, avant d'attaquer quelque chose de plus substantiel, consiste à grignoter des graines de pastèques ou de citrouilles. « C'est un véri-
« table trésor pour amuser et désennuyer les quatre
« cents millions de Chinois. Rien d'amusant comme de
« voir ces étonnantes gens s'escrimer avant le repas
« avec des graines de citrouilles pour aiguiser tout dou-
« cement leur appétit. Pour cela, leurs ongles longs et
« pointus leur sont d'une précieuse utilité. Avec quelle

« adresse et quelle dextérité ils font éclater la dure
« enveloppe pour avoir la petite amande! C'est un mets
« décevant, une nourriture fantastique et pourtant on
« a pour elle un goût effréné. Partout, dans les contrées
« les plus désertes, les plus dépourvues de tout, si on
« ne peut rien trouver à manger, on est sûr au moins de
« trouver à manger des graines de citrouilles. On voit
« sur les fleuves des jonques énormes chargées de la
« précieuse denrée, et on peut dire que ce peuple est
« un peuple de rongeurs (1). »

On en vient au repas et les démonstrations de politesse continuent; si vous avez un vieux voisin aimable,
à la bouche édentée et grand fumeur d'opium, il ne
manquera pas de saisir quelque bon morceau avec ses
propres bâtonnets et de vous l'offrir en le plaçant sur
votre tasse de riz, et puis quand il aura terminé, il élè-
vera les bâtonnets en les portant horizontalement à la
hauteur des yeux et en disant : « *Man-man-tche !* Mangez doucement ! » comme il vous dira tout à l'heure,
quand vous le quitterez : *Man-man-tseou !* cheminez
en paix et avec tranquillité ! » Que si vous me demandez où sont les serviettes et la lingerie de table,
il n'y en a point, et c'est toujours autant d'éco-
nomisé ; mais on a placé à la gauche de chaque convive
une petite pile d'un papier soyeux et *ad hoc,* avec lequel
il s'essuie la bouche et les mains quand cela est nécessaire ; il le jette ensuite par terre, où il est ramassé
par les domestiques. Entre les différents services, on

1. Le P. Huc. — *L'Empire chinois.*

sort aussi un instant pour fumer une pipe de tabac.

— Quand j'ai mangé, je fais quelques tours sur la terrasse devant la maison en fumant la pipe que les chrétiens m'ont apportée tout allumée, et je me mets au travail; j'étudie seul ou avec *Ou-sien-sen*; je me repose en disant mon bréviaire après le repas de midi; je fais quelque promenade avec mon ministre et les gens de la maison, quand ceux-ci ne sont pas retenus aux champs; je dîne et je fais une lecture avant de me coucher. Voilà ma vie.

Je m'occupe un peu d'histoire naturelle et je fais de l'entomologie pour me reposer. Les papillons de la Chine sont fort renommés et on trouve dans ces parages, une foule d'insectes curieux : j'en avais recueilli beaucoup et les avais renfermés dans des flacons remplis d'eau-de-vie chinoise : malheureusement ils n'ont pu se conserver dans ce liquide. A propos d'histoire naturelle, j'ai aussi trouvé à Ta-pin-kang un petit serpent gris très-venimeux au dire des gens de la maison : il s'introduit dans les chambres et monte sur les toits; un jour je lançai un de mes bons amis, un chat de la maison, à la poursuite du reptile, il me le rapporta dans sa gueule après lui avoir brisé l'épine dorsale.

Vous voulez connaître ma garde-robe? J'ai trois robes de soie du *Kouy-tcheou* pour les jours de fête et les visites, une robe fourrée ou *gao-tse*, trois autres en coton. Ça fait de quoi habiller sept hommes.

Ce vêtement est assez ample; il prend du col et descend jusqu'à terre; il n'a point de taille, et ses longues manches couvrent même les mains. Sa couleur est, pour les hommes, le bleu, le violet, le marron ou le gris ; en été, on peut porter une robe blanche en toile de chanvre (*ma pou*).

Les femmes, outre ces couleurs, portent encore le rouge ou le vert ; leur robe est un peu plus courte que celle des hommes ; elles ont un long pantalon, et leurs pieds sont enveloppés de bandages qui les recouvrent entièrement ; elles chaussent de très petits souliers brodés, qu'elles confectionnent elles-mêmes à la maison.

La coutume des petits pieds existe partout (1), excepté chez les Tartares et chez les batelières de Canton. A l'âge de deux ou trois ans, on commence à comprimer le pied de l'enfant, comme on l'a décrit si souvent ; la chose ne se fait point sans douleur, mais l'enfant laisse faire, car on lui explique clairement que c'est pour son bien, et de fait, on m'a assuré qu'une jeune fille qui ne se serait point soumise à ces petites tortures, trouverait difficilement à se marier. On m'a expliqué aussi qu'il n'était point décent de fixer son regard sur les pieds d'une femme, ce qui est le signe de la beauté chez elle. Chaque peuple a ses usages, et on doit évidemment les respecter. A ce propos mes lectrices vont me faire des questions indiscrètes et me demander si le type chinois est régulier ou autres choses ? Je répondrai oui et non : dans les familles aisées, on trouve des types réguliers, mais généralement on peut dire qu'il n'y a rien par ici

1. Quoiqu'elle tende peut-être à disparaître un peu, parmi les paysannes surtout, comme l'affirme M. Vivien Saint-Martin. (*Dictionnaire géographique*, livraison de janvier 1879.)

qui puisse exciter la jalousie des Européens ou des Européennes. Enfin, quand je vous aurai dit que les jeunes filles portent leurs cheveux tressés en natte jusqu'à l'époque de leur mariage et que les femmes mariées les relèvent sur les côtés et derrière la tête en les fixant au moyen de longues aiguilles d'argent ; qu'elles portent aussi, si elles sont riches, de lourds pendants d'oreilles et des bracelets d'argent massif et protégent leurs ongles très longs par des doigtiers de métal précieux ; que souvent elles se fardent ; qu'elles ornent leur coiffure de fleurs naturelles ou artificielles ; qu'elles mettent aussi quelquefois sur la tête un léger turban ou *pa-tse*, et quand elles sont chrétiennes et viennent à la messe un voile de soie noire ; vous saurez tout ce qu'on peut savoir sur la matière en question.

J'ai trois pardessus, deux en drap noir et un en peau de chat sauvage doublé de satin ; le *ma-koua*, ou pardessus, est lui aussi assez ample, mais ne descend que jusqu'au milieu de la robe ; les manches, très-larges, sont plus courtes que celles de la toge ; le pardessus se boutonne avec les cinq boutons réglementaires en cuivre ciselé ; il se boutonne en ligne verticale, tandis que pour la robe les boutons sont disposés comme *en sautoir*. Les Chinois portent sur eux, jour et nuit, une chemise courte et un pantalon ou caleçon large, en coton blanc ou bleu pour les paysans et les ouvriers. Ainsi font les gens de la classe supérieure, mais en outre ils ajustent sur les bas de coton blanc et les pantalons une paire de jambards ou de cuissards qui, tenant par le haut à la ceinture, se lient au cou-de-pied au moyen d'un cordon

de soie ; les jeunes citadins et les élégants montrent toujours grâce à cela une jambe finement dessinée et des
bas bien tirés qui sortent de leurs beaux souliers brodés à triple semelle.

Quand on fait une visite et qu'on va chez le mandarin,
on change la calotte de soie pour le bonnet de cérémonie, le *tong-mao*, bonnet d'hiver en soie à bords
relevés, ou le *leang-mao*, bonnet d'été (bonnet de la
fraîcheur) en paille tressée, en forme de chapeau
de lampe. Les deux bonnets portent à la partie supérieure une houppe de soie rouge et une petite vis, où les
lettrés et les fonctionnaires fixent le globule insigne
de leur dignité. Dans ces occasions, on prend aussi le
grand *ma-koua*, qui tombe jusqu'au-dessous du genou.

Il faut voir cela ! C'est curieux, direz-vous. Oui !
mais c'est plus curieux encore de voir comment les
Européens s'affublent horriblement et comment les
Chinois s'habillent commodément, simplement, dé-
cemment et noblement, comme les Juifs, les Grecs et
les Romains le faisaient. Il faut venir ici pour juger la
Chine et les Chinois. J'ai peu vu encore, mais je crois
que ce peuple ne fait rien sans raison et possède une
véritable civilisation. *Utinam christianus !*

Des bizarreries, où n'en trouve-t-on pas ? Si vous voulez, en voici une encore et celle-ci toute chinoise : J'avais
un pardessus apporté de Paris ; jusqu'ici, n'ayant pu
m'en servir, il y a un mois, je fis appeler un tailleur qui
me confectionna une paire de jambards, un vêtement
consistant en un vaste gilet à poches, et se plaçant sur
la robe et sous le *ma-koua* ; cela s'appelle *ko-chan-*

long : le dragon qui passe la montagne. La montagne
est figurée par le vêtement sur le dos du propriétaire,
et le propriétaire qui a passé ses bras à travers la montagne, c'est le dragon. Acceptez-vous cette explication ?
Je vous la donne telle qu'on me l'a donnée.

Les bijoux ne sont pas en Chine pas plus qu'en
France la propriété exclusive des femmes ; les hommes
aiment aussi à s'en parer ; le fermoir de la ceinture
d'hiver est souvent en métal précieux enchâssé de jade
ou de quelque autre pierre de prix ; l'étui à lunettes en
cristal de roche, la bourse, le porte-montre et le porte-
éventail sont brodés en perles ; on porte aussi à la boutonnière suspendus à une chaîne d'argent de petits instruments de même métal consistant en cure-dents,
cure-oreilles, cure-ongles et peigne à barbe : une pipe
élégante et une blague brodée complètent cette panoplie
chinoise.

Tous les quatre jours, une foire se tient dans un
forum ou marché tout près d'ici ; les paysans s'y
rendent pour acheter et vendre leurs denrées et changer
les lingots d'argent pour des *sapèques*, ou réciproquement. Le lingot d'argent ou *taël* vaut huit francs en
monnaie de France ; il a la forme d'un petit cône d'argent ; on a des lingots de huit, dix taëls et plus, affectant la forme d'une moitié d'œuf coupé dans le sens de
la longueur ; c'est une monnaie plus facile à emporter
dans un voyage que les sapèques ; on coupe quelquefois
le lingot en petits morceaux pour faire de la menue
monnaie ; il faut alors en connaître la valeur et le
poids : à cette fin tout Chinois de bon ton et qui sait

veiller à ses intérêts porte aussi une petite balance romaine suspendue par son étui de bambou à la boutonnière. Mais les sapèques sont la véritable monnaie courante ; ce sont des pièces de cuivre fondu et non frappées au balancier ; elles contiennent six à sept parties de cuivre pour trois à quatre parties de zinc ; elles sont enfilées par cent et par mille ; mille sapèques forment ce qu'on appelle une *ligature, y-tiao-tsien* ; une sapèque vaut un demi-centime ; dix sapèques, un sou français ; cent sapèques, dix sous ; mille sapèques, cinq francs. J'ai déjà fait changer deux globules de dix taëls ; pour le premier on m'a donné dix-sept ligatures ; c'est un bon prix ; le globule a duré deux mois. J'ai donné une ligature au tailleur, une à mon séminariste pour ses appointements de deux mois (c'est la règle), j'en ai gardé une autre pour mes menus achats : les quatorze autres ont été dépensées pour la cuisine et ont servi à nous nourrir, mon ministre et moi, pendant deux mois ; c'est donc une dépense de sept ligatures ou de trente-cinq francs par mois pour deux hommes ; vous voyez que ce n'est point trop cher. On dit même qu'il y a des gens qui ne dépensent pas plus de cent francs par an pour leur nourriture et leur entretien.

Tcheou-eul-ko, mon second propriétaire, se rend demain à Tchong-Kin pour porter l'impôt au tribunal du mandarin-préfet ; il va emporter cette lettre ; ne vous étonnez point du beau papier jaune dont je me sers ; c'est le véritable papier à lettre chinois, léger et solide tout à la fois. Naturellement, j'écris avec l'*encre de*

Chine, qui semble faite tout exprès pour ce papier.

Les enveloppes de lettre comme vous avez pu le re-marquer sont aussi d'une qualité supérieure ; elles sont préparées avec de la cire afin de pouvoir écrire à la plume et au pinceau sans que l'encre soit absorbée. Cela les rend très brillantes et elles portent divers des-sins rouges ou bleus d'oiseaux et de fleurs.

L'encre chinoise qui se vend toujours en bâtons, ici comme ailleurs, est faite avec du noir de fumée et de la colle : on l'obtient en brûlant au four des bran-ches de pin dont l'épaisse fumée se condense sur les parois du foyer ; le noir étant soigneusement tamisé, est mélangé en parties égales avec de la colle forte ou de la colle de poisson ; pour donner à l'encre le parfum particulier qui la fait reconnaître comme vraie on ajoute au mélange de l'ambre, du musc ou du camphre, puis le mélange fortement battu et malaxé est pressé dans des moules de bois où il prend la forme voulue, et on séche les pains en les plaçant, préa-lablement enveloppés de papier fin, dans un mélange de cendres, de bois et de chaux. Les meilleures qualités d'encre sont en bâtons assez petits ; ils doivent présenter un reflet brunâtre et avoir une certaine dureté, ils aug-mentent de valeur en vieillissant (1). L'encre de Chine est une industrie du Se-Tchouan ; on recueille ici le noir de fumée sur de la porcelaine ; c'est le résidu de la com-bustion de l'huile de *tong-you*.

____

1. Renseignements tirés d'un Catalogue récemment im-primé à Chang-hay.

Il est dix heures ; les grenouilles des rizières depuis
longtemps ont commencé autour de la ferme leur immense concert nocturne et la lampe qui m'éclaire s'é-
teint ; je m'arrête. Quel poétique pays ! pour lampe on
se sert encore de la coquille de cuivre des temps passés ;
l'huile a été extraite des fruits d'un arbre voisin (l'arbre
au *tong-you*), et c'est encore dans les champs d'alentour qu'on a cueilli la mèche végétale (*ten-tsao*) qui va
mourir et m'invite au repos.

VII

LITTÉRATURE ET RELIGION.

Etude de la langue. — Langue écrite. — Une leçon de grammaire. — Les tons. — Equivoques et anecdotes : comme quoi un missionnaire doit bien apprendre les tons chinois. — Formules de style. — Lettres des théologiens Tcheou et Siao. — *Nuit d'Été*, poésie. — La religion et la philosophie en Chine. — Pagodes et bonzes.

Ta-pin-kang, 1er juin 1872.

J'apprends la langue. Est-ce une fatigue ? Non... La meilleure manière d'étudier est de ne point étudier du tout, et je l'expliquerai tout à l'heure. La langue chinoise, comme toutes les langues de l'extrême Orient, est double : langue écrite et langue parlée. Pour ce qui regarde la langue écrite, je ne m'en occupe guère ; elle compte quarante mille caractères, dont cinq ou six mille donnent, il est vrai, la clef de toutes les bibliothèques ; mais enfin, c'est encore trop pour un homme qui, jusqu'ici, est habitué à se servir de vingt-cinq lettres et qui ne tient qu'à une chose absolument : comprendre la pensée de ceux qui l'entourent et leur exprimer ses idées. Les lettrés chinois pâlissent toute leur vie sur leur propre langue écrite, cherchant à connaître le plus de caractères qu'ils peuvent, caractères formés par la combinaison d'un grand nombre de traits droits ou courbés. Je ne veux point leur disputer la palme, et, loin de désirer le titre de *han-lin* (docteur ou forêt de pinceaux) ou celui de *kiu-jen* (licencié), je n'aspire même point au simple grade de *sieou-tsay* (bachelier). C'est la langue parlée que je veux savoir.

Elle est composée d'intonations monosyllabiques et est basée complétement sur la tonalité : peu ou point de grammaire. En Chine, on *parle nègre*, et on peut dire qu'il n'y a que des mots à apprendre. Le mot *gay* veut dire aimer, amour, aimable ; (1) les temps et les

---

1. La langue chinoise étant par sa nature dépourvue des désinences qui caractérisent la plupart des autres langues du monde, il a fallu comme dans les nombres, trouver un principe qui y suppléât pour que la phrase chinoise fût rendue intelligible. Ce principe c'est le principe de *position*. C'est cette position du caractère dans la phrase qui détermine principalement sa valeur grammaticale.

On pourrait d'après cela confondre la langue chinoise avec ces langues imparfaites de nations qui n'ont jamais atteint un grand développement dans leurs facultés intellectuelles ou chez lesquelles le développement n'a pas agi puissamment sur la langue: mais ce serait une erreur extrêmement grave. J'ai parlé des qualités que la langue chinoise ne possède pas, mais elle étonne par ce phénomène singulier qui consiste en ce que, simplement en renonçant à un avantage commun à toutes les autres langues, par cette privation seule, elle en acquiert un qui ne se trouve dans aucune. En dédaignant les couleurs et les nuances que l'expression ajoute à la pensée, elle fait ressortir les idées, et son art consiste à les ranger immédiatement l'une à côté de l'autre, de manière que leurs conformités et leurs oppositions ne sont pas seulement senties et aperçues comme dans toutes les autres langues, mais qu'elles frappent l'esprit avec une force nouvelle et le poussent à poursuivre et à se rendre présents leurs rapports mutuels ; il naît de là un plaisir purement intellectuel qui provient de la ma-

personnes des verbes ne sont point chose compliquée :
c'est *gay* au présent, au passé, au futur. La simple ad-
dition d'un mot change le temps ; les pronoms : *ngo,*
je ; *ngy,* tu ; *ta,* il, font les personnes. Ajoutez *men* aux
pronoms, vous avez le pluriel, et ainsi du reste (1). Par
contre, un seul et même mot prononcé sur cinq tons
différents produit quatre ou cinq significations différentes. Voilà la difficulté, et voilà pourquoi il est
presque impossible d'apprendre une langue semblable
en Europe. Pour étudier le chinois ou l'annamite, il
faut être dans un milieu chinois ou annamite, et on ne
peut guère faire qu'une chose en Europe : apprendre
les caractères, sans jamais arriver à les prononcer cor-
rectement.

Il y a cinq tons principaux : dans le premier, le mot
doit être prononcé très-haut, dans le second plus bas,
dans le troisième on va de haut en bas, dans le quatrième de bas en haut. Le cinquième se prononce comme
le second, mais bref. Si on ajoute à chaque ton une
aspiration, on double le nombre et on a en réalité dix
tons. Tous les mots n'ont pas les dix tons et les dix significations, mais on en trouve fréquemment qui en ont
cinq ou six et les significations les plus disparates. Le
mot *ma* veut dire mère, cheval, chanvre, et c'est aussi

nière rapide et isolée dont les mots tous expressifs d'une idée
entière, sont rapprochés l'un de l'autre et de la hardiesse avec
laquelle tout ce qui ne leur sert que de liaison en a été enlevé.
— Guillaume de Humboldt. — *Lettre sur le génie de la langue
chinoise. (Chine moderne* Sauthier).

1. Par exemple : j'aime, *ngo-gay* ; tu aimes, *ngy-gay* ; il aime,
ta-gay, nous aimons, *ngo-men gay,* etc.; j'ai aimé, *ngo-gay leao;*
nous avons aimé, *ngo-men-gay-leao,* etc.

un nom des Cent Familles ; le mot *yen* signifie : œil, sel et tabac ; le mot *tong* veut dire : cuivre, Orient, avec ou ensemble, hiver, douleur, et c'est le nom de celui qui écrit ces lignes. Aussi, on le comprend, les quiproquos et les équivoques sont fréquents, surtout pour les jeunes missionnaires qui arrivent nouvellement de France et ont quelque peine à faire la clarté au milieu de cette apparente confusion.

On raconte qu'un de ceux-ci à son premier sermon, voulant dire : « Mes frères, si vous observez les com-« mandements et les préceptes que je viens de vous « expliquer, vous posséderez un jour le ciel, et votre « tête sera ceinte d'une couronne ornée de brillants « fleurons, » dit aux chrétiens cette gracieuseté : « Votre tête sera ceinte d'une couronne ornée de *pattes de ca-nards.* » Tout cela parce que le même mot ou la même consonnance peut faire prendre *fleur* pour *canard* et *pattes* pour *brillant.*

Un jour, pendant qu'il visitait pour la première fois les chrétiens de son district, un jeune confrère, fraîche-ment débarqué,(*sin-chen-fou,* comme disent nos gens, un nouveau Père spirituel,) arriva dans la maison d'un des plus riches et des plus influents habitants de la lo-calité ; celui-ci était depuis peu converti au christia-nisme, et dans la maison où, selon l'usage chino's, de nombreuses familles étaient réunies sous le même toit, on comptait encore au milieu des rangs plus d'un païen, plus d'un homme de la religion extérieure ; *ouay-kiao-jen.*

Néanmoins, à l'arrivée du missionnaire, tous s'empressèrent de venir le saluer selon les rites et même de lui demander sa bénédiction ; quand le Père spirituel se fut rafraîchi et eut pris quelque repos, avec cette ardeur que l'on admire toujours dans un apôtre, il se mit à l'œuvre pour commencer la visite. Lorsqu'il eût préalablement demandé quelques renseignements sur la situation du district en général et de la station en particulier, il voulut tout disposer pour célébrer la sainte messe le lendemain matin dans la salle des hôtes ou salon. Pour ce faire, il lui fallait dresser un autel et transformer ce salon en chapelle au moyen d'une certaine décoration religieuse ; l'autel est élevé, le crucifix et les deux chandeliers dorés sont placés sur un gradin ; maintenant, notre héros s'avise de vouloir suspendre à la muraille de splendides images apportées de Paris pour la circonstance et qui devaient, comme il le pensait bien, produire un merveilleux effet ; il mande donc le maître de la maison, qui arrive aussitôt et faisant la génuflexion devant le Père se met entièrement à ses ordres et l'interroge sur ce qu'il peut faire pour lui être agréable : le missionnaire avec la plus grande assurance et un flegme tout britannique laisse alors tomber de ses lèvres cette phrase courte, facile et très intelligible selon lui : « *Ngy-lao-yé, la-ti-tse-lay !* » — O vertueux philosophes, saints personnages des temps antiques, législateurs et précepteurs de la grande nation, vous dûtes frémir d'indignation et vous enflammer de colère en entendant ces paroles impies ! et vos ossements enfermés dans les sépultures vénérées durent s'entre choquer d'épouvante devant cette audace et cette

irrévérencieuse prétention d'un barbare étranger ! Que
demandait-il en effet ? Il demandait au maître de la
maison ahuri, qu'il lui amenât.... sa femme. Or, on
connaît la sévérité des mœurs en ce pays au moins
pour ce qui tient à l'extérieur ; aussi, voilà qu'une
sombre tristesse se répand sur le visage du pauvre
homme, il se retire en proie à la plus grande agitation
et roulant dans son esprit mille pensées désagréables ; il
rencontre des parents et des amis dans une pièce voisine
et il leur fait part de son aventure au grand scandale
de ceux-ci. On tient conseil et on ne voit pas moyen d'en
sortir ; il faut amener la maîtresse du logis, qui n'est
probablement jamais sortie des appartements intérieurs
et rompre avec toutes les convenances et les habitudes
du pays : *Ko-si-leao ! Ko-si-leao !* Quel malheur ! Quel
malheur ! répètent-ils, tous. Cependant, le séminariste
de la suite du missionnaire rentre d'une course qu'il
vient de faire au dehors et voyant la consternation
peinte sur tous les visages, il s'informe ; on lui raconte
ce qu'il en est ; d'abord il s'étonne, il n'y comprend
rien lui-même, mais, tout à coup une clarté subite se
fait dans son esprit et il demande : « Que faisait donc le
Père au moment où il vous a formulé un si étrange
caprice ? — Il était occupé à dérouler des images
qu'il voulait suspendre aux murs de la salle des hôtes. —
Ah ! bien! reprend le séminariste. *Hao ! ngy-tché-ko-yu-
jen, mo-yeou-tong-tao.* O homme poisson ! (tu res-
sembles au poisson qui a toujours l'air si sot et si stupide,
quand il ouvre la bouche surtout,) tu n'y as rien vu !
Comment ! mais le Père spirituel ne te demande nul-

lement que tu lui amènes ton épouse, il désire tout simplement une échelle pour l'aider à suspendre ses images de piété au mur du *Ké-fang*. » Le même mot, moins une lettre, signifie *échelle* et *épouse*, mais il fallait le prononcer bien et c'est ce que le missionnaire encore novice n'avait pas fait ; de là l'erreur.

J'ai dit que la meilleure manière d'étu lier était de ne point étudier ; en effet, la meilleure méthode pour apprendre la langue parlée, c'est tout simplement de causer ; bon gré, mal gré, il faut causer. Les hommes de la maison viennent dans ma chambre à tout moment, ils disent un mot et s'en vont. Le ministre, ou Tcheou-Kié, me font des questions en chinois que je suis obligé de deviner et de déchiffrer pour y répondre. Quant aux femmes, pendant deux mois je n'en ai pas vu une seule ; elles venaient dans ma chambre pendant que j'étais à la salle à manger ou dehors, et ce n'est que depuis un mois à peu près que je commence à les connaître un peu. Les femmes mariées ne m'ont jamais parlé et ne me parleront jamais ; mais deux des vierges, la tante et la nièce, se sont déjà approchées plusieurs fois jusqu'à la porte de ma chambre, et de là m'ont adressé la parole. Maintenant qu'elles n'ont plus peur du Père, il faut voir comme les langues se délient ; encore si je comprenais toutes les histoires qu'elles me racontent !

Je dirai cependant que je comprends mieux les femmes que les hommes ; elles ont vraiment l'adresse et l'habileté propres à leur sexe ; elles trouvent moyen d'employer les mots que je connais et me sont ainsi très-

8.

utiles; les missionnaires m'ont dit que les vierges avaient été d'un grand secours au Père A..., qui a séjourné ici avant moi, il y a deux ans. Je dois essayer d'entendre leurs confessions pour la veille de la prochaine fête; mais auparavant elles veulent que je leur parle des choses de France : « *Chen-fou-pay-long men chen* ! » Père, raconte-nous des histoires de dragon ! »

Je vous envoie quelques formules de style chinois; vous y reconnaîtrez l'Orient dans tout son éclat.

A l'arrivée dans une maison, aux jours de fête :

« L'humble famille des Tcheou se prosterne jusqu'à « terre, devant le Père spirituel originaire du grand « royaume de France et le prie de faire descendre sur « elle la bénédiction du Ciel. Sa précieuse présence « dans notre obscure contrée est un bienfait du Ciel. »

Au départ : « Bientôt nous serons séparés par les « fleuves et les montagnes, mais les sentiments du « cœur parcourent en un moment des distances infi- « nies. Le jour et la nuit nous penserons au Père spi- « rituel, qu'il marche lentement ! »

En offrant un cadeau : « A Ta-pin-kang, tous les amis « de la religion (*ko-ko-kiao-yeou*) élèvent vers vous « quelques fruits du pays, daignez abaisser votre main « pour les recevoir ; cette petite offrande est celle de « notre cœur. Voilà les paroles des hommes pécheurs « et des femmes pécheresses (*tsoui-jen, tsoui-niü*) de la « famille des Tcheou. »

Quand on m'aborde : « Vieux grand Monsieur, quelle est la noble première lettre de ton nom, ton noble pays et ton grand âge ? »

Un lettré chinois.

Quand j'interroge quelqu'un : « Comment t'appelles-
tu ? » — « Le tout petit (*siao-jen*) porte le nom vil et
méprisable de Hoang. »

— « Quel âge as-tu ? » — « Il y a trente ans que le
tout petit endure les misères de la vie dans le pauvre
petit pays de Choui-ya-tang. »

— « Comprends-tu ce que je te dis ? » — « Ce langage est pour moi blancheur et clarté. »

A la fin d'une phrase ou d'une lettre : « Le tout petit
a dit ces paroles peu gracieuses avec sa bouche dépourvue d'habileté, ou a tracé ces caractères peu élégants avec son pinceau maladroit. »

Voilà, je pense, de fort jolies choses et qu'on entend
à chaque minute dans nos montagnes du Se-Tchouan.
Je n'ai fait que vous citer des traductions, mais que
sera-ce si je mets sous vos yeux les textes mêmes des
lettres que je reçois de nos élèves du collège, et en particulier d'un certain Mathias Tcheou, qui est le frère de
mes deux propriétaires ?

Lettre du théologien Tcheou (1)

Reverendo Domino Patri Tong.
Reverende et amantissime Pater,

« Jamdiu quidem vobis litterulas aliquas scribere
« mihi animo est, sed nullum opportunum tempus scri-
« bendi inventum fuit. Attamen ne mihi irascamini,

---

1. Nos jeunes théologiens ont pris l'habitude de ne pas nous
tutoyer, même en latin.

« quod tot jam mensibus elapsis ex quo litteras vestras
« accepi, in præsentem diem, ne unum quidem iota
« rescripserim, ut fortasse inurbanus ac ingratus vobis
« haberer. Nunc autem pagellam hanc accipiatis a me
« exaratam in qua non voces at affectus considerate
« filialis dilectionis ; ago gratias vobis pro beneficiis
« tam mihi quam parentibus, amicis, sororibus, fra-
« tribus aliisque consanguineis meis collatis ; scio enim
« quid facere debeam et scio quid acceperim ; retri-
« buere conabor, quum idoneum, mihi fuerit tempus :
« nolo enim mihi dominari ingratitudinem ventum
« urentem et siccantem fontem gratiarum. Vobis igitur
« apprecor ut optimum successum optimamque valetu-
« dinem jugiter consequi valeatis. De cætero nihil novi
« vobis referre habeo. Quod autem reliquum est me
« etiam atque etiam commendo orationibus vestris et
« sacrificiis ; valete et orate pro me ut vocationem
« meam gratiis Dei adjutus valeam implere (1).

(1) *Autre lettre du même.*

« Animo mihi volventi quanta in me et in parentes meos
« præstiteritis, in memoriam venit ut aliquid litterarum pro
« gratitudine vobis offeram : idque hac potissimum occasione
« peropportuna, qua quantumcuique libuerit, scribendi facul-
« tas datur. Huc accedit et consuetudo imperii nostri, qua
« omnia gratitudinis et pietatis officia, novato anni curriculo,
« renovantur, recoluntur, adeo ut ea omittere sit ingratum ac
« inurbanum, reddere vero, debitum ac gratum. Quocirca ne
« ingratus et inurbanus vobis videar, hasce paucas paternitati
« vestræ mitto litterulas, gratitudinis testes, quibus et plu-
« rimas ei grates ago, habeoque immortales pro beneficiis col-
« latis ; et pro meritis sibi per annum acquisitis gratulor, feli-
« cemque ac ad omnia faustum annum quem inchoabitis,
« apprecor et a Domino peropto vobis optimam valetudinem,
« imprimis vero optimum successum in Evangelii semine ja-
« ciendo ut uberrimum fructum Domino afferre valeatis. Bene
« valeat, Paternitas vestra et in sempiternum beetur ! »

« Vestræ Paternitatis, indignus servus Mathias
« Tcheou. »

Lettre du théologien Siao.

« Reverende Pater, quid vestræ Paternitati retribuam
« pro tot tantisque mihi et meis coram Deo hucusque col-
« latis beneficiis ? Merito sane ingratitudinis imo injus-
« titiæ arguar, cujus negotium tam prospere per annum
« geritur, cum ne litteralem quidem salutationem obtu-
« lerim causa prosperitatis. Id tamen non nolens aut ne-
« gligens, sed non audens et impotens. Quis enim ego ?
« vilissimus peccator, et qui vix litteras novi formare
« latinas, multo minus sinicas. Audeone alloqui sacer-
« dotem Dei qui totus Deo et quæ Dei sunt intentus, non
« omnia nisi ad majorem Dei gloriam facit ? Attamen,
« præsumpta paterna benignitate quod subditorum est,
« si quo modo possit, persolvere volo. Vestræ Paternitati
« maximas ago et habeo gratias pro datis, gratulor pro
« meritis, opto a Deo valetudinem omnimodam nobis
« omnibus per omnia utilem, commendo me meosque
« Vestræ Paternitatis servulos ut commendationibus
« apud Deum suffulti non amplius vestris sicut et di-
« vinis abutamur beneficiis. Indignissimus servulus
« Paulus Siao. »

Il faut avouer que ce latin n'est pas trop mauvais et
que c'est du chinois tout pur dans la langue de Cicéron :
« Depuis longtemps j'avais envie de vous écrire quelques
petites lettres ; ne vous mettez pas en colère parce que

depuis de longs mois je ne vous ai pas même envoyé la valeur d'un iota ! Recevez cette petite page et n'y regardez pas les mots, mais considérez les affections du cœur : non, je ne veux pas être dominé par l'ingratitude qui est comme un vent brûlant et qui sèche la fontaine des grâces et des miséricordes, » Etc., etc.

Et dans la seconde lettre, celle de Siao : « Que rendrai-je à Votre Paternité pour tant de bienfaits que vous m'avez prodigués ainsi qu'à tous les miens? Je serais justement accusé d'ingratitude et même d'injustice si je ne vous envoyais les salutations de la prospérité. Non, je n'y mets point de mauvaise volonté ni de négligence, mais je n'ose pas et je sens mon impuissance pour vous parler. Car, qui suis-je ? un pécheur très-vil et qui sait former à peine les lettres latines, et encore moins les caractères chinois. Devrais-je oser parler à un prêtre du Seigneur qui est tout occupé de Dieu et des choses de Dieu, et ne fait rien que pour sa plus grande gloire ?» Etc.,

Et si l'on veut enfin un spécimen de la poésie chinoise, en voici un emprunté à la traduction du « Théâtre chinois » (1) de M. Bazin, et arrangé par moi sous le titre de « *Nuit d'été* ». Je m'adresse à quelqu'un qni habite la vieille Europe et qui vante les charmes et les jouissances qu'on trouve dans les grandes capitales ; on verra si les hommes de l'Empire du Milieu se laissent surpasser par nous dans leur style en élégance et en gracieuseté.

1. *La Soubrette accomplie.*

NUIT D'ÉTÉ.

Le tout petit a entendu M... vanter la beauté et les plaisirs des turbulentes cités, et il s'est résolu à lui en faire des reproches tempérés et adoucis par la modération et les affections du cœur :

O M... ! as-tu mesuré tes harmonieuses paroles et as-tu pesé tes pensées pour savoir si elles sont selon la justice et la droiture ? Ah ! si la destinée inexorable et les brises de la grande mer t'avaient porté comme moi aux confins du monde, tes paroles seraient tout autres, et si tu avais pu être le témoin des grands spectacles de la nature, tes pensées ne seraient plus les mêmes !

Au milieu de l'Empire des Fleurs, loin du bruit des villes, dans la campagne délicieuse, coupée partout de bosquets touffus et de cours d'eau sinueux, qui redira les douceurs d'une nuit d'été ?... Un *han-lin* (docteur, poète), avec tout son talent, ne pourrait décrire les charmes de ces ravissantes perspectives; un peintre habile ne pourrait les représenter avec ses brillantes couleurs. O M... ! tu n'as jamais entendu les modulations pures de l'oiseau *tou-kiouen*, tu n'as jamais respiré les parfums des pêchers qui viennent réjouir l'odorat, tu n'as pas vu la fleur *haï-tang*, dont la brise agite le calice entr'ouvert !

En ce moment, la fraîcheur de la nuit pénètre les robes de satin ornées de perles et les légers vêtements, les plantes odoriférantes dégagent leurs subtiles senteurs, les saules et les bambous laissent flotter leurs soies verdoyantes, d'où s'échappent des larmes de rosée qui tombent comme une pluie d'étoiles dans les étangs limpides, et on dirait aussi des globules de jade lancés dans un bassin de cristal sonore ; les lampes des pavillons de la pagode voisine jettent une flamme tranquille au milieu de la gaze rose qui les entoure, et la lune qui brille à la pointe des massifs ressemble au dragon azuré qui apporta jadis le miroir de *Hoang-ti.*

Attends que le tambour ait annoncé le milieu de la nuit ; attends qu'un bruit qui se prolonge au loin parte du haut de la tour à douze étages où sont les veilleurs nocturnes, que la goutte d'eau tombe sur la clepsydre de verre transparent, que la brise fasse frémir l'aigrette du phénix qui dort sur la cime des bananiers aux larges feuilles ; et puis, sors de ta chambre en effleurant mollement les nattes aux vives couleurs, de tes pieds, semblables à des nénuphars d'or et en agitant ta robe ondoyante et les pierres de ta ceinture, viens sur la galerie, entr'ouvre les rideaux brodés, soulève doucement la jalousie close en t'accoudant sur la balustrade sculptée ; regarde, écoute ; tout est solitude et silence, c'est le moment de la rêverie..

Oh ! qui redira les douceurs d'une nuit d'été, dans l'Empire des Fleurs, loin du tumulte des cités !..........

— Pendant nos promenades de l'après-midi, je dirige souvent mes pas vers un petit bois voisin, au bout duquel on trouve une assez jolie pagode. Mais avant de parler des pagodes, un mot sur la religion en Chine. Les Chinois ont trois religions principales : le culte de Confucius, le culte de la raison, le bouddhisme.

Confucius ou *Kong-tse* qui naquit l'année 550 avant Jésus-Christ, sous la dynastie des Tcheou, dans le royaume de Lou, aujourd'hui, province du Chan-Tong, est le *saint homme*, le grand philosophe et le grand civilisateur du peuple chinois. Je ne raconterai point sa vie, ce qui a été fait souvent. Les lettrés et tout le peuple le reconnaissent comme leur maître ; sa tablette est dans les temples élevés en son honneur et le préfet de chaque district, le jour de la première lune, s'y rend en train de gala pour le saluer. Son culte est le culte des lettrés ; ce n'est point l'idolâtrie grossière, mais on peut dire que c'est le positivisme, on a en vue l'utile, le positif ; de sentiment pieux, point.

Les ouvrages de Kong-tse et de son disciple *Meng-tse* forment les *Se-chou* ou les quatre livres classiques (1) qui sont le Code moral et politique de la nation chinoise depuis deux mille cinq cents ans. Deux lettrés nommés Tchou-tse et Tchen-tse expliquèrent ces livres au moment de l'apparition du bouddhisme en Chine (65 ans après Jésus-christ). En 1425 l'Empereur Yong-lao chargea d'autres lettrés de faire un nouveau commentaire ; trompés par le peu de précision de Confucius, ceux-ci

1. Ce sont 1° le *Ta-hio*, ou grande étude, qui indique aux princes la manière de gouverner les peuples avec sagesse ; il a 1,546 caractères et le commentaire contient dix chapitres ; 2° le *Tchong-yong*, le livre de la vertu, consistant dans le juste milieu ; il a trente-trois chapitres ; 3° le *Len-yu* qui renferme les entretiens philosophiques et les maximes de Confucius, — deux parties qui ont chacune dix chapitres ; 4° le livre du philosophe Meng-tse commentateur de Kong-tse — quatorze chapitres.

faussèrent la doctrine du saint homme et de là est sortie la religion et le culte des lettrés appelés *Jou-Kiao*, religion ou philosophie naturaliste, matérialiste.

Il paraîtrait que Confucius a reconnu l'existence d'un seul Dieu, mais il manque de précision sur ce point-là comme sur tant d'autres. Sa doctrine est un vaste système qui embrasse ce que les lettrés chinois nomment les trois grandes puissances de la nature : le Ciel, la Terre et l'Homme dont l'influence et l'action se pénètrent mutuellement, tout en réservant la suprématie au Ciel (1). — Aucun philosophe n'a attribué au Ciel une plus grande part dans les événements du monde, une influence plus grande et plus bienfaisante que Kong-tse et son école. C'est le Ciel qui donne aux rois leur mandat souverain pour gouverner les peuples et qui le leur retire quand ils en font un usage contraire à sa destination. Les félicités ainsi que les calamités publiques et privées viennent de lui. Tous les attributs que les doctrines les plus spiritualistes donnent à Dieu, l'école de Kong-tse les donne au Ciel. Le Ciel est le type parfait de toute puissance, de toute bonté, de toute volonté, de toute vertu, de toute justice. Il n'y a que lui comme il est dit dans le *Chou-kin* (2), qui ait la souveraine, l'uni-

1. Les quelques détails donnés ici et ceux qui vont suivre sont extraits en partie de la « *Chine moderne* » de M. Pauthier, en partie de l'*Histoire de l'Eglise* de Rohrbacher.

2. Les *Kin* sont les grands livres de l'antiquité sur lesquels le grand philosophe a travaillé ; ce sont, le *Y-kin* ou livre des transformations attribué à *Fou-hi*, l'inventeur de l'écriture chinoise (2,800 av. J.-C. ?), le *Chi-kin*, le livre des vers ou de la poésie, le *Chou-kin*, le livre des annales ou de l'histoire. Kong-tse avait un tel respect pour le premier de ces livres qu'il disait: « S'il m'était accordé d'ajouter à mon âge de nombreuses

verselle intelligence et comme dit à ce sujet *Tchou-ki*, il n'est rien qu'il ne voie et qu'il n'entende.

Quant à la morale de Kong-tse, nous la trouvons bien exposée dans les quatre livres classiques, surtout dans le premier : *Ta-hio*, la grande étude et dans le second : *Tchong-yong*, le milieu immuable. Le philosophe chinois part de ceci que « l'homme est un être qui a reçu du Ciel en même temps que la vie physique un principe de vie morale qu'il doit cultiver et développer dans toute son étendue, afin de pouvoir arriver à la perfection, conformément au modèle céleste et divin. » Le perfectionnement de soi-même est donc le fondement de la morale. Les devoirs de l'homme envers Dieu ne sont pas traités avec le soin qu'on attendrait de la part de Confucius ; les devoirs de l'homme envers l'homme sont mieux expliqués : Faites le bien en tout temps, en tout lieu, dans toutes les circonstances ; faites le bien pour le bien, sans motif d'intérêt propre ; ne faites pas aux autres ce que vous désirez qu'on ne vous fasse point à vous-mêmes.

« Tout ce que je vous enseigne, dit le grand philo-

---

années, j'en demanderais cinquante pour étudier le Y-kin afin de pouvoir me rendre tout à fait exempt de fautes en me pénétrant de sa doctrine et de son enseignement. »

Le Chou-kin contient l'histoire primitive de la Chine c'est-à-dire une période de seize siècles, de 2,357 à 770 av. J.-C. L'ouvrage est divisé en six parties : les deux premières donnent l'histoire des empereurs Jao, Chun et Yu ; la troisième celle de la dynastie des Chang, les trois dernières celles de la dynastie des Tcheou. — Le Chi-kin a 311 pièces de vers divisées en quatre parties : Chants populaires, Éloges solennels, Petits éloges et Cantiques religieux ; — on ajoute à ces trois lives le *Li-ki* ou recueil des règles et cérémonies en trois cents chapitres, et le *Tchun-tsiou,,* histoire du royaume de Lou.

sophe, nos anciens sages l'ont pratiqué avant nous et cette pratique qui dans les temps reculés était universellement adoptée, se réduit à l'observation des trois lois fondamentales de relation entre les souverains et les sujets, entre les pères et les enfants, entre l'époux et l'épouse et à la pratique exacte des cinq vertus capitales qu'il suffit de vous nommer pour faire naître l'idée de leur excellence et de la nécessité de les exercer. C'est l'humanité, c'est-à-dire cette charité universelle entre tous ceux de notre espèce sans distinction ; c'est la justice, qui donne à chaque individu de l'espèce ce qui lui est légitimement dû, sans favoriser l'un plutôt que l'autre ; c'est la conformité aux cérémonies et aux usages établis, afin que ceux qui vivent ensemble aient une même manière de vivre et participent aux mêmes avantages comme aux mêmes incommodités; c'est la droiture, c'est-à-dire, cette rectitude d'esprit et de cœur qui fait qu'on cherche en tout le vrai et qu'on le désire sans vouloir se donner le change à soi-même ni le donner aux autres ; c'est enfin la sincérité ou la bonne foi, c'est-à-dire cette franchise, cette ouverture de cœur mêlée de confiance, qui excluent toute feinte et tout déguisement, tant dans la conduite que dans le discours. Voilà ce qui a rendu nos premiers instituteurs respectables pendant leur vie et qui a immortalisé leurs noms après leur mort. Prenons-les pour modèles, faisons tous nos efforts, pour les imiter. » (*Vie de Confucius*, par le P. Amyot.)

La politique du saint homme est basée sur les mêmes principes que sa morale : le souverain doit accomplir strictement le mandat du Ciel. Ce n'est que celui qui exerce un continuel empire sur soi même et qui est arrivé à la perfection, qui peut dignement gouverner les autres hommes. « Gouverner son pays avec la vertu et la capacité nécessaires, ajoute-t-il, c'est ressembler à l'étoile polaire qui demeure immobile à sa place tandis que toutes les autres étoiles circulent autour d'elle et la prennent pour guide. »

La seconde religion est la religion des *tao-se* ou docteurs de la raison ; ils se disent les disciples du philosophe *Lao-tse*, l'enfant vieillard qui vint au monde avec des cheveux blancs et qui vivait du temps de Confucius. Il enseigna que le Créateur du ciel et de la terre s'appelait la Raison (*Tao, Theos, Deus*), il voyagea beaucoup dans l'Asie occidentale, et peut-être alla-t-il à Jérusalem et à Athènes ; en tout cas, sa doctrine lui vient des Juifs ou des Phéniciens, et on voit que, comme Confucius, le grand philosophe n'ignorait point les vérités principales.

Comme il y avait eu en Israël des écoles de prophètes, ainsi avant Lao-tse, il y avait eu en Chine, ce que l'on y appelait *Yu-kiao, maisons de sages*, c'est-à-dire des sociétés de sages. Ceux-ci vivaient pour la plupart dans la solitude, au milieu des montagnes, livrés à la contemplation. Ils étaient souvent consultés par les princes et les aidaient par leurs conseils à bien gouverner.

Le principal objet de leur contemplation était le Tao, qui en chinois, présente absolument le même sens que le *Logos*, en grec, c'est-à-dire le *Verbe*, la *Raison*, la *Parole*. Un des premiers empereurs, Hoang-ti, ayant demandé à un de ces anciens solitaires ce qu'était le Tao, il répondit après trois mois de réflexion : « Le Tao, le Verbe, est obscur et caché ; vous ne pouvez le voir ni l'entendre ; il est toujours en repos et toujours pur ; il ne travaille point avec un corps ; il ne se meut point, quoiqu'il soit ce qu'il y a de plus subtil ; il prévoit tout au dedans de lui-même, il est profondément caché au dehors ; il fait tout ce qui naît et périt.

Voici maintenant quelle idée les antiques monuments de la Chine nous donnent du sage : le Tao, le Verbe, étant le principe, le milieu et la fin de toutes choses, le sage ou *l'Yu* s'y tient constamment ; il est content de tout parce qu'il a tout ce qu'il désire : Le regard du sage est continuellement dirigé sur la vérité ; il emploie ses talents pour sa patrie et pour ses semblables. Il ne cherche dans ses habits que de quoi se couvrir convenablement et dans sa maison qu'un abri. Il méprise le choix délicat dans les mets, souffre patiemment le froid et le chaud, il aime et attend la mort. La vertu est son trésor. Dans le bonheur et dans le malheur *l'Yu* est le même. La franchise est son casque ; la confiance, sa cuirasse ; l'obéissance à la loi et la bonne conduite, sa lance et sa massue,...... Mais comme en Israël il y avait eu de faux prophètes, ainsi vit-on en Chine de faux sages surtout pendant l'anarchie féodale qui la divisait et la désolait au temps de Lao-tse. Celui-ci entreprit de rétablir la sagesse antique et véritable et la doctrine du Tao. Désolé de voir tous ses efforts sans succès, c'est alors qu'il quitta la cour impériale des Tcheou dont il était l'historiographe et qu'il alla en Occident. — Le caractère *Tao* se compose du caractère du *mouvement* et de celui de la *tête*, il signifie donc bien : le chef qui meut tout, le premier moteur, le commencement et le principe.

« Avant le chaos, dit notre philosophe » dans son livre *de la Raison et de la Vertu*, avant le chaos qui a précédé la naissance du ciel et de la terre, un seul être existait, immense et silencieux, immuable et toujours agissant, sans jamais s'altérer.

Le Tao (la Raison) a produit le Un ; l'Un a produit le Deux, le Deux a produit le Trois : les Trois ont produit toutes choses. — (Un commentateur chinois ajoute L'un a changé le néant en être, les deux sont les deux règles primordiales, les trois cette même dualité avec le souffle qui les unit ; l'unité de ces trois constitue toutes choses.)

Celui que vous regardez et que vous ne voyez pas se nomme *J* ; celui que vous écoutez et que vous n'entendez pas se nomme *Hi* ; celui que votre main cherche et qu'elle ne peut saisir se nomme *Wei*.»—Un savant observe que le nom de J. Hi. Wei. ou J. H. V. est identiquement le nom de *Jéhovah*.

La morale de Lao-tse peut être comparée à celle des stoïciens : L'état d'immatérialité et d'immobilité absolue est l'état parfait de la Raison suprême ; il en est de même pour l'homme, il doit donc tendre de toutes ses forces à se dépouiller de sa forme corporelle, pour arriver à l'état incorporel et par cela même à son identification avec la Raison ; il doit dompter ses sens, les réduire autant que possible à l'état d'impuissance et parvenir dès cette vie même à l'état d'inaction et d'impassibilité complètes : » De là le fameux dogme du *non-agir* ; la personnalité humaine disparaît, le bonheur est dans l'indifférence ; on devient libre de tout désir, de toute crainte, de tout plaisir, de toute peine.

Ce qu'il y a de curieux, c'est qu'on trouve dans ce système païen des idées justes et qui ont un rapport frappant avec des doctrines et des préceptes bien autrement élevés. Ecoutez bien et comparez avec l'Évangile : « Le saint, dit Lao-tse, pratique le non agir, il considère les petites choses comme les grandes, la pénurie comme l'abondance. *Il récompense les injures par des bienfaits.* »

Sa politique est aussi conforme à sa morale : le but d'un bon gouvernement doit être le bien être et la tranquillité du peuple ; il faut donner au peuple l'exemple du mépris des honneurs, du luxe et des richesses, il faut aussi faire en sorte que le peuple soit sans instruction et par conséquent sans désirs.

Et maintenant, que l'on compare cette doctrine avec celle de Confucius qui prescrit le perfectionnement et le développement de toutes les facultés de l'homme, que l'on étudie l'histoire ancienne et contemporaine de la Chine et qu'on me dise s'il y a lieu de s'étonner de la situation actuelle de ce grand empire : son antique civilisation, son état de stagnation, son exclusivisme, le caractère et les mœurs de ses habitants et de son gouvernement, tout s'explique.

Il y a même une autre chose qui s'explique encore clairement, ce sont les conversions, relativement assez nombreuses, qui viennent de temps à autre réjouir le cœur du missionnaire ; car en effet le dogme, la morale et le culte même des Chinois offrent certains rapprochements avec le christianisme (1) ; la grâce aidant, ils passent souvent de l'une à l'autre religion sans de bien grandes difficultés.

Lao-tse s'élève donc parfois comme on vient de le voir à des conceptions assez élevées, mais ses sectateurs sont tombés dans des erreurs et des superstitions ridicules. — Ce sont les prêtres du *Tao* ou de la Raison qui font généralement les cérémonies des funérailles.

Le bouddhisme enfin, comme son nom l'indique, a été fondé par *Bouddha,* un prince indien qui eut la fatuité de se déclarer le dieu et le saint par excellence. Persécutés par les brahmes, ses sectateurs ont passé en Chine et au Thibet, six cents ans après Confucius et Lao-tse; selon d'autres en l'an 65 ap. J.-C. D'autres disent que l'empereur Min-Ti de la dynastie des Han ayant envoyé vers la même époque une ambassade en Occident pour y chercher et y étudier la doctrine du *Saint qui venait de naître,* cette ambassade n'alla que jusqu'aux Indes, d'où elle rapporta en Chine le bouddhisme. Cette religion est devenue celle de la majorité des habitants de l'Empire du Milieu : c'est l'idolâtrie.

1. Voir l'ouvrage intitulé « *Vestiges des dogmes chrétiens tirés des anciens livres chinois...* » édité par MM. Bonnetty et Paul Perny, où les deux sinologues montrent les vérités religieuses et les traces de la révélation primitive dans les antiques monuments de la Chine et les vieilles bibliothèques. Sa Sainteté le pape Léon XIII a daigné accorder des éloges et des encouragements aux deux éditeurs, par un bref daté du 12 août 1878. — Les sages de la Chine n'ignoraient pas qu'il devait venir un Saint, un Rédempteur, né d'une vierge, pour réparer toutes choses. *Chi-kin, Tchong-Yong.*

L'État rend un culte aux génies du ciel et de la terre; à Pékin, on voit le temple du Ciel et de la Terre ; il vénère aussi les âmes des ancêtres, dont les tablettes sont dans toutes les maisons païennes.

Outre ces trois religions, on trouve encore en Chine différentes sectes, comme celle des huit symboles, par exemple ; ses adeptes doivent être : 1° ardents comme le feu ; 2° purs comme le ciel bleu ; 3° féconds en vertus comme la terre l'est pour les fruits de toutes sortes ; 4° élevés dans leurs pensées comme la cime des montagnes ; 5° marchant vers leur fin comme l'eau qui coule sans jamais s'arrêter ; 6° cachant leurs bienfaits comme les nuages cachent le firmament ; 7° prompts à confondre leurs ennemis comme l'éclair et le tonnerre ; 8° déracinant leurs vices comme le vent déracine et emporte les arbres de la montagne.

On compte aussi de nombreux mahométans, surtout dans le Sud-Ouest ; la grande insurrection de Ta-li (Yunnan), a longtemps tenu en échec les troupes impériales.

De toutes ces données résulte-t-il que les Chinois soient un peuple pieux et dévot? Il ne faudrait pas le croire ; la religion, chez eux, est une habitude, et ils se soumettent à certaines pratiques, parce que c'est l'usage et la coutume ; parce que leurs pères ont fait cela, ils le font, voilà tout, mais le cœur n'y est pas ; ils sont indifférents en matière de religion, indifférents et sceptiques. Je ferai remarquer que je parle ici des seuls païens, bien entendu, car lorsque ceux-ci ont embrassé le christianisme, notre sainte religion opère en eux ses merveilleux effets et leur foi admirable les rend capables de tout oser et de tout supporter, *usque ad sanguinem ;* même quand ces chrétiens ne sont que des hommes du peuple comme Laurent Pé-Mou, Jean Tchen, et Martin Ou, ou de faibles femmes comme Lucie Y où Agnès Tsaou-Kong. (Martyrologe chinois.)

— Les pagodes sont les plus beaux édifices de ces contrées ; on en rencontre partout, dans les villes, dans les marchés, au milieu de la campagne ; alors, elles sont toujours établies dans un beau site, assises sur le penchant des collines , comme celle de Ta-pin-kang et dressant leurs toits jaunes et verts, leurs pavillons recourbés, leurs tigres et leurs dragons sculptés, au milieu des bambous ou sous l'ombrage des grands arbres au noir feuillage ; il y en a de neuves et qui viennent d'être bâties tout récemment la suite d'un vœu ou pour remercier les *pou-sa* de quelque faveur signalée ; celles-ci sont fort coquettes et leur belles vernissures éclatent au milieu de la fraîche campagne ou se marient merveilleusement avec les belles enseignes de laque suspendues au front des magasins des villes ; il y en a de vieilles et d'antiques ; celles-là sont trois fois saintes et vénérables et comme leurs murs qui se crevassent au dehors en maints endroits, comme les pavés de leurs cours qui laissent pointer dans leurs intervalles mille brins d'herbes et mille jolies petites fleurs qui transporteraient d'aise nos peintres et nos poëtes !

Sous le vestibule qui précède la pièce principale on aperçoit, en arrivant, les statues des grands hommes et des dieux de la guerre, armés de formidables coutelas.

On franchit la grande porte ornée des papiers sacrés qui représentent des dieux et des saints, ce qu'on appelle *men-chen*, — esprits de la porte ; et on arrive dans une grande salle dont la charpente, comme celle de toutes les maisons chinoises, apparaît tout entière jusqu'au toit sans plafond, et on se trouve devant l'immense autel qui supporte les statues colossales de la trinité bouddhique : Bouddha ou *Fo* occupe la place du milieu ; il est assis, les bras croisés sur le ventre, dans l'attitude du repos : c'est la quiétude éternelle, l'immobile éternité ; les deux autres dieux sont assis eux aussi, mais ils ont le bras droit levé, en signe de l'activité qui est leur attribut spécial.

Une salle suivante est consacrée à *Kouan-gyn*, la déesse de la fécondité ; dans une autre, on peut voir la collection de toutes les idoles, grandes et petites, qui ont reçu la canonisation bouddhique, bons ou mauvais génies de toutes sortes. Par exemple : le fameux *Kouang-kong*, le Mars chinois ou *Kouang-lao-yé*, comme on l'appelle vulgairement (le vénérable Père) ; sa pagode est partout, et on lui fait des sacrifices le 1er et le 15 de chaque lune ; puis *Si-men-pao*, mandarin habile à déjouer les intrigues ; *Kié-tché-tsuei*, serviteur fidèle qui, dans un moment de pénurie, servit à manger à son maître ses propres jambes (!) ; le bonze *Mou-lien-sen*, modèle de piété filiale et, ce qui peut nous toucher de plus près, la vierge *Si-Hoa* et son chaste gardien, dont l'histoire rappelle d'une manière frappante celle de la Vierge Marie et de saint Joseph ; enfin l'idole *Tou-mouo* saint bouddhiste importé des Indes, et qui probablement n'est autre que l'apôtre saint Thomas. Comme on le voit, il y a un peu de tout dans les temples du Céleste-Empire ; dans une pagode bien connue, celle des Cinq-Cents-Diables, à Canton, on pourrait même y trouver un prêtre catholique et un marin européen en vareuse et en chapeau ciré, tous deux élevés à l'état de divinités.

Devant l'autel on a placé une riche cassolette ou un brûle-parfums et les dévots viennent y brûler des bâtonnets d'encens fabriqués avec de l'écorce d'ormeau ; de gigantesques lanternes en étoffe rouge et de formes diverses, se balancent suspendues entre les colonnes et les pilastres du temple et de larges bandes de satin chargées de sentences ornent les murailles.

Je n'ai rien dit des bonzes : ce ne sont point des prêtres, comme on pourrait le croire, ce sont plutôt les gardiens des pagodes, vivant des revenus du lieu, obligés au célibat, habillés comme les Chinois des temps antérieurs à l'invasion mongole ; la couleur de leur costume est le gris ; ils le croisent sur la poitrine comme une robe japonaise ; leur tête est rasée et on les voit quelquefois porter à la main dans les cérémonies une longue canne d'étain à la poignée ornée de neuf cercles entrelacés. Ils se recrutent en adoptant de pauvres orphelins de la plus basse classe et sont fort méprisés de la population. J'ai vu une fois, dans une barque commune, qui servait sur un fleuve au transport des voyageurs d'une rive à l'autre, un malheureux bonze relégué tout à l'extrémité du bateau et tellement pressé par la foule, qu'il allait tomber à l'eau s'il ne s'était mis, dans sa détresse, à crier de toute la force de ses poumons pour attirer l'attention et exciter la commisération publique.

Les bonzes chantent aussi l'office, à certaines heures du jour, dans quelques pagodes et monastères, en s'ac-compagnant du tambour et des cymbales. Ils sont revêtus pour cette circonstance d'une espèce de chape de soie jaunâtre qui rappelle nos ornements sacerdo-taux.

Rien de surprenant comme ces offices bouddhiques : Les religieux arrivent au nombre de quarante ou cin-quante, deux à deux, les mains jointes ou tenant à la main des livres liturgiques écrits en langue sanscrite qu'ils lisent sans comprendre ; mais c'est la division de cet office qui est curieuse ! A les entendre chanter, il semble qu'il s'agisse de notre bréviaire ; les religieux paraissent réciter, tantôt un véritable psaume en alter-nant les versets, tantôt une hymne en unissant leurs voix, tantôt un capitule quand l'un d'eux, le supérieur, sans doute, élève la voix seul, pendant que les autres font silence. Leur chape jaune et dorée n'est pas non plus le seul trait de ressemblance avec nous ; ils ont des céré-monies, des évolutions, des prosternations, et des pro-cessions qui sont presque identiques aux nôtres et je ne pouvais me lasser de les contempler devant le grand autel de Bouddha. Une seule chose peut-être m'a tou-jours mal impressionné dans cette circonstance, c'est le bruit infernal, le son strident des grosses caisses et des tambours énormes placés aux deux extrémités de la salle et qui n'étaient point faits pour me rappeler les belles orgues aux suaves mélodies et aux longs accords,

soupirant sous les voûtes de nos vastes cathédrales go-
thiques.

On m'avait parlé souvent du fameux tour ou moulin
à prières, mais je n'ai pas encore vu entre les mains des
bonzes cet instrument pieux et caractéristique ; je pense
qu'il doit peut-être se trouver dans le pays, mais plutôt
dans les régions plus rapprochées des grandes lamaseries
du Thibet.

VIII

DE TCHONG-KIN A LONG-CHOUY-TCHEN.

Départ de Ta-pin-kang. — Destination. — Traversée du Fleuve-Bleu. — Parapluies et éventails. — En route pour Long-chouy-tchen, la ville du dragon aquatique. — Le théâtre en Chine. — Les auberges. — Fumeurs d'opium et autres. — Arrivée chez moi. — Une pénitence publique. — Mon presbytère. — La tour et la cloche de Long-chouy-tchen. — Médecins et maitres d'école.— Musique chinoise.—Un feuillet de mon livre de comptes.

Tchong-kin-fou, 7 juillet 1872.

Mgr D... est arrivé de France il y a un mois à peu près et le 29 juin, il a sacré évêque Mgr L..., du Kouy-tcheou. Après la cérémonie, à laquelle j'assistais, on m'a nommé curé de deux districts et on m'a dit que j'avais immédiatement à faire mes paquets. Je revins le soir à Ta-pin-kang pour annoncer à l'excellente famille Tcheou que j'allais la quitter après quatre mois de séjour au milieu d'elle. J'avoue que cela me faisait un peu de peine.

Je vais à trois jours de marche, à trente et quelques lieues de Tchong-kin, dans deux beaux districts d'anciens chrétiens; je suis chargé des deux sous-préfectures de *Ta-tsiou-hien* et *Yun-tchang-hien*, et j'ai pour vicaire un jeune prêtre chinois appelé *Tchan*. Nous sommes vingt Français ·dans la mission et quarante prêtres chinois; nous sommes curés, et les indigènes sont généralement nos vicaires, sauf quelques-uns des plus anciens ;· faute de mieux, on est obligé de prendre des curés de vingt-quatre ans, et voilà ce qui vous explique ma nomination.

Je désire vivement arriver au plus tôt dans mon district. Il y a de l'ouvrage et du bien à faire. On dit que le pays est le plus beau du Se-Tchouan.

J'ai quitté Ta-pin-kang avec regret. Ces bons chrétiens m'avaient jeté au milieu de la rizière en me portant en palanquin, dans une course que j'avais faite, il y a quelques jours, dans les environs; il est vrai que leurs larmes à mon départ m'ont bien facilement fait oublier leur maladresse, et puis, je n'ai pas trop à me plaindre de l'aventure, car la chaise est tombée dans un endroit où il n'y avait pas trop d'eau, et la manche seule de mon pardessus a été mouillée. Je ne prendrai plus que des porteurs de profession ; mais, les braves gens que mes chrétiens de Ta-pin-kang !

Après leur avoir donné deux jours encore, je suis parti le mardi 2 juillet, à cinq heures du matin ; nous sommes arrivés sur les bords du Yang-tse-Kiang vers la nuit, en face de la capitale Tchong-kin-fou ; le fleuve était en pleine inondation, rapide, noir, large, terrible ; devant nous, au loin, on apercevait les lumières de· la ville. Mais quel contre-temps ! on vient me prévenir

que le mandarin avait défendu de passer pendant la
nuit, de crainte d'accident.

Fallait-il donc coucher dans un lit d'auberge, quand
il y avait là en face de moi, dans la ville, cinq ou six
confrères qui m'attendaient à la maison épiscopale et
sur la rive une dizaine de mariniers d'une habileté et
d'une expérience à toute épreuve, qui ne demandaient
pas mieux que de gagner leurs trois cents sapèques
(trente sous), prix du passage ?

Je fais demander et j'obtiens l'autorisation nécessaire
à la police ; en dix minutes on installait le palanquin,
sans m'en faire sortir, au fond d'une grande barque,
mes hommes, mes bagages et tout, et nous voilà sur
l'abîme, par la noire nuit, au milieu des rapides, pendant une bonne demi-heure. Nous arrivâmes en passant
tout près du bateau mandarin et même en le heurtant
très-fort. Inutile de craindre que les satellites se lèvent
pour venir voir ce qui se passe ; il fait si bon dormir
sur sa natte en rêvant qu'on fait observer les lois !
D'ailleurs, j'étais en règle, et dans le cas où ils eussent
fait trop de zèle dans le seul but d'extorquer quelques
sapèques aux bateliers, le mot de « *Yang-ta-lao-ye-ty-
tchouan* (la barque du grand vieux Monsieur européen) », ce simple mot, crié à travers la nuit, les eût
adoucis.

A dix heures, j'étais avec six charmants confrères,
tous réunis en ville, par suite de changements de destination et de district, et qui attendaient Monseigneur,
alors à Pé-ko-chou.

Il fait une chaleur terrible en ce moment ; nous avons

pour deux mois le soleil des Indes, et sans les brises ra-
fraîchissantes de ce pays ; 35 à 40 degrés +. Les éventails jouent dans toutes les mains et ils ont remplacé
élégamment les chaufferettes de cuivre que les Chinois,
pendant l'hiver, suspendent sous leurs habits, à leur
ceinture, devant et derrière ; ce qui leur donne l'apparence de grotesques polichinelles à deux bosses.

Le parapluie ou ombrelle en papier ciré et l'éventail
sont deux accessoires du vêtement, connus en Chine de
temps immémorial ; depuis les premiers mandarins de
l'empire jusqu'au dernier paysan personne ne saurait
se passer de ces objets : l'ombrelle est même un des
signes honorifiques de la hiérarchie mandarinale, et elle
trouve place dans toutes les cérémonies ; quant à l'éventail il n'est point réservé comme chez nous aux femmes
seulement ; on le trouve dans la main de l'Empereur
comme dans celle de l'homme du peuple, la différence
étant seulement dans la forme et dans la matière de
l'objet (1).

L'industrie des éventails occupe en Chine des milliers
de mains et chaque localité semble avoir une spécialité
de forme et de facture ; il y a deux grandes catégories
d'éventails : celui qui se ferme en plis plus ou moins
nombreux, et celui qui est fait d'une seule pièce et que
nous nommons écran.

L'éventail à plis se fait en bambou, en bois précieux
de sandal ou autres, en ivoire et en écaille. Pékin a la
spécialité des éventails en bois foncé et en papier noir,

1. Catalogue chinois cité plus haut.

sur lesquels sont collés des dessins ou des caractères en papier doré du plus charmant effet ; on vend aussi beaucoup de ceux-ci au Se-Tchouan ; à Canton on en fabrique surtout en papier peint avec les figures des personnages en ivoire.

Les écrans sont faits en gaze de soie tendue sur un cadre et brodée, ou en gaze fine collée sur un assemblage de fines nervures de bambou : les deux surfaces sont ornées de peintures variées ou de sentences prétentieuses. Les plumes de l'aigle, de l'argus, du faisan réunies sur un manche de bois dur et rehaussées des plumes du héron et du martin-pêcheur fournissent des écrans fort estimés ; enfin, le monde végétal est aussi mis à réquisition, et les feuilles de palmier et d'aréquier sont aisément transformées en éventail, bordé d'un ruban de soie ou d'un cercle de rotin fixé au pétiole, par deux plaques d'écaille et deux rivets de cuivre ou de nacre.

Muni d'un de ces derniers, forme que j'affectionne particulièrement parce qu'elle donne beaucoup plus d'air à mes poumons avides, je fais mes préparatifs de départ et prends tous les renseignements que je peux près de mes confrères plus anciens ; mais, une chose me préoccupe : hélas ! après quatre mois d'études seulement, comment parler et entendre le chinois ? Un peu avant mon départ, j'ai essayé de faire un petit sermon et j'ai entendu quelques confessions ; mais maintenant que ma sphère d'action va s'étendre au delà des limites d'une famille bienveillante, que vais-je devenir ?

Je vous écris cette fois, de mon chez-moi, de
ma maison, de mon district, grand comme plusieurs
départements de France. Le lundi 8 juillet, nous partîmes quatre à la fois; trois prenaient la route du Fleuve,
et moi la grande route de *Tchen-tou*, la capitale de
toute la province du Se-Tchouan, la route mandarinale,
pavée en grosses dalles, large de trois mètres et couverte de jolis arcs de triomphe élevés aux veuves et
aux vierges.

Je me rendais à *Long-chouy-tchen*, la ville du *dragon aquatique*, gros bourg de 15,000 âmes environ.
Je ne partis ni par la diligence, ni par le chemin de
fer; ici, il faut se contenter du palanquin et des épaules
de trois robustes individus; on engage d'autres hommes
pour le transport des bagages; chaque homme porte
deux malles de bambou suspendues chacune à l'extrémité d'un long bâton : il doit y avoir, nous l'avons
déjà dit, quatre-vingts livres en tout, quarante dans
l'une et quarante dans l'autre.

Seulement au moment de quitter le Tchen-yuen-Tang,
mes quatre porteurs de bagages demandèrent à me
parler et vinrent me dire poliment que « par cette cha-
« leur (40 degrés), mon noble cœur et mes hauts senti-
« ments de droiture et d'équité ne pourraient, en toute
« justice, laisser porter à leurs petites épaules un poids
« aussi incommensurable;» en conséquence, je fus obligé
de faire rentrer mes malles dans ma chambre, d'en

faire acheter deux nouvelles, et pendant deux heures il me fallut disposer tout à nouveau. Voilà les agréments du pays.

Quand on sort de Tchong-kin par la route de Tchen-tou on est témoin d'un singulier spectacle ; c'est celui des milliers de tombes qui entourent la ville de ce côté là ; les collines en sont couvertes ; tertres, pierres blan-ches rectangulaires et plantées debout, tombeaux circu-laires, on ne voit que cela partout et on comprend du reste que la ville des morts soit considérable, quand on a vu la ville des vivants, cette fourmilière humaine.

Je m'avance à travers une magnifique contrée admi-rablement cultivée ; champs de riz, de fèves, de pois, de navets, de pavots ; je traverse une chaîne de montagnes boisées et peuplées d'une foule d'oiseaux : pendant que mes porteurs ont posé le palanquin à terre, au milieu du silence de la méridienne, alors qu'on n'entend plus qu'un sourd murmure produit par le susurrement des insectes et les mille voix de la nature, rien de curieux comme le cri strident de cet oiseau dont j'ignore le nom et qui frappe de son bec l'écorce du pin ou du bouleau ; je remarque aussi çà et là des mines de houille ; mes por-teurs se remettent en route et nous suivons un chemin en zigzags et tout en escaliers.

Au bout de la première journée de marche à travers une magnifique contrée admirablement cultivée, j'arri-vai à une petite ville où nous dûmes passer à travers une population ébahie et tout entière à la jouissance de contempler les acteurs d'un grand théâtre installé en plein vent, comme c'est l'usage en Chine. Ces théâtres sont ordinairement annexés à des pagodes. Qu'on se figure une cour immense s'étendant depuis les degrés qui montent à l'autel de Bouddha jusqu'à un grand pavillon à deux étages qui lui fait face. Le premier étage, ouvert d'un côté, est la scène du théâtre ; des galeries couvertes vont du temple à la scène ; la cour est comme un grand parterre où chacun peut entrer sans payer et comme bon lui semble.

C'est la municipalité ou ce sont de riches particuliers qui, à l'occasion d'une fête de famille ou pour remercier les dieux de la réussite d'une affaire, offrent au peuple ces plaisirs, et le peuple, se munissant de vivres, accourt avec empressement, avide de représentations qui dureront peut-être plusieurs jours et plusieurs nuits : ne vous souvient-il pas que dans la Rome impériale les choses ne se passaient pas autrement ? « *Panem et circenses.* »

Les acteurs sont associés et forment des troupes ambulantes parcourant la province, vendant leurs talents à qui veut les acheter, et il ne manque jamais d'amateurs ; ils jouent les vieux répertoires historiques et les pièces classiques. Les Cent Familles souvent n'y comprennent pas grand' chose, car le fond est emprunté aux événements antérieurs à la dynastie des Tsin et la langue théâtrale n'est pas la langue commune ou au moins la langue communément parlée par le peuple. Souvent les acteurs débitent des vers de trois, quatre ou sept mots assujettis aux règles de la césure et de la rime ; mais enfin on voit les décors, la *porte des ombres,* c'est-à-dire la porte par laquelle entrent et sortent les dieux et les déesses ou les ombres des grands personnages de l'antiquité ; on voit les costumes généralement fort riches, les tabliers à plaques d'or, les plastrons brodés, les diadèmes chargés de pierreries, les bonnets à plumes de faisans et la grande et longue barbe des acteurs, ce qui est le *great attraction* pour beaucoup ; on est donc très-amplement satisfait.

Les Chinois sont très-friands de ces représentations scéniques, et les riches se les font donner dans leurs propres maisons pendant le repas comme le faisaient les vieux Romains : elles ont une grande ressemblance avec les nôtres au point de vue de la division des actes et des scènes ; on y trouve parfois un prologue et cette particularité curieuse : chaque personnage en arrivant sur la scène commence toujours par dire son nom et par expliquer le rôle qu'il va jouer ; le même acteur joue souvent plusieurs rôles dans la même pièce.

Les lois exigent que le théâtre soit une école de vertu ; mais je dois dire que, en Chine comme ailleurs, la morale est souvent bien offensée sur la scène ; les acteurs ont coutume de ne pas se gêner et plus ils sont réalistes plus on les applaudit.

Dans la localité où je me trouvais, la grande route passait à travers la cour du théâtre, et, pour éviter la représentation, il fallait faire un long et difficile détour ; nos porteurs s'étant engagés imprudemment au milieu de la cohue, malgré leurs cris et leurs gesticulations, ils ne purent avancer qu'à petits pas ; heureux encore de pouvoir le faire, pressés comme ils l'étaient par l'affluence des spectateurs. A travers les portières de mon palanquin, j'eus cependant le temps de voir deux dames qui, sur la scène, causaient avec beaucoup d'animation, tout en jouant gracieusement de l'éventail.

Mon passage au milieu de la foule causa, on le pense, un peu de distraction, et un instant on s'occupa beaucoup plus du voyageur étranger que des deux actrices, qui n'étaient ni plus ni moins que deux jeunes gens déguisés ; mais le plus rusé des Européens s'y méprendait, s'il ne connaissait pas la loi qui interdit la scène aux femmes chinoises.

A l'hôtel, on me donna la place d'honneur, la chambre du fond ; ce qui n'empêcha pas les moustiques de me dévorer pendant toute la nuit, faute de moustiquaire dans la dite hôtellerie ; on brûla, bien près de mon lit, comme on le faisait à Ta-pin-kang, des paquets d'herbes plus ou moins odoriférantes, pour chasser les insectes ; mais rien n'y fit, sans le précieux tissu qui pose une infranchissable barrière entre le pauvre voyageur et les buveurs de sang. Et puis, il y a autre chose qui dévore dans les auberges publiques : les lits consistent en nattes épaisses et inusables, et tout voyageur qui y couche y laisse son tribut de vermine ; les gens propres ont bien soin d'étendre sur les nattes une toile huilée : c'est généralement une précaution fort inutile, et il faut se laisser boire et manger par les *ouen-tchong* et les *se-tse*. Voilà deux mots que j'ai appris bien vite avec les premières chaleurs.

Vous imaginez-vous maintenant que la série des tortures est terminée ? Détrompez-vous (1) ! A peine

1. Et on appelle ces auberges : Hôtel des désirs accomplis, Hôtel de l'immuable félicité, Hôtel de l'entente cordiale !!.....

installé sur votre misérable lit, qui ressemble au gril
de saint Laurent, voilà que des vapeurs méphitiques
s'infiltrent à travers les planches mal jointes de la porte
ou viennent planer au dessus de votre couche en passant par-dessus les cloisons, qui jamais ne s'élèvent
jusqu'à un plafond; vous êtes dans votre chambre
comme derrière un paravent; faible abri, protection
dérisoire !

A ces horribles émanations vous reconnaissez que
vous avez pour voisins de silencieux et incorrigibles
fumeurs d'opium. Combien souvent ne les ai-je pas
rencontrés dans les auberges, sur les barques, partout !
Ils sont couchés sur une natte et ils ont à côté d'eux
tout l'attirail de la pipe à opium : d'abord la pipe, instrument qui ressemble à une flûte, percée à son extrémité d'un trou où on dispose l'opium que l'on a pris sur
une planchette, au moyen d'une aiguille et que l'on a
préalablement fait chauffer à une petite lampe.

Les fumeurs aspirent trois ou quatre fois, puis recom-
mencent à garnir leur pipe, et bientôt ils tombent dans
un sommeil de plomb, au milieu duquel les rêves les
plus ravissants et les plus en rapport avec leurs goûts et
leurs passions, dit-on, passent par leur cerveau alourdi.
Les malheureux ont dû subir dans le principe de fortes
indispositions, et puis ils s'y sont habitués et ces habitudes funestes ont bientôt produit la paresse et l'oisiveté,
l'hébêtement et la ruine. Les mandarins *pères et mères*
du peuple (*fou-mou-kouan*) ont maintes fois publié des
édits sévères contre l'opium; néanmoins on le fume
partout, même dans les tribunaux; on voit partout

d'immenses champs plantés de pavots ; le mal est presque irrémédiable maintenant. Pour nous, prêtres catholiques, nous n'admettons pas aux sacrements un chrétien qui fume cette funeste drogue, et en cas de repentir, nous exigeons de lui qu'il détruise pipe et instruments accessoires, ce qui est le signe du ferme propos.

On voit que la pipe à opium est une chose compliquée. La pipe à eau, ou narghilé chinois, n'est pas moins compliquée. Pour se servir de ce singulier instrument, on doit l'étudier à l'avance, et on ne fait pas cette manœuvre « *en trois temps et quatre mouvements* ». Préalablement, il faut avoir mis de l'eau dans le récipient destiné à cet usage, puis avoir roulé le papier à allumer et s'être muni d'un réchaud ou d'une chaufferette contenant des charbons incandescents. Alors on commence l'opération chère aux Chinois : on met une pincée de tabac dans le petit foyer, on frotte l'allumette sur les charbons, et soufflant sur cette allumette d'une certaine façon, on fait jaillir la flamme; on approche la flamme du tabac et on aspire deux ou trois fois la fumée qui passe dans la chambre à eau. Il faut ensuite placer son allumette dans un petit casier et nettoyer le foyer de la pipe, et j'en oublie !.... puis on recommence pendant dix minutes, puis un repos de dix minutes, et on recommence de nouveau en prenant de temps en temps une tasse de thé à la théière, qui est toujours placée sur une table du salon de la maison et reste là en permanence jour et nuit. Voilà la grande récréation des gens de ce pays, et tous, hommes et femmes, en sont fous.

La pipe ordinaire consiste en un long tuyau d'ébène ou de bambou dont l'extrémité est en ivoire ou en cuivre blanc et le foyer toujours en cuivre blanc. On roule des feuilles de tabac en forme de petits cigares que l'on fume ainsi avec cette pipe.

Après une nuit sans sommeil, le lendemain dès le matin nous étions de nouveau en route. En sortant d'une auberge chinoise on a pourtant une consolation ; c'est de voir son escarcelle encore assez bien remplie : en Europe n'importe où, on n'en serait pas quitte à moins de 10 francs ; j'en appelle à tous les voyageurs et touristes, anciens et modernes ! etje suis réservé, indulgent pour messieurs les hoteliers, aubergistes, restaurateurs et gens de la même farine ; en Chine, à l'hôtel, je donnais ordinairement pour mon ministre Ou-sien-sen et pour moi 300 sapèques et encore j'étais généreux, ami de la pompe et de la magnificence, *ty-mien-ty !* Avec cela j'avais la chambre qu'on sait et un dîner honnête composé de riz, de piment, d'herbes cuites et d'un minuscule morceau de porc : 1 fr. 50 c. pour deux, certes, ce n'est pas cher ! le déjeuner du matin et celui de midi m'avaient coûté 200 sapèques ou 1 fr. Total 2 fr. 50. Avis à ceux qui viendront après moi.

Nouvelle chaîne de montagnes boisées ; quand on est sur la cîme et au point culminant de ces hauts lieux, quel superbe coup d'œil ! quelle riche végétation sur ces pentes et dans la plaine toute verdoyante! pins parasols, glycines, fougères, orangers à mandarines, dômes luxuriants, coupoles arrondies; tout cela doré, éblouissant, sous l'ardent soleil qui semble caresser amoureusement cette terre chaude, féconde et parfumée de l'Empire céleste, de l'Empire des Fleurs !

Au bord de la route se dressent çà et là de larges plaques de marbre sur lesquelles j'aperçois des inscriptions à la louange des bienfaiteurs de l'humanité qui ont fait réparer les routes ou construire la petite pagode voisine et placer les petits *pou-sa* qui se tordent et grimacent dans leurs niches creusées aux flancs du rocher.

Pendant la journée, je rencontrai beaucoup de porteurs de ce sel tiré probablement des fameux puits salés dont ont parlé les missionnaires; ces pauvres porteurs, malgré l'inclémence de la température, marchaient d'un pas allègre, faisant adroitement passer d'une épaule à l'autre le bambou qui supporte leur lourde charge, quand ils voulaient se reposer ; je rencontrai aussi de nombreux cortèges de mandarins qui se rendaient de Tchen-tou à Tchong-kin, ou réciproquement. Le palanquin du fonctionnaire était reconnaissable au grand parasol rouge qu'un vexillaire portait immédiatement derrière lui. Les porteurs étaient coiffés du chapeau de cérémonie, et quand la montée devenait plus rude, il n'était pas rare de voir dix ou quinze hommes s'atteler à la chaise de voyage pour la remorquer comme une barque. Il fait chaud, et presque tous les passants se sont dépouillés de leurs vêtements jusqu'à la ceinture, en ne conservant que l'*indispensable ;* je vois même que les *lao-yé,* ou grands hommes que je rencontre, ne sont couverts, sur les bras et la poitrine, que d'un simple filet; on appelle cela aller *kouang-tong-tong.* Les piétons sont aussi coiffés d'un large chapeau de paille.

Le soir, j'arrivai à la grande ville de *Yun-Tchouan-Hien*, que je laissai de côté pour aller passer la nuit dans une famille chrétienne, résidence habituelle du Père S..., missionnaire français. J'étais presque sûr de le trouver à cette époque de grandes chaleurs, où forcément on est obligé de se reposer. En effet, le Père S... me reçut, tout joyeux de trouver un peu de compagnie pour quelque temps, et, bon gré mal gré, je dus rester deux jours ; mon guide et tous mes hommes partirent le lendemain, et moi le surlendemain, laissant de côté la route de la capitale pour prendre le chemin de *Ta-Tsiou*. On savait le jour de mon arrivée à Long-Chouy-Tchen, première station du district, et chrétiens et païens m'y attendaient. Ceux-ci sont les plus nombreux sans doute, mais les chrétiens forment ici une minorité assez importante.

Je traversai d'abord la petite ville sous les regards des curieux plongeant dans mon palanquin ; enfin nous quittâmes la grande rue ; on arriva sur le bord d'une petite rivière au bas de la ville, et je me trouvai tout à coup en face de ma maison et au milieu des chrétiens, qui, recevant leur nouveau pasteur, avaient agi d'après les rites : les six coups de canon réglementaires quand je mis le pied sur le seuil de ma demeure et de nombreuses détonations de pétards.

Les porteurs ne s'arrêtèrent pas devant la maison ; mais, traversant trois grandes portes, ils s'avancèrent tout d'une traite, comme c'est la coutume, jusqu'à la pièce principale qui est l'église, et me déposèrent devant l'autel. Mon vicaire me reçut là ; tous les chrétiens tombèrent alors à genoux et je les bénis. Une foule de païens m'entouraient, et ils étaient venus jusque chez nous avec des intentions très-sympathiques.

Le lendemain, je me mis à l'œuvre ; les catéchistes de la station arrivaient bientôt pour me soumettre un cas assez grave sur lequel, heureusement, j'avais déjà reçu des explications, sans quoi mon ignorance de la langue et des usages m'eût jeté dans un grand embarras. Il s'agissait de deux familles chrétiennes qui avaient désobéi gravement à mon prédécesseur et que les chrétiens voulaient expulser temporairement de la station, après les avoir obligées à faire la pénitence publique. Mon prédécesseur m'avait dit à la capitale qu'il fallait être sévère ; l'évêque voulait user de modération ; mais vu les instances de toute la chrétienté, et de concert avec le vicaire, nous obligeâmes seulement les coupables à la pénitence et à une amende pour les besoins et la réparation de l'oratoire où se réunissent les fidèles.

Il y a donc eu aujourd'hui huit jours, il me fut donné de voir un spectacle tel qu'en offrait la primitive Église : après l'Évangile de la messe du dimanche, les trois hommes coupables, dont un vieillard, vinrent devant l'autel demander pardon aux prêtres à haute et intelligible voix, et ensuite ils se prosternèrent à deux genoux devant nous ; puis ils en firent autant devant tout le côté des hommes ; après, ce fut au tour des trois femmes, qui elles aussi avaient joué un rôle important dans l'affaire ; elles firent la prosternation de leur côté devant les femmes, en demandant pardon.

Mon presbytère à Long-chouy-tchen.

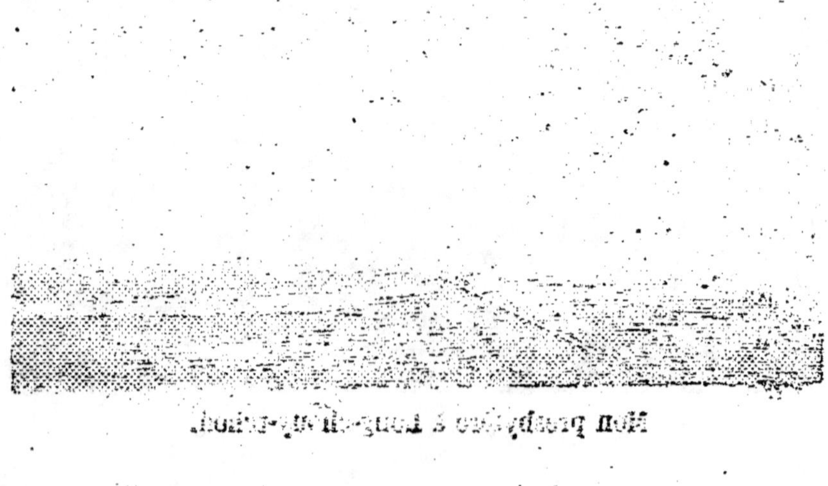

Le jour suivant, c'était autre chose : un chrétien, voleur et mauvais sujet, causait du scandale dans toute la ville et faisait murmurer les païens contre nous ; il fallut donner la permission aux catéchistes d'afficher un placard écrit en gros caractères pour apprendre à tous que, désormais, le docteur de la religion du Seigneur du ciel réprouvait tous les actes de ce mauvais sujet, et, au premier méfait, laisserait les païens livrer cet homme au prétoire ; puis on apposa le grand sceau rouge de votre serviteur sur ce placard, et les *païens* d'avouer que nous agissons vraiment selon la justice et la droiture !

Mon vicaire, le P. Tchan, m'a quitté il y a deux ou trois jours pour aller autre part visiter les malades. Je suis content d'avoir ce bon jeune homme pour collègue et compagnon. Outre qu'il est bien intelligent, il a un bon caractère et est fort gai: ce qui est une grande qualité, car il ne faut point de tristesse en mission, il faut se dérider de temps à autre. Ses conseils me seront très-utiles pour la conduite du district.

Sur la fin de la semaine, je dois aller à *Tsiang-kia-pa*, une autre chrétienté ; puis, au bout de huit jours, j'irai dans une autre encore, *Ho-pao-tchang* ; puis peut-être au chef-lieu de la sous-préfecture, *Ta-tsiou-hien* ; je pense revenir à Tsiang-kia-pa pour célébrer la fête de l'Assomption. Enfin, vers le commencement de septembre, j'irai au chef-lieu de mon autre district, *Yun-tchang-hien*, d'où je reviendrai ici.

Long-chouy-tchen, 4 octobre.

Nous autres missionnaires, nous sommes des soldats ; nous faisons comme on nous dit de faire ; nous allons où on nous dit d'aller ; nos supérieurs nous envoient où bon leur semble ; on peut tomber sur un bon ou sur un mauvais lot ; cette fois, paraît-il, un beau lot m'est échu en partage. Mes paroissiens sont presque tous d'anciens chrétiens qui ont été formés par la main des grands évêques de la Société des Missions-Étrangères de Paris, depuis le commencement de ce siècle jusqu'à nos jours ; relativement, ils sont nombreux et assez fervents ; le pays, qui n'est pas coupé de montagnes comme dans les autres parties du Se-Tchouan, offre aussi beaucoup de facilités pour la visite des chrétientés ; les stations ne sont éloignées que de trente *ly* chacune l'une de l'autre, c'est à dire une distance de trois lieues, et quand il faut aller les voir, les chrétiens viennent nous chercher pour nous porter en palanquin.

Je n'ai point encore commencé la vraie besogne évangélique ; les chaleurs étaient trop accablantes, et par ce temps-là peu de monde travaille au Se-tchouan ; je n'ai fait jusqu'ici que prendre une connaissance générale de la situation et des indications sur les chrétientés, tout en m'essayant à bégayer dans cette langue chinoise, si curieuse et si différente de nos langues européennes. Après avoir visité les maisons qui appartiennent à la mission, j'ai aussi définitivement résolu d'établir à Long-chouy-tchen ma résidence principale.

Il fallait y faire quelques réparations utiles, pour ne
pas dire nécessaires, voulant accommoder les choses et
lieux à mes goûts, afin de mieux m'y plaire. Jamais je
n'aurais cru avoir tant de talents ; auparavant, je ne
m'étais guère reconnu d'inclination que pour les études
littéraires, historiques et géographiques ; mais je vois
maintenant que la nécessité nous fait, bon gré, mal gré,
entrepreneur de constructions, architecte, menuisier,
plâtrier et jardinier : je ne parle pas du serrurier, car
il n'y en a pas en Chine, ni du tailleur de pierres, qui
est rare ici, car nous construisons presque toujours en
bois.

Grâce à mon génie jusqu'ici inconnu, j'ai désormais
une maison honnête, avec un *ké-fang* ou salon orné
de lanternes rouges et de sentences en caractères européens et chinois ; ma chambre est aménagée à l'européenne, avec alcôve et fenêtres *qui s'ouvrent,* s'il vous
plaît ! et j'en ai encore trois autres, sans compter le
local nécessaire pour un maître et une maîtresse d'école,
qui ont chacun leur chambre et leur salle de classe.
Devant ma maison s'étend un grand jardin tout entouré
de bambous ; il est clos de murs, et une belle porte co-
chère, *tsao-men,* surmontée d'un toit recourbé, s'ouvre
sur un large escalier descendant jusqu'au chemin qui
longe la rivière et va rejoindre la grande rue du bourg.
A côté de ma chambre à coucher se trouve le grand
oratoire, ou *kin-tang,* où les chrétiens viennent entendre
la messe et réciter leurs prières.

Derrière on peut voir une magnifique tour à trois
étages, élevée par mes prédécesseurs les PP. Mabileau,

Rigaud et Hue, les deux premiers martyrisés dans le pays de Yeou-Yang (1) ; au sommet de cette tour il y a une grosse cloche, et on la sonne, tout comme en France, pour la messe et pour l'*Angelus*, le matin, à midi et le soir ; les païens eux-mêmes en sont enchantés ; ils se règlent tous d'après cette cloche, qui se fait entendre jusque très-loin dans la campagne ; ils cuisent le riz, le mangent, travaillent et font tout en suivant la sonnerie.

Le fait peut paraître singulier et montrer les missions sous un aspect bien différent de celui qu'on se figure généralement. Mais il en est de la mission du Se-Tchouan oriental comme de toutes les autres à peu près ; on y jouit d'une liberté relativement considérable : Voici du reste ce qu'écrivait dernièrement à ce sujet mon prédécesseur le P. G.·. : « De retour à Long-Chouy-Tchen, ma principale station, je fis reprendre et terminer les travaux du clocher. Vous trouverez peut-être étrange d'avoir un clocher et pas d'église ; c'est comme cela pourtant. M. Mabileau a occupé plusieurs années le poste de Ta-tsiou ; comme il avait de l'entrain et savait en communiquer, il donna l'idée de faire fondre une cloche pour la station de Long-Chouy-Tchen. Il en paya lui-même une partie ; le reste de la dépense fut couvert par des souscriptions.

La chose fut donc faite d'après la donnée de M. Mabileau. Tout le monde était émerveillé. Et il y avait bien

1. Depuis, le P. Hue lui aussi a été tué sur le champ de bataille.

de quoi : une cloche de plus de 200 livres avec laquelle on sonnait l'*Angelus*, on appelait les chrétiens à la messe ; c'était chose inouïe ! On avait d'abord craint que cela n'excitât la malveillance des païens. C'est le contraire qui est arrivé. Grâce à la cloche, ils savent quand il est temps de cuire le riz, car elle sonne tous les jours juste à midi. Elle leur sert aussi de réveille-matin : c'est au coup de l'*Angelus* que commence la journée et que tout entre en mouvement. *De plus, cette même cloche réglemente tous les bonzes des environs. Il y a trois ou quatre temples dans le village : dans chaque temple, matin et soir, les bonzes ont la coutume de battre du tambour ou de la grosse caisse. Aussitôt donc qu'ils entendent l'*Angelus* du matin et du soir, les voilà qui se mettent à battre. En peu de temps la cloche de Long-chouy-tchen est devenue célèbre dans la contrée.

« Mais elle n'était encore disposée que sur une charpente provisoire ; il s'agissait de lui trouver une place définitive et honorable. M. Mabileau donna le plan d'un clocher, et il allait commencer les travaux, lorsqu'il partit pour Yeou-yang, où l'attendait le martyre. A Yeou-yang, il n'oublia pas le clocher ; il pressa tant

« Les choses en étaient là, lorsque M. Rigaud me laissa l'administration du district pour aller, lui aussi, à Yeou-yang. Au printemps de l'année dernière, un ouragan emporta la plupart des tuiles de mon clocher. Je fis un appel pour réparer le dégât. Cet appel fut entendu, on se mit à l'œuvre; un mois après, le clocher réparé et achevé faisait l'admiration générale.

« Il est situé à l'endroit le plus élevé du village. C'est tout simplement un petit pavillon hexagone en bois, à trois étages, dans le goût chinois, c'est-à-dire que chaque étage a son toit ornementé. Une flèche en terre cuite termine l'édicule, et la flèche porte à son sommet une belle croix qui resplendit au loin. Sur les six arêtes du toit supérieur, à la naissance de la flèche, six anges sont en adoration devant la croix. Plus bas six autres anges, armés de lancés, menacent six dragons qui tiennent dans leur gueule les extrémités des arêtes. Chacune des arêtes des deux toits inférieurs se termine également par un dragon. Ce n'est pas tout; regardez les fenêtres, vous y verrez des fleurs sculptées et des oiseaux peints ; entrez dans le salon du rez-de-chaussée, vous y verrez l'Adoration des mages peinte sur l'entablement. Ce n'est point trop mal exécuté pour un Chinois, et pour un Chinois païen. Maintenant, le clocher de Long-chouy-tchen fait la gloire des chrétiens et l'objet de la curiosité de toute la population. C'est surtout un monument à la mémoire de nos deux martyrs, MM. Mabileau et Rigaud, qui tous deux ont été les vrais promoteurs de l'entreprise. »

C'est une bonne vierge chrétienne, *Ly-kou-niang,*

appartenant à une honorable famille de la petite ville,
qui veut bien, aidée d'une jeune domestique, avoir soin
de mes affaires et du ménage du père, depuis longtemps (1) ; elle me fait faire du pain, ce qui est pour
moi un avantage précieux. Ces jours derniers, je ne sais
pourquoi ni comment, ayant ressenti tout à coup d'af-
freuses coliques, j'ai eu beau prendre du laudanum
dans du thé, selon la formule ; j'ai eu beau employer
tous les remèdes usités et connus depuis mon enfance ;
je ne me suis guéri qu'avec une bonne médecine chinoise, composée par ma gouvernante. Grâces lui en
soient rendues ! Tout le monde peut-être, dans mon
pays natal, n'aurait point avalé facilement le liquide
noirâtre et visqueux qui me fut présenté en cette occasion ; mais, sur les instances de mes gens, je n'hésitai
pas : « Dans le royaume des aveugles, les borgnes sont
rois, » dit-on ; il faut donc se contenter, en Chine, du
médecin et des médecines de la Chine, et malgré l'ex-
centricité de la chose, il faut avouer qu'on y trouve
parfois son avantage.

Mais, ce qu'on ne devinerait jamais, ce sont les théo-
ries mirifiques que mon entourage bâtissait sur mon
indisposition : « Notre noble et illustre maladie pro-
« venait d'une rupture d'équilibre dans les esprits
« vitaux. Le principe igné, trop alimenté depuis long-
« temps par une chaleur excessive, avait fini par dépas-

1. Le frère aîné de Ly-kou-niang, négociant, à la tête d'un
grand magasin d'objets en cuivre, était catéchiste et chef de la
station. Un autre frère de cette excellente femme est venu en
Europe : c'est le sympathique Ly-chao-pé, aujourd'hui mandarin et intendant de la légation de Chine à Paris.

« ser outre mesure le degré voulu de sa température.
« Il s'était donc allumé comme un incendie dans la
« sublime organisation de notre corps. Par conséquent,
« les éléments aqueux avaient été desséchés à un tel
« point qu'il ne restait plus aux membres et aux organes
« l'humidité nécessaire pour le jeu naturel de leurs
« mouvements ; de là ces douleurs d'entrailles et ce
« malaise général qu'on lisait clairement sur la figure
« et qui se manifestait par de violentes contorsions ;
« afin de rétablir l'équilibre, il n'y avait qu'à introduire
« dans le corps une certaine quantité d'air froid et
« de rabaisser ainsi cette extravagante température du
« principe igné (1). »

Voilà à peu près ce qu'on disait de moi en pareille
circonstance, et quoique cela puisse paraître un peu
amusant, telles sont cependant les idées des médecins
du Céleste-Empire sur la constitution et les affections du
corps humain ; mais, je le répète, ils ont du bon ; la
médecine des simples qu'ils pratiquent, a du bon ; leur
expérience n'est point à dédaigner, quoiqu'ils n'aient
jamais étudié dans une Faculté quelconque, et chaque
fois que j'ai vu un de ces docteurs aux manières céré-
monieuses et pleines d'aisance, je n'ai pu me défendre
d'un certain sentiment respectueux et admiratif.

J'ai parlé de mes écoles ; j'en ai deux ici, à Long-
chouy-tchen, une de garçons et une de filles ; celle-ci
est dirigée par une vierge de la station ; mais ses élèves
sont peu nombreuses : elles ne consistent qu'en huit ou

1. *L'Empire chinois.*

dix orphelines à ma charge. L'instruction des jeunes filles se fait ici à la maison, dans l'intérieur des familles (1) ; mon école de garçons est la *véritable école*, dirigée par un vieux lettré, Louy-lao-se, d'une amabilité et d'un dévouement sans pareils ; il a été païen, et il est maintenant un fervent et zélé chrétien.

1. Quoique mon école de filles fût peu nombreuse à Long-chouy-tchen, il ne s'en suit pas que les écoles de filles soient négligées dans les missions de Chine. J'ai eu de nombreuses preuves du contraire, et à ce propos je ne puis m'empêcher de dire combien j'étais heureux et fier de voir que cette œuvre des écoles de filles avait été fondée par un de mes compatriotes, un Lorrain : M. Moye. Un autre enfant de la Lorraine, Mgr Marchal, a raconté l'origine de cette œuvre et le besoin qui s'en faisait sentir, dans un chapitre de son bel ouvrage, dont on nous permettra de citer quelques passages :

« Au mois de septembre 1782, Mgr Pottier, vicaire apostolique du Se-Tchouan, écrivait : Le grand nombre et la dispersion des chrétiens, forment un obstacle insurmontable à l'établissement de maîtres en état de donner aux enfants les connaissances usuelles et surtout de leur enseigner les vérités de la religion. Il en résulte que les enfants sont entièrement abandonnés aux soins de leurs parents ; comme ceux-ci sont souvent tièdes et négligents, à la troisième génération, la foi est affaiblie et à la quatrième elle est éteinte dans presque la moitié des familles chrétiennes. »

Ce qui mettait le comble au mal, c'était l'abaissement même où la loi et les mœurs réduisent la femme chinoise. Les écoles sont nombreuses en Chine et l'instruction primaire y est très-répandue, mais le bienfait n'est assuré qu'aux garçons et il est très-rare qu'une fille reçoive une instruction quelconque. Il en résulte que la mère de famille n'a que peu ou point d'influence sur la formation de l'esprit et du cœur de ses enfants, chose au reste, dont la Chinoise païenne n'a pas le moindre soin.

Il n'était pas possible que M. Moye ne reconnût pas un mal aussi grave et ne cherchât pas à y porter remède. Ce qu'il avait vu et ce qu'il apprenait chaque année des bénédictions que le ciel accordait à son œuvre des écoles en Lorraine, le portait à fonder quelque chose de semblable en Chine.

Voici maintenant ce que dit le biographe de M. Moye sur le but et le résultat de l'œuvre : « A partir de ce moment, M. Moye établit des écoles en grand nombre, et dans toute l'étendue de son district les vierges, chargées de ces écoles, obtinrent des succès qui faisaient l'admiration des chrétiens. Les enfants s'y

Le maître d'école chinois, pas plus que le médecin, n'a besoin d'une autorisation du Gouvernement pour remplir ses fonctions. Il est à la disposition de celui qui le paie, que ce soit la municipalité ou de simples particuliers. Le mien apprend à ses nombreux élèves à retenir les caractères, à les écrire, et il leur enseigne la doctrine ou le catéchisme (*Ouen-ta-chou*, le livre des demandes et des réponses). Nous devons absolument compter sur nos maîtres d'école pour l'instruction religieuse des enfants, dont il nous est impossible de nous occuper, spécialement pour la première communion, comme on le fait en Europe; aussi, quand l'enfant est instruit, on nous le présente, nous l'interrogeons et nous le faisons communier après une préparation de peu de durée. Heureux enfants de France, à côté de nos petits Chinois!

En Chine, on ne fait pas la classe comme en France; en France, quand le maître donne une leçon à apprendre à ses élèves, il leur recommande d'étudier dans le plus profond silence; en Chine, où, comme on dit, le monde

instruisaient des vérités de la religion, apprenaient les prières et se familiarisaient avec les pratiques de la vraie piété; elles allaient ensuite dans leurs familles répéter ce qu'elles avaient appris et à leur tour instruisaient leurs parents.

Après avoir aidé le missionnaire à sauver des multitudes d'enfants par le baptême, les vierges lui donnaient un concours non moins efficace pour préparer à l'église du Se-Tchouan, des générations de mères chrétiennes. Le missionnaire comprit plus clairement que jamais qu'en Chine il ne fallait pas instruire la femme pour elle-même seulement, et afin de lui restituer sa dignité naturelle et le rang auquel elle a droit dans la société, mais aussi et surtout afin de lui rendre l'initiative de l'éducation dans la famille et de remettre ainsi entre ses mains pieuses et intelligentes l'avenir de la société et de la religion. » (*Vie de M. Moye*).

est renversé, le maître lit à ses élèves quelques caractères, et ceux-ci, livre en main, retournent à leur place et commencent à étudier leur leçon en nommant les caractères l'un après l'autre à haute voix. Pour peu qu'il y ait du monde dans la classe, le vacarme, on le conçoit, devient effroyable ; l'élève, tout en criant, se balance de droite à gauche, puis, quand il a gravé profondément dans sa mémoire ce qu'il doit retenir, il vient réciter devant le fauteuil du professeur et en lui tournant le dos.

Pour l'écriture, le maître trace avec le pinceau, sur une belle feuille de papier jaune, quelques lettres à l'encre rouge que l'élève passera après à l'encre noire, jusqu'à ce qu'il soit assez habile pour former seul les lettres. On commence aussi par des lettres à traits peu compliqués , pour s'élever graduellement jusqu'aux caractères plus difficiles à reproduire. On sait que les lettres s'écrivent de haut en bas de la page, en commençant par la droite, c'est-à-dire que le commencement et le titre d'un livre chinois se trouvent à l'endroit où l'on va chercher, chez nous, la table des matières, toujours d'après le système du « monde renversé ». Une belle écriture est fort appréciée des indigènes. Dans les écoles, on fait étudier les fameux quatre livres classiques et les cinq livres sacrés, qui contiennent tous les devoirs que l'on doit pratiquer envers les dieux, envers la société et envers soi-même. (1)

1. « La méthode que M. Moye prescrivit aux vierges institutrices ressemblait nécessairement à cause du caractère particulier de la langue et du système graphique des Chinois à celle

Entrez dans une école chinoise, vous y verrez suspendues aux murs ces belles sentences :

— Passez trois jours sans étudier, vos paroles n'auront plus de saveur.

San jé pou tou chou, yu yen ou ouy.

— En étudiant il faut apporter toute son attention, un seul caractère vaut dix mille livres d'or.

Tou chou sin yong y, y tse tche tsien kin.

— On étudie les lettres sous un seul professeur ; on se sert de ses connaissances devant des milliers d'hommes.

Hio tsay y jen tche hia, yong tsay ouan jen tche chang.

Tous, grands et petits, sont pénétrés de l'importance et de la nécessité de l'étude ; ce qui fait que l'instruction est fort répandue dans toutes les classes de la société, et on peut dire que ce pays laisse loin derrière lui plusieurs contrées de l'Europe sous le rapport intellectuel. Le maître d'école glose sur les livres classiques et sacrés ; il fait l'éducation de ses élèves en même temps qu'il les

que nous avons fait connaître en parlant des écoles de garçons ; mais il persuade aux maîtresses et il leur rappelle souvent qu'elles devaient, en exerçant la mémoire de leurs élèves, s'appliquer à ouvrir et développer leur intelligence ; il voulait donc que contrairement à l'usage des écoles de garçons, à mesure qu'elles enseignaient à lire les livres de religion et de prières, elles en expliquassent les caractères et fissent ainsi un véritable cours de doctrine chrétienne. Les élèves étaient réunies deux fois par jour, le matin et le soir, et chacune de ces deux leçons était précédée et suivie d'un exercice de piété et elle était interrompue une fois par un exercice de dévotion. Les prières étaient choisies de façon à rappeler aux enfants les devoirs qu'ils avaient à remplir, selon leur âge, envers Dieu, envers eux-mêmes et envers le prochain. » (*Vie de M. Moye.*)

instruit ; aussi le respect que l'on a pour son professeur est-il égal au respect que l'on est tenu d'avoir pour son père et sa mère, et on peut voir quelquefois ici, dans l'intérieur des villes, une chose aussi étrange que merveilleuse : quand le mandarin-préfet passe au milieu de la foule, trônant dans son palanquin, environné de satellites, entouré de tout l'éclat de la pompe orientale ; quand cet homme, devant qui tout tremble, aperçoit parmi le peuple le vieux maître qui lui a appris les lettres, il descend de sa chaise, vient courber le front et fléchir le genou devant lui... Voilà la leçon d'éducation qui nous est donnée par un peuple païen, réputé sauvage, perdu aux extrémités de la terre !

Je vous note rapidement quelques faits en terminant : j'ai fait une visite à M. G..., missionnaire à *Tong-leang*, district voisin ; il est parfaitement logé dans une belle maison ; on voit bien que Tong-leang est une ville élégante, où habitent de nombreux lettrés et mandarins retraités.

Le dix-septième jour de la sixième lune, 23 juillet, nous avons eu la fête de l'idole *Lin-kouan*, la patronne de Long-chouy-tchen ; pendant deux jours, la petite ville a regorgé d'habitants qui venaient assister aux processions, dans lesquelles figurent une foule de personnages historiques portés sur des brancards ornés de fleurs et de banderoles en papier. De nombreuses bandes de musiciens parcouraient les rues nuit et jour, en frappant sur des cymbales et sur un instrument de bois en forme de coquille creuse et sonore. Le bruit était insupportable.

L'art de la musique est bien en retard par ici ; ce n'est pas qu'on manque d'instruments, oh non ! nous avons des flûtes en bambou, des clarinettes en cuivre, des trompettes, des luths à sept cordes, des guitares, des violons en bois et en peau de serpent, des gongs, des tambours et des cymbales ; nous possédons aussi des règles de musique et les instructions des empereurs et des philosophes à ce sujet. « La musique est l'expression de l'union du ciel avec la terre ; sa fin principale est de régler les passions,.. etc., etc.... » Mais on a oublié d'étudier et de se perfectionner ; la gamme chinoise n'a pas de demi-tons, et au demeurant, pourvu qu'on fasse beaucoup de bruit et de tapage on est content ; avec ce système on peut imaginer ce que sont les mélodies et les symphonies chinoises exécutées dans nos campagnes par les paysans illettrés. Nous n'avons rien à dire et nous ne pouvons pas nous plaindre ; ils n'aiment pas notre musique non plus et nos plus beaux airs ne leur disent rien.

Une seule fois, il m'a été donné d'entendre un air chinois passable ; c'était à Hong-kong en me promenant le soir sur la route qui domine les jardins de la ville ; un Chinois et une Chinoise probablement, à en juger par la différence des voix, avaient entonné une sorte de dialogue musical ou de cantilène d'amour qui, montant à travers les arbres et le calme de la nuit, était vraiment *agréable à entendre, (hao-tin.)*

Et pour descendre des hauteurs de l'art et de la poésie à quelque chose de plus pratique, voici enfin une page détachée de mon livre de comptes :

Barbier venu pour raser la tête.	38 sapèq.
Tailleur, pour avoir confectionné une robe et des cuissards. .	750 sapèq.
Pour un courrier envoyé de Long‑chouy‑tchen à Iun‑tchang.	400 sapèq.
Pour 25 onces et 3 *tsien* de soie du Koui‑tcheou. . . .	5 ligatures 560 sapèq.
Pour fil de soie (2 *tsien*, 6 *fen*).(1)	142 sapèq.
Aumône.	400 sapèq.
Aumône.	200 sapèq.
Souliers	700 sapèq.
Lunettes.	1 taël. 9 tsien
Un plumeau	18 sapèq.
Papier pour fenêtres	66 sapèq.
Enlevé par les voleurs . . .	800 sapèq.
Achat d'un chien	220 sapèq.
Deux pipes	320 sapèq.
Une visite de médecin et médi‑caments	140 sapèq.
Aumône.	1 ligat. 500 sapèq.
Tuiles pour le toit de la maison.	4 ligat. 30 sapèq.
Huit chaises	2 ligat.
Donné au maître d'école Lao‑se.	1 ligat.
Donné à la maîtresse d'école Hoang‑se‑niang	1 ligat.

1. Le *kin* ou livre chinoise vaut 600 grammes. Le *leang* ou *tael* qui est l'once, vaut 37 gr. Il y a dix *tsien* dans une once, et dix *fen* dans un *tsien*.

Pour les mesures de longueur, les Chinois ont aussi le sys‑tème décimal : Le *tchi* vaut un pied ou 33 centim. Dix *tchi* font un *tchang*.

Un bâton d'encre .   .   .   .   :   32 sapèq.
Deux pinceaux.   .   .   .   .   .   14 sapèq.
Achat d'un palanquin   .   .   .   5 ligat. 500 sapèq.
Achat de six lanternes carrées
   en soie rouge.   .   .   .   .   .   6 ligat. 200 sapèq.
Une livre de porc .   .   .   .   .   80 sapèq.
Une livre de sucre   .   .   .   .   55 sapèq.
Une once de *chao-tsiou* (ou vin
   de maïs) .   .   .   .   4 sapèq.
Quarante œufs pourris (*py-tan*)   .   400 sapèq.

IX

VISITE DES CHRÉTIENTÉS.

Ma-pao-tchang, 11 février 1873, 14ᵉ de la 1ᵉ lune, (12ᵉ année
de l'empereur Tong-Tche).

Mes lettres sont devenues plus rares ; mais c'est que je suis en pleine poussière du champ de bataille. J'ai commencé au mois d'octobre à visiter mes chrétiens et j'ai presque terminé la visite complète du district de Ta-tsiou. J'ai dit que mon vicaire et moi avions deux sous-préfectures à parcourir : le Père Tchan commence par une extrémité et moi par l'autre ; quand nous nous rencontrons, l'ouvrage est fait. Tous les jours, pendant quatre mois, nous avons dix à quinze confessions, puis l'administration des autres sacrements et la visite des malades ; nous faisons une instruction et le catéchisme aussi tous les jours ; après quatre mois occupés ainsi dans une station ou dans l'autre, un mois de repos, puis quatre mois de travail, puis les grandes chaleurs et trois mois de repos : voilà en résumé la vie de l'homme apostolique. Ça me paraît supportable pour des forces humaines avec la grâce de Dieu ; surtout dans une mission comme celle-ci, où les choses sont organisées avec entente et depuis longtemps, et où nous possédons une quarantaine de prêtres indigènes et de belles espérances dans nos collèges.

Jusqu'au 16 octobre, je ne me suis donc occupé que de travaux matériels ; j'ai dû aussi retourner à Pé-ko-chou, pour arranger avec le provicaire une affaire survenue entre les chrétiens. Pour une accusation insignifiante portée devant le mandarin de Ta-tsiou, trois de nos braves *tong-tsiang* (ouvriers sur cuivre) ont failli avoir bien du désagrément : ils avaient, il est vrai, malheureusement offensé un autre chrétien dont la famille est puissante, et qui compte plusieurs païens parmi ses parents et ses alliés. Les parents païens peu scrupuleux sur l'article de la charité et très-enclins au *pou-ho-mou*, le péché de haine et de discorde, ont voulu en référer aux magistrats pour une affaire cependant peu importante.

Le magistrat a naturellement mis en campagne des agents de police ou satellites qui, selon la loi chinoise, se sont installés dans la maison des coupables, déjà en fuite. La loi les autorise à séjourner là et à vivre aux dépens des malheureuses familles des fuyards, jusqu'à ce que ceux-ci viennent enfin se livrer eux-mêmes aux mains de la police ; l'extradition n'existe point en

Chine, au moins pour les cas minimes, même de département à département. Donc, l'affaire a été arrangée,
la plainte a été retirée chez le mandarin, les satellites
sont rentrés au prétoire, les coupables ont fait amende
honorable, on a bu une tasse de thé en faisant le *kiang-
ly* ou la réconciliation, et tout a été dit.

On ne peut pas s'imaginer le tapage que font les Chinois quand s'élève entre eux, même la plus légère alter-
cation ; ils ne se battront qu'à la dernière extrémité et
s'ils en viennent aux mains ils ne se feront pas grand'
mal ; mais par exemple, leur langue ne demeure pas
inactive et ils vomissent dans cette circonstance les plus
furieuses imprécations, les plus abominables malé-
dictions ; il faut les entendre alors ! Déjà sur le Fleuve
Bleu j'avais éprouvé cette jouissance quand le soir nous
jetions l'ancre et que chaque barque voisine luttait avec
la mienne pour avoir la meilleure place ; si par hasard
l'une venait à heurter l'autre un peu : « Œufs de tortue !
s'écriaient-ils en chœur, chiens incestueux, nés dans la
boue et les saletés ! » Il fallait se boucher les oreilles,
car tout ignorant que j'étais de la langue, j'avais bien
vite appris ces jolies choses. — L'instant d'après, mes
gens attablés autour d'une théière d'eau-de-vie brûlante avaient déjà oublié leurs querelles.

Trois verres de vin composent tout une affaire ;
san-pey-ho-ouan-se.

Dans ces grandes maisons chinoises, où dix et quinze
familles de même souche sont réunies, quand il y a une
querelle, la chose est plus grave ; la haine est souvent
invétérée surtout entre les femmes ; c'est le péché du

pays, le *pou-ho-mou*, et quand il s'agit de chrétiens,
nous devons user de bien des précautions et employer
toute notre diplomatie pour arriver à une réconciliation
et leur faire enfin comprendre un peu cette belle ma-
xime :

« Aimez vos ennemis, faites du bien à ceux qui vous haïssent. »

Le 16 octobre, quinzième jour de la neuvième lune,
je commençai la visite à Long-chouy-tchen ; elle se pro-
longea jusqu'au 23 novembre et j'entendis à peu près
deux cent cinquante confessions, c'est-à-dire que tout
le monde, sans exception, voulut remplir ses devoirs de
religion. Le 28, je vais à *Cheouan-tchang* (trois confessions), le 29 à *Ouang-kou-tchang* (neuf confessions),
le 30 à *Ong-ky-miao* (trente confessions), le 3 décembre
à *Ko-lou-tang* (seize confessions).

Quand je dois passer dans une autre station, je fais
prévenir mes gens par un courrier et ils viennent me
chercher en palanquin. Je suis toujours attendu, et en
arrivant on me conduit à la maison du catéchiste ou de
celui de mes gens qui est le plus à l'aise ; sa demeure
alors devient pour plus ou moins de temps l'église et le
presbytère de la localité. Généralement, au fond de la
salle des hôtes, il y a un autel sur lequel on peut dire
la messe ; quand je descends de palanquin, on me conduit à l'autel, où je dis une prière et bénis les assistants. Dans certains endroits, malgré mes recommandations, on a tiré le canon quand j'arrivais ; c'est un
luxe inutile, dont cependant le peuple est très-amateur,

mais que je réserve au mandarin, comme c'est son droit.

A Ong-ky-miao, la maison la plus convenable pour loger le missionnaire, c'est une auberge tenue par un des nôtres. Je confesse et reçois dans ma chambre, juchée tout au haut de la maison comme un grenier ou une mansarde. Quand je l'ai vue, j'ai pensé aux vers de Gresset :

> « Si ma chambre est ronde ou carrée,
> « C'est ce que je ne dirai pas ;
> « Tout ce que j'en sais, sans compas,
> « C'est que, depuis l'oblique entrée
> « A la lucarne mal vitrée,
> « On peut faire jusqu'à trois pas. »

Je confesse en arrivant, et le lendemain je puis déjà donner la communion aux fidèles qui souvent, dans les missions, n'ont occasion de faire leurs pâques qu'à ce moment-là ; il faut donc en profiter, puisque, le Père spirituel une fois passé, on ne le revoit plus, si ce n'est l'année suivante. Aussi, quoique à Ta-tsiou le missionnaire voie deux fois par an tout le district, a-t-on soin, quand il doit venir, de prévenir tous les chrétiens du marché et des environs ; ce soin est dévolu aux catéchistes ou chefs de station, et leurs subordonnés, la plupart du temps, bons et simples paysans, n'ont garde de manquer au rendez-vous ; ils sont, hélas ! privés pendant si longtemps de tout secours religieux et de toute consolation spirituelle.

Pour dire la messe le matin, je retarde un peu mon heure, afin de leur donner tout le temps et toutes les facilités d'arriver de leurs maisons, souvent situées très-loin dans la campagne. Mais à Ong-ky-miao, j'ai dû célébrer le saint sacrifice de bonne heure, parce que l'endroit désigné et choisi pour cela n'était ni plus ni moins que la salle d'auberge, et il fallait se hâter si l'on voulait pouvoir ouvrir les portes aux hôtes et aux voyageurs, pour le repas de la première étape du matin.

Oui, bons et braves chrétiens ! quand je mets le pied dans une de leurs maisons, je vois leur figure s'éclairer d'une joie sans pareille ; aussi je me hâte de leur poser une foule de questions et de me mêler immédiatement à leurs affaires d'intérieur ; ils aiment cela et loin de paraître indiscret on ne fait à leurs yeux que suivre un usage du pays :

— Tout le monde va bien ? — Où est ma chambre ? — Quand j'aurai changé de vêtements je viendrai causer un peu avec vous. — Hé bien !, à quel noble commerce vous livrez-vous ? — Combien avez-vous d'associés ? — Quel est le beau et grand territoire qui vous appartient et que vous cultivez ? — Le riz croît-il bien cette année ?

Comme je le dis, c'est un usage du pays et sur les routes on voit à chaque instant des gens qui ne se connaissent nullement et qui se demandent : Où allez-vous ? — d'où venez vous ? — qu'allez-vous faire là-bas ?

Le lendemain de mon arrivée, après la messe, ils sont encore tous là, autour de moi, pendant que j'interroge sur la doctrine ceux d'entre eux qui vont se confesser dans la matinée :

La messe au Se-Tchouan

— Qui a créé le ciel et la terre et toutes choses ?

— *Che-chou-tsao-tchen-liao-tien-ty-ouan-ou ?*

— Où est né le Seigneur Jésus ?

— *Tchou-le-sou-sen-tsay-la-ly ?*

Et il faut voir comme l'enfant, la jeune fille, la mère de famille, le vieillard, tous sans exception, savent répondre.

— Che-tsuen-len-Tien-tchou.

— *Chen-tsay-Iou-ta-Koué-Pé-lin-hien.*

— C'est le Seigneur du ciel.

— Jésus est né dans le royaume de Juda, à Bethléem.

Puis vient la confession, à laquelle ils se préparent avec une grande foi et une piété fervente. Ils sont francs, *ils accomplissent bien cet acte si important de la pratique chrétienne.* Pauvres gens, comme il leur faut du courage pour vivre de cette vie de foi au milieu des populations païennes ! Malgré cela, n'ayez pas peur qu'ils vous répondent affirmativement quand vous vous croirez obligé de leur faire des questions qu'on ne peut guère imaginer qu'ici : sans cesse ils sont sollicités à s'unir aux superstitions de leurs voisins ; à brûler des bâtonnets, du papier-monnaie ; à se prosterner devant les tablettes des ancêtres (1) ; à s'unir aux processions et à porter des emblèmes, des dragons, des lanternes ; on vient demander aux ménagères de prêter

1. Le décret de Clément XI et la bulle de Benoît XIV qui défendent les rites chinois, c'est-à-dire les cérémonies des ancêtres, sont connus des chrétiens et il est rare qu'il y ait des fautes graves commises à ce sujet. — Voir chap. X.

une table, une chaise, un plat pour quelque sacrifice ; à consulter le sort, à compter les *huit caractères*, ou si leur enfant est malade à faire venir la vieille sorcière qui brûlera des œufs et du papier, pendant que la mère a attaché un cordon au cou du pauvre petit. — Chrétiens chinois, votre vie est une lutte continuelle et la récompense qui vous attend est belle !

Cette lutte il faut la soutenir non-seulement contre les ennemis visibles mais aussi contre les puissances invisibles des ténèbres, qui sentent tous les jours leur domination s'amoindrir et leur pouvoir s'écrouler par suite des conquêtes de Jésus-Christ, dans le grand empire païen ; aussi, on peut assister ici quelquefois à des scènes étranges qui confondent la raison et rappellent les premiers temps du christianisme ; je suis encore trop nouveau pour avoir été témoin de ces choses et pour avoir constaté des faits de possession diabolique, mais, mes collègues m'en ont cité plusieurs : un d'eux a du exorciser une malheureuse femme qui était fort tourmentée par l'esprit malin et se tordait dans des convulsions épouvantables; le missionnaire en disant la messe devant elle était lui-même très-exposé, car le Diable furieux enlevait les tuiles du toit les unes après les autres et les lançait du côté de l'autel qui fut bientôt entouré comme par une barricade ; un autre, pendant un voyage, en passant sous un arbre, entendit distinctement des voix dans les branches et les feuilles ; c'était une conversation en règle entre les voix et les paysans qui faisaient halte sous cet arbre : — Combien avez-vous vendu votre riz au marché ? — Ne fumez-vous pas une pipe pour vous reposer ? Etc., etc. Pour moi, je n'ai jamais rien vu ; seulement à Ta-pin-kang, les chrétiens m'ont dit que le démon avait autrefois hanté la chambre dans laquelle je couchais et qu'en sa qualité de Chinois, il n'avait pas manqué de venir à plusieurs reprises y faire du bruit et du tapage : je n'ai jamais rien entendu non plus.

Mes chrétiens de Ta-tsiou, eux, sont particulièrement courageux, cela tient sans doute à ce qu'ils sont accoutumés à la lutte depuis de longues années ; il arrive même que dans certaines circonstances, ils deviennent audacieux, comme dans celle-ci par exemple : Un jour un marchand païen, passant par Long-chouy-tchen, s'arrêta dans un restaurant pour y manger le riz : c'était vers l'heure de midi et la cloche de mon *kin-tang*, s'étant mise à sonner l'*Angelus*, le marchand vit des groupes d'hommes et de femmes se diriger du côté de ma maison pour y faire leur prière ; c'est une chose à laquelle les païens de la localité sont accoutumés et ils n'y trouvent rien à redire ; au contraire, puisque la cloche leur est très-utile pour régler leur temps et leurs occupations ; le marchand, lui, qui était étranger et un peu bavard, hasarda en pleine auberge une réflexion osée : « Tiens, dit-il, voilà des adorateurs du Seigneur du ciel, qui n'observent point les lois de la morale, les hommes et les femmes s'en vont mêlés ensemble dans une salle commune et sans la moindre honte. » Hélas ! mal en prit au pauvre marchand ; en parlant ainsi, il s'adressait à des voisins chez qui il ne trouva nul écho ; Ceux-ci étaient chrétiens eux-mêmes, ils se levèrent de

table en tumulte et après avoir tenu conseil rapidement, ils vinrent dire à l'étranger : « Tu as insulté les
chrétiens par tes soupçons et tes propos injurieux, tu
vas te rétracter, nous le voulons ; » les païens présents
à cette scène insistaient dans le même sens ; il fallut bien
se soumettre et de plus faire une génuflexion et payer
une tasse de thé à chaque assistant. — Quand on vint
me raconter l'histoire, la pénitence était accomplie.

Le 4 décembre, je suis installé à *Ma-pao-tchang*,
grande station de vieux chrétiens. Tout le monde y remplit aussi son devoir ; du 5 décembre au 2 janvier, j'entends 250 confessions. Il y a là une jolie maison appartenant à la Mission ; derrière la maison un grand bois
de bambous ; le pays est très-accidenté, et on y rencontre plusieurs belles fermes qui appartiennent à de
riches chrétiens ; elles me servent de but pour mes excursions et promenades de l'après-midi, que je réserve
au repos et à la visite des malades.

Dans une de ces excursions j'ai voulu monter à cheval, et aller à une lieue de là, pour voir une maison où
j'avais l'intention de faire la visite un peu plus tard ;
je n'aurais pas dû me fier aux promesses de mes gens :
il pleuvait, et par la pluie, les chemins non dallés sont
absolument impraticables ici ; ma monture fit, par malheur, un faux pas et je roulai avec elle en bas d'un
talus : je tombai au milieu d'un lac de boue... fort heureusement je n'eus aucun mal, grâce à ce matelas protecteur. Il y avait des habits dans la maison où j'allais ;
on y fit du feu pour me sécher et je revins à pieds.

J'ai dû appeler le P. Tchan pour m'aider dans une

affaire que j'ai eu à traiter avec le préfet de Ta-tsiou, et j'ai fait un petit voyage dans la mission voisine, au *Tchouan-nan*, pour voir un de mes amis d'enfance, le si bon et si distingué P. C...

Il avait donné rendez-vous à un autre ami de la même mission et notre réunion a été très-gaie. Le P. C... jouit d'une grande autorité même parmi les païens, et comme il parle parfaitement la langue et connaît très-bien les affaires chinoises il a souvent de fréquents rapports avec les autorités et les mandarins et s'en tire toujours avec honneur et succès.

Croiriez-vous qu'il joint à tous ces talents un autre talent bien chinois : la science de la marmite ; il a voulu nous régaler d'un gigot ; il y avait un an et demi que je n'en avais pas mangé! mais, pour le faire cuire nous avons été obligés de mettre tous nos gens à la porte sous un prétexte quelconque ; ils n'auraient jamais pu supporter la vue de leurs *Chen-fou*, retroussant les manches de leur *ma-koua-tse* de soie et se livrant à des occupations si viles et si méprisables.

N'allez pas vous imaginer maintenant que pour arroser ce succulent gigot nous avons débouché force flacons ; hélas ! le vin de France ne supporte pas un voyage de 5000 lieues et quant au vin d'Espagne qui nous sert à dire la messe, chacun de nous, vous le savez, en reçoit une provision de quatre litres pour l'année toute entière ; on a même été forcé de demander à Rome une dispense, pour prendre les deux ablutions de la messe en se servant d'eau au lieu de vin.

Pendant ce temps-là, mon vicaire voyait s'approcher

des sacrements pour l'Épiphanie, soixante-huit personnes. Mon petit voyage m'a permis de passer par la
capitale de mon autre district, *Yun-tchang*, et par la
grande et belle propriété de *Ho-pao-tchang*, qui appartient à *Tang-tao-pin*, chrétien très-influent dans le
pays, globulé et chef de la milice nationale, laquelle
ressemble un peu à nos gardes nationales d'Europe.

Aussitôt revenu, je fais la visite à *Iu-keou-ngao* (dix-
neuf confessions), et tout après, à *Tsiang-kia-pa*, vaste
domaine moitié ferme et moitié maison de plaisance, qui
est dirigé par un procureur de bonne apparence, *Tcheou-
sien-sen*, pour le compte de la Mission, à qui il appartient. Les chrétiens d'alentour viennent ici me trouver;
je les admets à recevoir les sacrements; ils sont une
cinquantaine.

« Cette résidence est située dans une jolie vallée
appelée Tsiang-kia-pa, c'est-à-dire vallée ou plaine de
la famille Tsiang. Elle est à quatre ou cinq lieues de
Ta-tsiou et à une lieue et demie de tout village, et même
de tout chemin. Cette plaine est entourée d'une ceinture
de montagnes, dont quelques-unes sont assez élevées ;
elle-même est remplie de petites collines couvertes de
bois et de verdure. A l'horizon, s'élèvent, de distance
en distance, des collines plus considérables, qui vont
rejoindre les montagnes dont elles sont comme les con-
treforts, et qui forment de magnifiques vallons. Dans la
plaine on cultive le riz ; de sorte qu'elle a l'aspect d'un
lac immense au milieu duquel ces petites collines seraient comme des îlots. En été, elle est couverte de la
plus riche moisson ; pas un pouce de terrain n'apparaît

nu. Sur la montagne, on cultive le froment, les légumes, les arbres fruitiers, et surtout les arbres à huile (*tong-tse*). A l'époque de la floraison, tout le versant des montagnes se pare de fleurs : on se croirait dans un beau jardin. » (Lettre de M. Gourdon, miss. ap., *Annales.*)

Il me reste à voir seize chrétiens à la ville de *Ta-tsiou*, trente-cinq à *Pé-ta-keou*, et une quarantaine à *Tchong-tien-tchang*, et la visite sera complètement terminée. Vous connaissez maintenant mon district aussi bien que moi; une lettre de mon prédécesseur va compléter mes renseignements :

« L'année dernière, au mois de septembre, je recommençai la visite de mon district. Monseigneur m'avait chargé de faire le recensement des chrétiens. Il me vint en pensée de faire celui de toute la population, du moins approximativement. Une occasion favorable se présenta. Le mandarin parcourait tous les marchés pour passer en revue les sociétés de gardes nationales. J'allai aux informations de côté et d'autre, et voici quel en fut le résultat. Il y a dans le district environ 900 sociétés qui comprennent chacune, en moyenne, 200 familles au moins. Cela donne 180,000 familles. On compte généralement 4 personnes par famille dans les villes et villages, et 6 dans les campagnes. En prenant la moyenne de 5 personnes par famille, on trouve une population de 900,000 âmes pour un pays de 15 lieues de diamètre. D'après mes informations, je ne crois pas ces chiffres trop forts : je serais plutôt tenté de les élever jusqu'à 1,000,000. Si la proportion était la même dans toute la Chine, ce serait une population fabuleuse. Comment la

terre peut-elle suffire à tant de bouches affamées ? Les
Chinois n'ignorent pas la valeur du terrain ; aussi tout
est cultivé ; on voit de la verdure partout, jusque dans
les lieux qui paraissent inaccessibles. Avec cela, le terrain est très-fertile ; il rend ici aisément 10 0/0. Ah !
quel beau pays, s'il était chrétien ! Mais nous avons
bien à faire pour arriver là. Sur cette population énorme,
à peine si j'ai trouvé 2,000 chrétiens. Vous pouvez donc
chercher encore à faire des recrues de missionnaires. »
(Lettre de M. Gourdon, *Annales*.)

Il va sans dire que dans nos stations, outre les chrétiens baptisés et très pratiquants, comme vous le voyez,
il y a encore beaucoup d'autres chrétiens qui ne sont
point baptisés, des catéchumènes à qui nous faisons
subir un certain temps d'épreuve, tout en les instruisant
et en leur permettant de se mêler aux autres pour la
prière et l'assistance au Saint-Sacrifice. Le missionnaire,
à son passage, les examine et les fait interroger devant
lui par son théologien ou les interroge lui-même, et,
d'après l'avis du catéchiste ou chef de la station, il les
admet au baptême ; mais il faut être très-circonspect
dans ce cas, parce que souvent ces néophytes ont encore de multiples attaches à l'idolâtrie, aux pratiques
superstitieuses, et un penchant à la vie relâchée des
païens ; ils doivent donner de sérieuses garanties.

Nous avons toujours quelques-uns de nos hommes
habiles dans l'art de parler, orateurs nés que nous appelons *Prédicateurs*, et qui, envoyés par nous, prêchent véritablement et expliquent la doctrine catholique dans tous les endroits où nous ne pourrions pas

toujours paraître nous-mêmes, sans manquer aux convenances et aux rites et sans nous exposer à quelque danger. Cette manière d'agir rentre complétement dans les mœurs des Chinois, qui aiment tant à se grouper dans les carrefours autour d'un lecteur public, coiffé pour la circosntance d'un bonnet de cérémonie, et qui leur lit les annales de leur pays, les faits héroïques accomplis par leurs grands hommes ou les dissertations des philosophes.

Faisons-nous beaucoup de conversions ? Les Chinois sont-ils incapables de vertu, comme on l'a dit quelquefois ? L'Évangile est-il incompris par eux ? L'intérêt seul les guide-t-il ? — Pour répondre à tout cela je ne dirai qu'un mot: consultez les annales de la persécution, parcourez les procès des martyrs indigènes (1), morts pour la foi ; voyez leur courage, leur grandeur d'âme. — Ceux-là sont des héros, des âmes d'élite, dira-t-on, mais la masse ? — La masse est bonne, il y a d'abord des âmes bien nées, faites exprès pour le christianisme; il y a des familles converties depuis plusieurs générations; quant aux nouveaux chrétiens, je suppose qu'ils aient embrassé notre sainte religion par un motif humain quelconque, par un motif d'intérêt, par exemple : peu à peu, ils en viennent à voir clair dans cette religion, et bientôt on aperçoit une modification sensible dans leurs sentiments et leur conduite ; le chris-

1. Voir dans la lettre pastorale du cardinal Guibert, archevêque de Paris, relative au procès de béatification des martyrs chinois et annamites (juillet 1879), la magnifique nomenclature de ceux qui sont tombés au champ d'honneur.

tianisme dompte la plus grande passion des Chinois : l'avarice ; nos chrétiens nous nourrissent pendant la visite, ils nous donnent des honoraires de messes, ils nous apportent des aumônes pour les pauvres. Enfin qu'on examine quel est le résultat de la prédication évangélique, au point de vue du nombre des adeptes ; ce résultat est excellent et le nombre des chrétiens est relativement considérable, car ils sont plus d'un million dans tout l'empire, cent mille au Se-Tchouan. Chaque année, vingt mille indigènes adultes sont admis au baptême en Chine ; on voit que le travail apostolique n'est pas inutile. Voici les degrés par lesquels nous faisons passer les païens pour les amener jusqu'au baptême. Il y a : 1º l'adoration, 2º le catéchuménat, 3º le baptême.

« — 1º Quand un païen a entendu expliquer la Religion, et qu'il déclare croire en Dieu et vouloir être chrétien, on lui enseigne le signe de la croix. Dès qu'il sait le faire tout seul, on allume deux cierges sur l'autel, on le fait mettre à genoux. Il a entre les mains une feuille imprimée, où se trouve ce qu'il doit réciter. Un ancien chrétien s'agenouille à côté de lui pour le diriger. On commence par le signe de la croix ; puis on fait cinq prostrations, en récitant les formules suivantes :

« 1re *prostration*. — Je crois en Dieu, et j'abjure « toutes mes erreurs passées.

« 2e *prostration*. — J'espère que Dieu, dans son in- « finie bonté, me pardonnera tous mes péchés.

« 3e *prostration*. — J'aime et j'adore le Dieu Très- « Haut et Très-Bon par-dessus toutes choses.

« 4e *prostration*. — Je déteste de tout mon cœur les

« péchés de ma vie passée, et je fais le ferme propos de
« ne jamais plus y retomber.

« 5ᵉ *prostration*. — Je prie la Très-Sainte Vierge
« Marie, ma mère, de m'obtenir de Dieu, par sa puis-
« sante intercession, la grâce de la persévérance. »

« Ensuite on récite le Symbole des Apôtres, l'Oraison
dominicale, la Salutation angélique et le Décalogue,
puis cette formule :

« Les commandements de Dieu, que je viens de
« réciter, se résument en deux : Aimer Dieu par-dessus
« toutes choses, et le prochain comme soi-même.

« Ces dix commandements ont été dictés par Dieu,
« afin que toutes les nations les observent. Ceux qui les
« observeront, Dieu les récompensera dans le ciel d'une
« gloire éternelle. Ceux qui les enfreindront, Dieu les
« punira dans l'enfer de supplices éternels. »

« On termine par les cinq actions de grâces :

« 1° Je vous remercie, mon Dieu, de m'avoir créé,
« nourri et conservé.

« 2° Je vous remercie, mon Dieu, de la bonté que
« vous avez eue de me racheter par votre précieux sang.

« 3° Je vous remercie, mon Dieu, de ce que vous
« voulez bien me pardonner mes péchés.

« 4° Je vous remercie, mon Dieu, de m'avoir conduit
« à votre sainte religion, qui est la vraie route du ciel.

« 5° Je vous remercie, mon Dieu, de tous les bien-
« faits dont vous m'avez comblé depuis ma naissance
« jusqu'à ce jour. »

« La cérémonie achevée le nouvel adorateur salue et
remercie les vieux chrétiens qui ont daigné l'introduire

dans leur société. Les chrétiens lui rendent le salut en
le félicitant de son bonheur et en l'encourageant à per-
sévérer.

« Dès ce moment, les adorateurs se considèrent
comme chrétiens, assistent à la messe et observent
toutes les lois de l'Église.

« — 2° L'épreuve dure ordinairement une année.
Ce temps écoulé, si l'adorateur sait bien les prières, s'il
connaît bien la doctrine chrétienne, il est admis au
catéchuménat. On fait alors sur lui les exorcismes et les
cérémonies du Rituel pour le baptême des adultes
jusqu'à l'*Eppheta* inclusivement :

« — 3° Après une autre année de probation, il est
admis au baptême. »

(*Journal* de Mgr Faurie, vicaire apostolique du Kouy-
tcheou.)

Mais combien il faut apporter d'attention et de prudence dans l'œuvre de l'évangélisation de ce pays !
combien on rencontre d'obstacles sur sa route : On
vient se heurter à l'orgueil national et à une répulsion
instinctive pour toute importation étrangère ; à la déca-
dence des mœurs ; aux tracasseries et aux persécutions
sourdes contre les néophytes ; à la pauvreté du peuple
qui recule devant les dépenses légères, mais nécessaires
pour les besoins du culte et de la visite des chrétientés.

Le missionnaire aussi devra, surtout s'il est Français,
éviter toute vivacité de caractère ; hélas ! c'est un
écueil où nous sombrons encore souvent. Il faut beaucoup de gravité, une grande dignité ; il faut bien parler

une langue difficile et à l'étude de laquelle on a peu de temps à consacrer ; il faut enfin connaître les rites et le cérémonial compliqué de la politesse chinoise ; aimer les coutumes de ces peuples, leurs usages, leur histoire et leurs grands hommes, devenir comme l'un d'eux ; tout le secret de la réussite est là, et si on ne tient pas compte de ces considérations, les plus grands efforts seront paralysés: Les apôtres et les premiers missionnaires de tous les pays n'avaient pas du reste d'autre tactique et n'employaient pas d'autres moyens de conversion (1).

Outre les prédicateurs, nous avons aussi des *Baptistes* : ce sont des hommes à nous, qui ont certaines connaissances médicales et pharmaceutiques ; nous leur distribuons l'argent de l'Œuvre de la Sainte-Enfance, 1,800 sapèques par mois à chacun... (J'ai pour ma part, venant de la Sainte-Enfance, 50 taëls par an, ou 400 fr., et pour mon viatique ou traitement de missionnaire, j'ai annuellement 80 taëls, ou 640 fr., de la Propagation de la Foi.) Ces baptistes sont établis par nous dans les localités importantes ; ils tiennent boutique et vendent ordinairement des remèdes pour les enfants, remèdes qui consistent surtout en pilules inoffensives ; il leur passe par les mains une quantité considérable de ces petits êtres dont l'état parfois est désespéré, ce qui leur donne l'occasion de leur administrer le baptême en danger de mort. Il existe aussi des baptistes ambulants qui par-

1. Voir le bel ouvrage du P. Leboucq des Chartreux, autrefois religieux de la Compagnie de Jésus et missionnaire au *Tché-ly-tong-nan*. — (*Monseigneur Dubar et le Tché-ly*.)

courent tout le district, et enfin j'emploie une vingtaine
de taëls entre plusieurs femmes auxquelles je donne
seulement des pilules et une ou deux ligatures par an,
afin qu'elles baptisent dans leurs environs tout en va-
quant à leurs occupations ordinaires ; je leur permets
de recevoir ce que les riches leur offrent sans qu'elles
demandent rien.

Ce mode d'agir est pour nous le moins cher et celui
qui rapporte le plus au ciel. J'ai toujours quelques remèdes à bon marché, j'en donne une toute petite provision à chaque mère ou à chaque père de famille, et
lors même que la famille en avale quelque peu, cela les
excite toujours à chercher des enfants malades à baptiser. Il ne faut point que l'œuvre des baptêmes tombe,
et nous devons toujours, par tous les moyens, augmen-
ter les quelques milliers d'anges que la Mission envoie
chaque année dans le ciel ! Voilà l'Œuvre de la Sainte-
Enfance chez nous, au Se-Tchouan (1). Vous savez, du

1. En parlant de la Sainte Enfance ou œuvre des Petits Chinois,
il n'est peut-être pas hors de propos de donner ici quelques
chiffres, qui pourront montrer les résultats merveilleux ob-
tenus en peu d'années et la fécondité des œuvres catholiques
accusées parfois si niaisement par les ignorants et les libres-
penseurs ; ce qui est tout un souvent :
L'œuvre de la Sainte Enfance existe depuis 1843 : depuis
cette année jusqu'en 1880 on a calculé qu'il y avait : 7.300.000
enfants baptisés à l'article de la mort par les soins de l'œuvre.
Les renseignements manquent pour cinq années ; mais si on
veut établir, — ce qui est très plausible — que les enfants baptisés pendant ces cinq années ne sont pas morts quoique se
trouvant en danger, il y aurait donc eu en 32 ans, 7,300,000 enfants envoyés au ciel.
Dans le même laps de temps, le nombre des enfants recueillis
dans les orphelinats a été de 750,000.
Et enfin il y a actuellement 25,000 enfants dans les écoles
de la Sainte Enfance.
Jusqu'en 1877-1878, il y a eu par année, au maximum, 340,000

reste, que nous n'avons pas à déplorer les crimes et les infanticides, si nombreux dans quelques provinces de la Chine, comme le *Pé-tché-ly* (Pékin), ou le *Kouang-tong* (Canton).

A Chang-Hay on m'a montré un puits où l'on jette les enfants et dans un autre endroit j'ai vu de mes yeux des cadavres de petits enfants charriés dans les eaux d'une rivière ; la misère et l'immoralité, voilà, je crois, les causes de ces crimes fréquents dans les provinces de l'Est et du Sud, et contre lesquels les édits des mandarins sont impuissants.

Les chrétiens, qui ne voient le missionnaire que rarement, évidemment baptisent eux-mêmes leurs enfants et se marient entre eux ; mais, à notre arrivée, ils nous préviennent toujours de ce qui a eu lieu en notre absence. Ils apportent leurs enfants, et on supplée quelquefois aux cérémonies du baptême pour vingt ou trente *bébés* à la fois. Voici un acte de baptême que je transcris intégralement d'après mon registre :

« *Paul Tang*, de *Ma-pao-tchang*, préfecture de Ta-tsiou, fils de *Tang-iun-hong* et de *Ly-che*, né le 2e jour de la 11e lune, baptisé le 10e jour et confirmé par moi le même jour. *Ou-che-ngy* l'ayant tenu sur les fonts, et *Lieou-tay-ouang* étant parrain pour la confirmation. — Signé: *Tong-se-to.* »

Cet acte public nous apprend que les Chinois

baptêmes d'enfants, mais à partir de 1877-1878, il y a une progression ascendante remarquable: 420,000 baptêmes par an. Ces chiffres parlent.— Renseignements donnés par M. Delpech, supérieur du séminaire des missions étrangères, à la réunion de Sainte Enfance, avril 1880.

comme nous ont plusieurs noms ; en effet il y a le *sin*, le *min-tse* et le *hao* ou *hio-min*. Le *sin* est le nom de famille ; ces noms de famille sont très communs ; il n'y en a guère que quelques centaines, pour les quatre cent millions d'habitants de l'Empire Chinois ; aussi, on appelle le peuple : les cent *sin* ou les Cent familles. Vient ensuite le *min-tse* ou prénom ; puis le *hao* ou *hio-min* (nom d'école), surnom donné par les parents ou le maître d'école et appellation familière : Exemple : *Ly-chao-pé* dit *Ly-hong-fang*. *Ly* est le *sin*, *chao-pé* le *min*, *honh-fang* le *hao* ou *hio-min*. Les chrétiens en outre ont un nom de baptême comme l'indique l'acte que je viens de transcrire ; malgré le petit nombre de noms de famille, il n'y a donc pas de confusion possible à cause des *min* et des *hao*.

Le missionnaire, en vertu d'un pouvoir spécial, administre le sacrement de confirmation, car il serait trop difficile, pour ne pas dire impossible, de recourir à l'évêque pour recevoir ce sacrement.

Ce n'est pas le seul privilège de l'homme apostolique ; il pourrait en citer un grand nombre d'autres, comme celui, par exemple, de dispenser des empêchements de mariage au quatrième degré de consanguinité, ou au second et même, dans certains cas, au premier degré d'affinité.

Dans ma feuille de pouvoirs, je puis bien aussi vous citer celui-ci, qui dans sa teneur simple et laconique montre ce que sont ou ce que peuvent être, à un moment donné, les pays lointains que j'habite :

« Nous accordons à **M. V...**, la faculté de célébrer la
« messe sans ministre, sous la *voûte du ciel* (*Sub dio*),

« ou dans les *entrailles de la terre*, quand bien même,
« l'autel serait brisé et en présence des hérétiques et des
« schismatiques, des infidèles et des excommuniés, s'il
« ne peut faire autrement. »

Les voyageurs et les orientalistes ont maintes fois
parlé du mariage chinois, de ses rites et de ses cérémonies; je ne fais que résumer ce que j'ai vu moi-même.
Les mariages se font toujours au moyen d'intermédiaires ; les jeunes gens ne se voient pas ; les parents
du jeune homme, quand une fois l'affaire est conclue,
envoient aux parents de la jeune fille des cadeaux en
argent et en nature. Ceux-ci donnent à leur enfant un
trousseau, et quand le jour du mariage arrive, l'époux,
revêtu d'habits de gala, se rend en palanquin dans la
maison de l'épouse; une troupe nombreuse d'amis et de
serviteurs marche devant lui avec des étendards et des
lanternes en papier colorié ; l'épouse est présentée à son
mari, et tous deux s'agenouillent pour adorer ensemble
le Ciel et la Terre : c'est là le consentement mutuel chez
les païens. Après cette cérémonie, l'épouse monte dans
un palanquin recouvert d'une étoffe de couleur rose et
on se met en route avec tout le cortége pour la maison
de l'époux, où a lieu le repas nuptial.

On porte dans la procession des lits, des tables, des
chaises et tout ce qui sert à un ménage, et les hommes
le palanquin, les meubles, les lanternes et les drapeaux
ondulant au loin sur le penchant des collines et dans
le fond des vallons produisent un assez joli effet. Quand
par hasard le cortége est rencontré par un personnage
ou un mandarin, les rites exigent que celui-ci mette

pied à terre par honneur pour les jeunes époux, et j'ai plusieurs fois, moi-même, satisfait aux us et coutumes de la nation.

Chez les païens, les gens de la classe inférieure se contentent d'une seule épouse ; mais les préfets et les lettrés, comme les riches bourgeois, ont souvent une ou plusieurs femmes secondaires, appelées petites femmes. Néanmoins la première femme est toujours appelée la femme légitime et jouit de tous les droits attachés à ce titre.

Encore un autre usage chinois : non-seulement on ne consulte point la jeune fille pour la donner en mariage à tel ou tel, mais on la promet aux parents d'un jeune homme dès son plus bas-âge et on la fait élever dans la famille de son futur époux et avec lui ; usage qui expose aux plus grands dangers l'innocence et la foi des jeunes filles chrétiennes, on le comprendra clairement ; car, elles peuvent se laisser entraîner à l'apostasie par les païens au milieu desquels elles sont obligées de vivre.

Nous ne pouvons trop aller contre les usages chinois, touchant le mariage. Nous devons sans doute nous montrer sévères pour les parents chrétiens qui promettent ainsi leurs filles à des idolâtres ; mais quand le mal est fait, il ne nous reste plus qu'à exiger des garanties pour la liberté religieuse de l'épouse et pour l'éducation chrétienne des enfants ; ce qui n'est pas toujours possible, ni facile.

Quant aux cérémonies, il arrive plus d'une fois que nous sommes obligés de laisser passer *devant* les cérémonies civiles, tout comme en d'autres pays. Mais à part certaines circonstances exceptionnelles, on peut ordinairement bénir le mariage avant les cérémonies civiles; d'autant plus qu'en ces pays les fiançailles étant plus solides que le mariage, il n'y a aucun inconvénient à bénir le mariage plusieurs mois et même un an d'avance, alors que les païens ne s'offusquent nullement de voir la fille aller au dehors, ou même le fiancé venir dans la maison de la fiancée.

Les règles du monde ne sont bien strictes que lorsque le jour du mariage a été publié et surtout les quelques jours précédant le mariage.

Tout cela est probablement connu ; ce qui l'est peut-être moins, ce sont les préliminaires immédiats du mariage et la série de politesses interminables et *très-pratiques* après tout, qui s'échangent entre les deux parties contractantes et leurs intermédiaires. J'ai ici sous les yeux la curieuse histoire du cuisinier Siao qui n'était pas le premier venu, puisqu'il exerçait son art, dans l'intérieur d'un des tribunaux d'une grande ville du Se-Tchouan et travaillait pour les bouches aristocratiques ; dans cette histoire merveilleuse et merveilleusement écrite en excellent chinois par les missionnaires du Se-Tchouan méridional, pour l'instruction de leurs nouveaux confrères, on suppose un fils qui raconte l'histoire de son père ; j'en ai traduit littéralement quelques pages qui pourront intéresser le lecteur et l'initier à la véritable vie quotidienne des Chinois de l'ouest ; elle commence par un dialogue entre le *chef* chinois et son oncle :

13

Fragments de l'histoire du cuisinier Siao.

« C'est dans le courant de la dixième lune que je dois préparer pour vous tout ce qui est nécessaire; mon neveu, comptez bien tout ce qu'il me faut acheter. — Il faut acheter cinq pièces de toile, faire confectionner des bijoux pour l'ornement de la coiffure, il faut acheter du fil pour faire les fleurs et de la soie de cinq couleurs différentes; nous devons nous procurer deux bons plats et deux poulets gras ; tout cela coûtera bien dix ligatures. — N'oublions pas non plus quelques livres de sucreries. — Avez-vous pensé à louer une maison ? — Où faut-il la louer ? — Où le voudra Votre Domination, le plus près possible de chez vous, afin que ma tante puisse facilement veiller sur nos affaires. Voyez si aux environs il y a des maisons à louer. — De quelle grandeur la voulez-vous ? — Oh ! il suffit qu'on puisse s'y loger ; nous ne serons que deux et si elle était trop grande ce serait inutile. — N'avez-vous pas songé, mon neveu, à acheter aussi tous les ustensiles du ménage? —Certainement, il faut ce qu'il faut; je vous donnerai, si vous le voulez bien, trente taëls d'argent et je vous prierai de m'acheter tout cela. — Mais, dites, vous même, que voulez-vous ? — Eh ! bien, quand on loue une maison, on donne toujours un cautionnement ; il faut avoir des marmites, des pots, des tasses de toutes sortes, cons- truire un foyer pour la cuisine, avoir un grand réci- pient pour l'eau, des cuillers, des balais ; il faut des tables, des chaises, des bancs, une armoire pour la vaisselle, deux armoires pour le linge et les vêtements, un lit et tout ce qui s'en suit, deux voiles pour la porte; voyez donc s'il faut encore autre chose, vous le savez bien, cela suffit ; achetez-moi donc tout ce qui est nécessaire. — Mais, trente taëls ne suffiront jamais pour tout cela. — Allez toujours, à la fin nous compterons ce qui aura été dépensé et je vous donnerai le surplus. — Bien, il fait déjà nuit, je m'en vais.» — L'oncle *Siao-se-yé* s'en alla.

Le lendemain mon père en se levant mangea le riz et tout après il s'en vint trouver un des dignitaires du tribunal, appelé *Lieou-ta-yé* et il lui dit : « Lieou-ta-yé, mon oncle m'a proposé une affaire, voyez donc si je dois accepter oui ou non. — De quoi s'agit-il ? — Il m'a proposé de me marier, de prendre une femme. — C'est une bonne affaire çà ; si vous ne vous mariez pas, que comptez-vous donc faire ? Est-ce une jeune fille à la tête encore verdoyante ou une femme qui a déjà été mariée? — C'est une jeune fille à la tête verte. — Comment s'appelle-t-elle ? — *Sou.* — Que fait-elle ? — Elle reste chez ses parents. — Mais, son père je le connais, ce n'est pas un homme riche, il n'a pas beaucoup de sapèques; il n'a guère que ce qu'il faut pour joindre les deux bouts, la jeune fille ne doit pas avoir une grande dot ? — Oh ! pour la dot, je n'y tiens pas; le huitième jour de la 10e lune, je donnerai des arrhes et le vingtième jour de la 12e lune, on annoncera le jour des noces; ce sera pour le commencement de l'année prochaine. — C'est bien, vous n'avez qu'à remplir exactement vos fonctions et les devoirs de votre charge dans le tribunal; en suivant encore le grand homme pendant quelques années, vous deviendrez riche. Avez-vous loué une maison ? Vous êtes-vous procuré les ustensiles et le mobilier nécessaires? Voyons, que je fasse le calcul pour vous... il vous faudra bien dépenser cent taëls et plus, c'est l'ordinaire, et il n'y a pas de luxe dans ce chiffre-là. —C'est mon oncle Siao-se-yé qui fera tout cela pour moi. —Allons, c'est bien: quand le moment des noces sera venu, je préviendrai la femme de mon frère aîné afin qu'elle aille chercher votre femme dans la maison de ses parents. —— Bien merci ; très-certainement je vous inviterai à mes noces ; allons, maintenant je vais préparer le riz. »

Deux mois après, c'est-à-dire le 7ᵉ jour de la 10ᵉ lune, Siao-se-yé vint au tribunal et immédiatement entrant en matière, il dit à mon père : « C'est aujourd'hui qu'il faut tout préparer, nous allons nous mettre à l'œuvre sans retard. — Très-bien, voici un peu d'argent, je demanderai à mon ami *Sié-ta-ko* qu'il veuille bien se joindre à vous pour faire toutes les emplettes dont nous avons parlé ; Se-yé, veuillez, s'il vous plaît, déjeuner ici et après le déjeuner, vous écrirez une liste de tout ce qu'il faut acheter, afin de pouvoir vous en souvenir.» — Après le repas, mon père remit de l'argent à ses amis et ceux-ci partirent pour le marché ; tout d'abord ils allèrent à la station des chaises à porteurs, ils louèrent un véhicule, trois palanquins, dix brancards pour porter les vêtements, les ustensiles, les meubles et les vivres ; ils demandèrent aussi cinq musiciens; le tout leur coûta trois ligatures et deux cents sapèques ; ils dirent au patron : «Demain, ayez soin, n'est-ce pas ? de venir

un peu de bonne heure. Ne soyez pas pour nous un sujet d'ennui et d'embarras ; amenez le tout, à la porte du
tribunal. » — Le patron leur demanda alors : « Où de-
vrons-nous porter tous vos présents? — A *Kouy-oang-
kiao*, dans la maison de la famille Sou ; voilà, nous
avons loué, maintenant nous partons. »

Ils donnèrent deux cents sapèques de gages, puis ils
sortirent. — En sortant ils se disaient : « Maintenant, il
nous faut aller dans la grande rue du marché; là, nous
achèterons de la toile, de la soie, du fil pour broder les
fleurs, un miroir, des cordons pour lier les cheveux, du
fard pour la toilette; nous trouverons tout à cet endroit-
là ; un peu plus loin nous arriverons aux magasins, où
l'on vend les étoffes de coton, il nous sera aussi très-facile
de trouver des sucreries, de la volaille et du poisson; quand
nous aurons préparé ces petites choses douces au cœur,
cette petite collation d'usage, nous reviendrons : mais,
il ne faut pas oublier le papier rouge pout écrire quelques lettres et les enveloppes à lettres; pour la famille
Sou il en faut quatre, une pour Siao-se-yé, deux pour
Lieou-ta-yé et son épouse, et deux pour Tchang-eul-yé
et son épouse. »

Le jour suivant le mandarin appelle mon père et lui
dit : « Cuisinier, j'ai entendu raconter que vous alliez
vous marier? — Grand vieux monsieur, cela est vrai, le
petit homme va se marier. — Très-bien, et quand ? —
L'année prochaine à la troisième lune. — Et aujourd'hui
de quoi s'agit-il ? — Aujourd'hui nous faisons les fiançailles. — Bien, je vous donne un globule d'argent. » —
Mon père, tout joyeux, dit : « Grand vieux monsieur,

mille remercîments.» Et en revenant il s'informa près de ses amis du tribunal si tout ce qui avait été commandé était arrivé. — Lieou-ta-yé lui répondit : « Il y a déjà longtemps ; les hôtes sont aussi arrivés tous, ils se reposent en attendant dans ma maison à *Ma-ly-tsouy*, c'est là qu'on a dressé les tables du festin ; nous pouvons partir et les inviter à manger. » — Après avoir mangé le riz, on appelle les porteurs pour partir, mais comme mon père s'en revenait au tribunal, laissant ses affaires aux mains des entremetteurs, il rencontra Lieou-ta-yé et lui dit en le saluant profondément : « Mon affaire depend complétement de la bienveillance que vous voudrez bien me témoigner; comme vous le savez, je n'ai ni secours, ni aide à attendre de personne et je n'ai d'espoir qu'en votre sagesse et en votre prudence; par après, je vous prouverai une grande reconnaissance et je vous aiderai aussi de tout mon pouvoir quand il se présentera pour vous une bonne affaire : voici la liste des présents que je vous remets à vous et à Siao-se-yé. »

Ils partirent donc après l'avoir salué. Aussitôt arrivés à la maison de la famille Sou, ils font une petite exposition de leurs présents et ils invitent Sou-lao-yé et sa mère à venir afin de les leur offrir solennellement, pendant que les musiciens aussi sont priés de jouer de leurs flûtes et autres instruments.

« O Sou lao-yé, nous venons à vous, témérairement, irrévérencieusement, avec des présents d'apparence ridicule et méprisable ; que votre noble famille ait de l'indulgence pour nous ; nous vous en supplions, que notre misère disparaisse dans votre magnanimité et votre grandeur d'âme, comme les gouttes d'eau d'une rivière qui vont se jeter et disparaître entièrement dans la grande mer ; acceptez ces petits présents sans trop de peine, nous vous en prions ; vos deux familles vont contracter une alliance ; c'est une chose belle et louable ; nos cadeaux, sans doute ne sont ni convenables, ni dignes de vous, acceptez-les néanmoins. » — Bien dit, répond Sou lao-yé, c'est nous qui sommes des gens grossiers et mal élevés, et vous de nobles hôtes qui devez nous témoigner beaucoup d'indulgence et avoir de la générosité à notre égard ; pour moi, je n'ai pas été à votre rencontre assez loin et je vous ai donné la peine de venir jusqu'ici, jusqu'à cette pauvre et chétive maison qui n'a pas plus de valeur qu'un brin de paille ; c'est à vous à m'épargner ; j'ai aussi quelques présents, que je vous prierai tous les deux d'offrir en mon nom à ce bon jeune homme, M. Siao et je vais vous en écrire et vous en remettre la liste : Il y a deux paires de bottes, un bonnet de cérémonie pour la saison d'hiver, deux paires de bas brodés, deux paires de cuissards, dix mouchoirs brodés, une bourse brodée que l'on peut suspendre sur la poitrine, pour le voyage, deux étuis d'éventail, deux ceintures brodés pour le pantalon, deux taies d'oreillers. » Quand il eût fait la liste il appela les musiciens : « Je vous invite de nouveau dit-il à faire entendre vos concerts, car je vais remettre les présents ; retournez chez vous, doucement, nobles hôtes ! et saluez de ma part ce cher jeune homme. » — Les dernières politesses sont échangées et la famille Sou reconduit les hôtes jusqu'en dehors du seuil de la maison.

Siao-se-yé et Lieou-ta-yé reviennent au tribunal où ils invitent aussitôt mon père à sortir afin de lui remettre les cadeaux de Sou-lao-yé : « Salut à vous, voici les présents de la famille Sou ; les voici tous ainsi que le contrat de mariage ; prenez-le et placez-le en lieu sûr pour qu'il ne s'égare point ». — Merci, je vous ai donné bien de l'ennui. — Mon père alors les engage à sortir du tribunal pour aller à la salle de festin ; il les fait asseoir tous et quand les trois premiers plats ont été servis il s'avance pour verser le vin chaud et commence son discours d'actions de grâces : « Lieou ta-yé. vous avez bien travaillé pour moi, prenez je vous prie quelques tasses de vin ; il n'y a pas grand'chose sur cette table, mais vous m'excuserez ; Siao se-yé, vous êtes mon parent, prenez encore deux tasses de ce mauvais vin ; je désire que vous veniez encore à mon secours pour ce qui reste à faire et en particulier que vous ayiez la bonté de louer un logement et d'y tout préparer ; vous le savez, je ne puis aller en ville à chaque instant ; d'autre part, les jours sont courts, la lumière du soleil disparaît avec rapidité et quand j'ai préparé deux repas, il fait presque déjà nuit ; mais, mes affaires sont un peu les vôtres ; ne voyez pas seulement en tout ceci ma chétive personne, mais regardez la tombe de mon père ; les membres de la famille Siao sont rares et quand je me serai marié je perpétuerai notre race ; autrement elle s'éteindra.

Après le repas, chacun s'en alla ; dans la soirée, le mandarin appela Lieou-ta-yé et lui demanda : « Ce cuisinier Siao, combien d'économies a-t-il à peu près mis de côté ? Après la noce aura-t-il de quoi vivre et manger le riz ? » Lieou ta-yé répondit : « Il a ramassé deux cents taëls d'argent ; pour ses noces il en dépensera une centaine et plus et il lui en restera environ une centaine. — Comment une somme d'argent aussi minime pourra-t-elle suffire aux besoins de toute sa vie ; les Cent Familles ne sont pas comme les mandarins, elles doivent tous les jours s'occuper des moyens de gagner leur vie ; les femmes dont les mains sont faibles et moins habiles, peuvent à peine chaque jour gagner quelques dizaines de sapèques et en économisant beaucoup cela peut faire face tout juste aux dépenses quotidiennes. — Cela est vrai, mais le mari en restant au service du grand-homme peut encore gagner dans une année quelques taëls d'argent et il aura toujours du riz à manger. — Bien, mais maintenant s'il ne reste pas avec moi, il n'aura plus rien. — S'il ne reste pas avec le mandarin, il a son métier et il se décidera très-probablement à ouvrir une auberge ou un restaurant. — Allons, s'il en est ainsi, il n'y a rien à craindre. »

Lieou-ta-yé en revenant appelle mon père et lui dit : « Le grand-homme m'a parlé de vous et il vous engage à être bien circonspect et à ne point prodiguer votre argent dans les emplettes que vous avez à faire ; n'achetez que les choses qui vous seront vraiment utiles ; il ne faut point rechercher ni le luxe, ni la vaine pompe : sinon, vous vous trouverez plus tard dans l'embarras. — Oh ! si le mandarin veut bien me donner ces bons conseils, je ne puis faire autrement que de les suivre ; grand merci pour sa sollicitude à mon égard et merci à vous aussi, la nuit est déjà avancée, il faut aller se coucher ; demain c'est un jour de travail ; le préfet se lèvera de bonne heure, il faudra lui servir le riz aussitôt, et si je m'attarde ce soir, je ne ferai pas demain les choses comme il faudra. — C'est bien, allons dormir. »

Le jour suivant mon père en se levant prépara le petit déjeuner pour le mandarin, qui s'en alla aussitôt après faire des visites. Siao-se-yé vint au tribunal ce jour-là. — « Eh bien, j'ai loué une maison pour vous, dit-il. — Où cela ? — Dans l'impasse de *Hen-long-tang*. — Combien est-ce pour le cautionnement et combien pour la location ? — C'est quinze taëls de cautionnement et dix ligatures de location ; maintenant, le propriétaire demande que vous fassiez l'écrit. — Mon oncle, faites cela, c'est la même chose ; vous savez mon nom n'est-ce pas ? — Oui, mais je n'ai pas assez d'argent pour donner le cautionnement.— J'ai encore ici deux globules d'argent ; c'est Lieou-ta-yé qui me les garde, demandez-les lui ; je n'ai pas le temps, je dois préparer le riz pour le repas de midi. — Quand viendrez-vous, mon neveu, pour donner un coup d'œil, afin d'organiser les choses selon votre bon plaisir ; si nous les arrangeons tout seuls, probablement que ça ne vous plaira pas ; si vous venez vous-même, vous ne pourrez pas vous plaindre après. —Il faut que je m'occupe de chercher un remplaçant et je pourrai alors y aller, autrement non ; en attendant, occupez-vous je vous en prie des maçons, qui doivent construire un grand réchaud et un autre plus petit et des menuisiers à qui il faut commander d'arranger la porte de la maison et de confectionner une table de cuisine ; la prochaine fois que je sortirai j'irai les payer tous. »

Dans les premiers jours de la douzième lune on pria un lettré d'écrire quelques dizaines de lettres d'invitation pour les hôtes qui devaient assister aux noces et mon père en les apportant à son oncle lui dit : « C'est demain que nous annonçons le jour du mariage, quelles sont les formalités à remplir ? — Il faut offrir aux Sou deux bons morceaux de porc gras, deux vases de bon vin (*lao tsiou*), deux canards, deux grands poissons (*li-iu*), quelques livres de sucreries (*tien-sin*) ; il faut aussi dix ligatures et quatre paires de chandelles en cire, j'irai acheter cela demain après déjeuner ; mais vers la fin de la douzième lune il est aussi d'usage d'offrir quelque chose. — Quoi donc ? je l'ignore complétement. — On offre dix livres de farine (*koa-mien*), deux coqs, un morceau de porc ; j'accomplirai pour vous ces formalités, soyez tranquille. Du reste, vers la fin de l'année, le tribunal est tellement encombré d'affaires et de visites que vous ne pourrez pas sortir et que moi-même j'aurai bien de la peine à pénétrer jusqu'à vous. — Merci bien, faites comme je ferais, c'est la même chose ; écrivez une liste de ce que vous aurez dépensé et l'année prochaine, à la première lune, j'aurai un congé et nous ferons nos comptes ensemble ; je m'en vais ; dans les premiers jours de la prochaine lune je viendrai vous saluer pour la nouvelle année. »

On est maintenant édifié pleinement sur les formalités et les cérémonies relatives aux fiançailles, on voit à combien de courbettes on est obligé de se soumettre

et quelle quantité fabuleuse de victuailles on se trouve
contraint d'engloutir. Ces cérémonies qui précèdent ou
accompagnent les noces, sont si longues, si solennelles
et si coûteuses qu'elles menacent parfois de ruiner les
pauvres pères de familles ; ils n'ont qu'une consolation : c'est celle de penser qu'au moment de leur
mort leurs fils ne reculeront devant aucune dépense et
qu'ils se ruineront à leur tour en cercueils, en tombeaux, en services funèbres et pendant un deuil qui
dure vingt-sept mois selon la coutume et selon la loi
trois ans.

X

LES FÊTES DU KO-NIEN.

Le jour de l'an au *jardin de la famille Tang*. — Magnifiques et
touchantes cérémonies du *Ko-nien,* chez les chrétiens. —
Comment les missionnaires s'amusent quand ils ont bien
travaillé. — Résumé de la question du culte des ancêtres et
des rites chinois. — L'usure en Chine. — Embarras de propriétaire et mariages difficiles. — La nouvelle année dans le
tribunal du grand homme. — Un menu aristocratique. —
Fêtes religieuses et civiles des Chinois.

Long-chouy-tchen, 29 février 1873.

Il y a un mois, c'était, par ici, la nouvelle année :
elle est tombée le 29 janvier, qui était le premier jour
de la première lune de la douzième année de l'empereur
Tong-Tche, car c'est ainsi que nous supputons le temps
en Chine. Grandes réjouissances à propos du nouvel an !
Elles durent au moins dix jours, et on appelle cela *ko-
nien*, passer l'année. Je me suis éclipsé pour aller
konienner avec un de mes voisins français, le Père S...,
de *Yun-tchoan,* laissant à mon vicaire le soin de recevoir et d'héberger la procession interminable de chré-

tiens qui arrivent de tous les points de la terre pour saluer le Père spirituel.

Mon vicaire ne savait pas trop où se retirer à cette époque de casse-tête. Sans trop m'occuper des rites pour le moment, je lui ai pris sur la tête son *tchan-mao*, ce qui ne veut pas dire bonnet du Père Tchan, mais bonnet de feutre (rappelez-vous les tons !). J'ai mis dans le bonnet cinq carrés de papier où j'avais inscrit les noms de cinq localités, et j'ai fait tirer au sort à mon compagnon ; le sort a désigné Ma-pao-tchang, il y est allé. — Le P. S..., qui est déjà âgé, à des manies ; il aime à rester chez lui pour la nouvelle année, parce que, dit-il, il lui faut surveiller ses affaires, car les voleurs fourmillent à ce moment-là, et ils sont redoutables ; *pou-te-pou-y,* il leur faut absolument des sapèques pour passer l'année ; en second lieu, le Père affirme que sa présence est nécessaire au milieu des chrétiens, afin d'empêcher ceux-ci de s'amuser d'une manière scandaleuse, comme le font souvent les païens parmi lesquels ils vivent, et dont l'exemple pourrait facilement les entraîner. Bref, le Père m'a écrit une lettre pour m'inviter à aller le trouver dans une grande famille, à quinze lieues de Tsiang-kia-pa, où je visitais alors les chrétiens ; la famille se nomme Tang ; l'endroit, *Tang-kia-iuen-tse,* le jardin de la famille Tang ; nom doux et poétique, n'est-ce pas ?

Tong-iê endosse sa robe de soie grise fourrée, son pardessus en peau de chat sauvage, pose sur sa tête son *fong-mao* de satin bleu et chausse des bottes de velours, puis, dans sa plus belle chaise, et domestique par-derrière, le voilà parti ; c'était le 25 janvier ; je passai le dimanche 26 à Long-chouy-tchen, où je dis la messe devant mes quatre cents chrétiens. Le lendemain 27, je courais sur la route de Yun-tchoan ; je traversai la ville, et à cinq heures j'étais devant le grand portail de la famille Tang. Trois coups de canon et cent coups de pétards ! Tableau ! Je récite les prières d'usage, je fais l'aspersion de l'eau bénite sur les chrétiens et je me mets sérieusement à m'amuser avec *Gan-ié* (nom chinois du Père S...). Les Chinois, quand ils veulent dire qu'ils s'amusent, emploient le mot *choa*, qui signifie se reposer et causer ; c'était bien ce que je faisais ; mais ils ne conçoivent pas nos distractions et ne comprennent pas, par exemple, le plaisir que l'on peut avoir à faire les cent pas pour se dégourdir les jambes ; il est vrai que nous leur rendons la pareille, et, comme je vous le disais naguère, jamais le jeune missionnaire arrivant dans ces parages ne s'imagine que les gens ont envie de se reposer quand ils les voient s'accroupir et s'asseoir dans le vide, absolument comme s'ils se servaient d'une chaise ou d'un fauteuil, et cela sur les routes, en pleine campagne, après une marche pénible.

Le mardi soir 28, toute la famille, au nombre de cinquante personnes à peu près, était réunie au *Kin-tang* pour les souhaits de bonne année ; le spectacle était nouveau pour moi, puisque l'année dernière j'ai passé le nouvel an à bord de ma jonque, sur le Fleuve-Bleu ; pour cette fois, j'en jouissais à mon aise d'une chambre voisine : les grandes lanternes illuminées, l'autel étincelant de clartés, tout le monde à genoux, deux maîtres de cérémonies en habits de gala entonnent les prières, puis viennent annoncer les salutations. A tout seigneur tout honneur, on commence par le bon Dieu.

Un chef de cérémonie :

En l'honneur de la Très-Sainte-Trinité.

Le second chef :

En l'honneur de Notre-Seigneur Jésus-Christ, *Iesou-Ky-Se-tou.*

Le premier :

En l'honneur de la sainte mère Ma-ly-a, etc., etc.

Et à chaque appellation la foule, parée aussi de ses plus beaux vêtements, se prosterne trois fois sur le pavé. Cela ne manque pas de beauté et de solennité.

Puis les Pères spirituels sont invités cérémonieusement à sortir de leurs chambres, et tout le monde se prosterne trois fois à deux genoux devant nous ; puis le chef de famille, qui, avec ses quatre-vingt-neuf ans, porte encore droit sur la tête son chapeau surmonté du globule doré, insigne de sa dignité littéraire, ce bon vieillard vient se mettre à notre place, et ses fils, ses petits-fils et ses arrière-petits-fils viennent lui souhaiter, à genoux, encore de longues années ; c'est vraiment touchant ; le vieillard, lui aussi, par politesse, fait une demi-prosternation à tous ses enfants, dont les plus âgés ont cinquante ou soixante ans, et les plus jeunes, trois, quatre et cinq ans. Chaque petite famille forme ensuite un groupe particulier, où les inférieurs saluent leurs supérieurs, et après, tous se saluent mutuellement ; tout cela avec beaucoup d'ordre et selon les rites chinois, le *koui-kiu.* Enfin, on sert une collation aux Pères spirituels, et quand ils ont fini de manger, c'est au tour du public.

Le 29, grand jour du Ko-nien, on recommence le matin toutes les salutations de la veille et on se fait des cadeaux en si grande quantité que je ne savais plus où mettre tous les miens : oranges, bourses, étuis, mouchoirs. Mais voici le beau de l'histoire : vint l'heure du dîner, et en même temps nous vîmes arriver un homme tout couvert de sueur et de poussière ; il venait prier le Père S... de courir, pour un malade, à soixante-dix ly de là, dans le district d'un jeune prêtre chinois, qui avait été passer le nouvel an dans sa famille à Tchong-kin, deux jours plus loin. On était naturellement venu au plus près.

En sa qualité d'ancien, le P. S... ne pouvait raisonnablement quitter ses chrétiens ; j'enlevai donc le *tsi-pao* du Père, c'est-à-dire sa chapelle et tout ce qui était nécessaire pour célébrer la messe et pour administrer ; accompagné alors de cinq hommes, trois pour le palanquin et deux pour le bagage, je partis *kan-pin* visiter les malades ; il y en avait deux, assez près l'un de l'autre : une femme âgée et une jeune fille ; je les confessai, les administrai, dis la messe dans une pauvre chambre près de l'une d'elles, et leur donnai la communion ; puis, nous repartîmes de bon matin, franchissant une jolie petite montagne qui nous avait déjà donné bien du mal, la veille, de l'autre côté. J'ai remarqué là, juste sur la cime, un de ces charmants arcs de triomphe dont j'ai déjà parlé.

Je me réjouissais de revoir le Père S... pour passer

encore quelques bons moments avec lui ; mais en arrivant, une jeune vierge m'interpelle dans la cour, à l'instant où je descendais de ma chaise : *Ah! ya! geou jen! Gan-ye, tseou-leao, geou jen-te-hen!* « Ah ! « voilà qui remplit l'âme d'amertume, le Père Gan est « parti, lui aussi ; vraiment c'est une chose triste et la- « mentable. » Tout le monde arrive et m'explique à la fois comment mon confrère avait été requis pendant mon absence pour un autre malade, à quatre-vingts ly. Il avait dû partir sans chapelle, puisque j'avais la sienne ; heureusement il possédait l'huile des infirmes en double. Je passai un jour avec les chrétiens, racontant et écoutant des histoires, et leur faisant voir des photographies au stéréoscope, qu'ils appellent *si-ien-kin*, lunette d'Occident.

Le Père Gan allait revenir quand nous voyons arriver des porteurs de palanquin qui venaient le prendre pour un troisième malade! Je dus me décider à faire cinquante ly, cinq lieues de chemin ; j'arrivai à temps pour donner l'absolution et l'extrême-onction à une pauvre vieille de quatre-vingt-trois ans qui mourut pendant que je récitais les prières des agonisants, à une heure du matin. J'ai remarqué qu'il en était souvent ainsi quand nous allons voir des malades en danger ; on dirait que, malgré les grandes distances et le temps qu'on doit mettre pour les parcourir, la Providence conserve aux pauvres infirmes un souffle de vie jusqu'à l'arrivée du missionnaire, afin que celui-ci puisse remplir son ministère de sauveur.

A trois heures, je partis à la lueur des torches de

bambou. A tout prix, je voulais arriver à Tang-kia-iuen-tse dans la matinée, afin que le Père Gan y pût encore célébrer la messe, ce qu'il n'avait pas fait depuis trois jours ; en arrivant, ce fut un formidable éclat de rire ; il était bien là, mais il revenait de voir un quatrième malade. Et voilà comment le missionnaire s'amuse en Chine !

Pendant ces allées et venues, j'eus l'occasion de voir à chaque instant les Chinois occupés aux cérémonies religieuses qui ont lieu dans les familles en l'honneur des ancêtres. Je veux dire ici un mot de cette grave question, qui à une certaine époque de l'histoire du christianisme en Chine, a engendré une sorte de querelle religieuse et je montrerai brièvement que l'accomplissement de ces rites ne peut être envisagé comme un acte purement civil.

Les premiers apôtres avaient éprouvé dans l'Église naissante, des embarras sur la manière de recevoir ceux qui se convertissaient au christianisme et quittaient la religion juive et ils se demandaient quels rites, quels usages ils pouvaient tolérer, au moins provisoirement. Les mêmes embarras vinrent tourmenter les apôtres de la Chine.

Voici quant à la question de faitce qu'on peut dire au sujet du culte des ancêtres : Les Chinois honorent les parents et les ancêtres défunts jusqu'au quatrième degré d'un culte spécial, tant en public qu'en particulier. Ils ont des chapelles domestiques qui leur sont dédiées ; à la place d'honneur au milieu du mur de la pièce principale de leurs maisons, sont placées de longues tablettes de bois laqué avec cette inscription en gros caractères : « Trône ou siège de l'âme ou de l'esprit d'un tel » ; suivent le nom et la dignité de chacun. Ou bien au milieu de la maison il y a encore une table ou une sorte d'autel sur lesquels on place les tablettes en question.

Trois ou quatre fois par an, ils célèbrent avec grand appareil, un sacrifice solennel. Quelques jours auparavant, on choisit le premier né ou le père de famille, ainsi que trois ou quatre autres parents pour remplir en quelque sorte, les fonctions de prêtres, de diacres et de sous-diacres, de maîtres de cérémonies et d'acolytes. Ceux-ci observent le jeûne et gardent la continence le jour qui précède le sacrifice : on choisit une victime, un porc ou une poule par exemple, et on l'égorge devant les assistants.

Le jour de l'oblation, avant le chant du coq, tout le monde est réuni devant les tablettes ; on a allumé les cierges rouges et les bâtons d'encens. Le maître de cérémonies dit alors « *qu'on fléchisse les genoux* » ; aussitôt tous font la génuflexion, en frappant la terre de leur front. Ensuite le maître dit « *levez-vous* » ; tous se lèvent. C'est le *Flectamus genua* et le *Levate,* du rite catholique.

Après cela l'officiant, généralement le père de famille, élève vers les tablettes une tasse remplie de vin de riz, il en goûte une partie et répand l'autre, il arrache les poils ou les plumes de la victime et la fait enterrer avec le sang ; pour les chairs, il les élève comme le vin et en fait l'oblation. Il offre aussi des fleurs, des fruits, des légumes, des pièces de soie et de longue bandes de papier monnaie qu'on brûle devant la porte de la salle en accompagnant la cérémonie de plusieurs prières.

Les cérémonies qui ont lieu en l'honneur de Confucius, devant la tablette où on lit « Trône ou siège de l'âme du très saint et très excellent Kong-tse » sont les mêmes ou à peu près.

Les missionnaires de la Compagnie de Jésus avaient cru pouvoir excuser ces rites de superstition et d'idolâtrie et par conséquent les permettre aux nouveaux chrétiens ; ils agissaient ainsi évidemment dans le but de faciliter la conversion des Chinois et principalement des lettrés dont l'exemple pouvait entraîner le reste de la population, quoique plusieurs pourtant comme les PP. Nicolas Longobardi, Alexandre de Rhodes et Claude Visdelou aient pensé différemment.

On conçoit qu'il fallait une règle certaine et commune à cet égard et c'est poruquoi les missionnaires d'autres instituts, notamment les Dominicains, résolurent d'exposer au Saint-Siège leurs difficultés afin qu'il jugeât la question de droit et rendît une décision pour savoir si on pouvait permettre ou non ces cérémonies. En 1645, Innocent X confirma le jugement par lequel la Congrégation de la Propagande approuvant l'opinion du dominicain Moralès avait interdit comme idolâtriques, les rites du culte des ancêtres.

Un peu plus tard, quelques missionnaires proposèrent à la Propagande d'autres doutes et parvinrent à obtenir du pape Alexandre VII une nouvelle sentence qui permettait quelques-unes de ces cérémonies comme des actes purement civils et politiques, mais défendait pourtant les autres (1656). Le décret de 1656 ne contredit pas et n'annule donc pas celui de 1645, mais il répond à un second exposé de la question qui avait été fait par le Père Martini jésuite. Lequel des deux exposés de Moralès ou de Martini, était le plus exact ? il paraîtrait que c'était le premier, car le second omettait plusieurs faits et circonstances assez graves.

La controverse n'est pas tranchée, chacun tient à son opinion au moment où sur la fin du XVIIe siècle, le Saint-Siège organise la Propagande religieuse en Chine et institue les vicariats apostoliques. Mgr Pallu fut nommé administrateur de toute la Chine. Son successeur fut Mgr Maigrot ; il apporta à la controverse une attention toute particulière et publia une ordonnance en sept articles ou il est dit que : 1° pour désigner Dieu il faut se servir de l'expression *Tien-Tchou*, Seigneur du ciel et non pas *Tien* ciel où *Chang-ty*, Empereur auguste; 2° il est défendu d'apposer dans les églises des tablettes avec les mots : *Kin-tien*, adorez le ciel; 3° l'exposé présenté à Alexandre VII est incomplet ; 4° les missionnaires ne permettront pas de présider, de servir ou d'assister aux sacrifices offerts à Confucius ou aux ancêtres, sacrifices qui sont superstitieux ; 5° sur les tablettes domestiques en l'honneur des ancêtres on ne doit tolérer que le seul nom du défunt ; 6° il est téméraire d'assurer que la philosophie professée par les Chinois n'a rien de contraire à la loi chrétienne ; 7° les missionnaires veilleront à ce que les chrétiens qui expliquent les livres chinois dans les écoles prennent garde aux fausses doctrines qui y sont contenues.

Innocent XII fit examiner à fond toute la question et Clément XI son successeur rendit enfin une sentence le 20 novembre 1704, qui n'est pour ainsi dire que l'approbation motivée de l'ordonnance qu'on vient de voir. La cause était finie. *Roma locuta est, causa finita est.* (D'après Rohrbacher et *passim*).

Le cardinal de Tournon, revêtu des fonctions de légat apostolique, fut envoyé en Chine par Clément XI pour assurer la mise en pratique par tous les missionnaires de la décision portée par lui. Monseigneur de Tournon fut chassé de Pé-kin où Kang-hi le reçut d'abord très mal; il fut même arrêté par ordre de l'empereur et conduit à Macao où il mourut en prison. En 1720, monseigneur Mezzabarba, patriarche d'Alexandrie, à qui on avait arraché certaines concessions, échoua, lui aussi, dans sa mission près de la cour de Chine et dès lors l'ère des persécutions fut ouverte. On peut dire que la question des rites et du culte des ancêtres en fut l'origine et le motif; mais on ne peut permettre le mal pour le bien et ce n'est pas la première fois, que le *Non possumus* du Pontife Romain est suivi d'une agitation qui bouleverse de fond en comble une nation entière et renverse même les projets de ceux qui ont de bonnes intentions. L'heure du salut de la Chine n'avait point sonné, et ceux qui ont voulu faire triompher la vérité, les prêtres de la Société des Missions-Étrangères entre autres, ces vaillants soldats, se sont souvenus de la vieille devise des preux de leur pays: « *Fais ce que dois, advienne que pourra !*» (1).

1. Nous donnons ici le serment que tous les missionnaires font avant de partir pour la Chine, serment qui oblige sous peine d'excommunication :

Cette question des rites m'amène aussi à dire un mot d'une autre question, qui a nécessité l'intervention du Saint-Siège et qui a failli bien souvent mettre en péril l'œuvre de l'évangélisation et éloigné les cœurs dépravés d'une religion toute de justice et de charité. Je veux parler de l'usure en Chine.

Le peuple chinois est le peuple le plus commerçant de l'univers, il aime le calcul, l'agiotage, la spéculation. Depuis longtemps il possède les banques, les lettres de change, les billets à ordre ; il excelle dans les affaires d'argent.

Le taux légal en Chine a été fixé à trente pour cent par an, c'est trois pour cent par mois ; la sixième et la douzième lune et la lune intercalaire ne portent pas d'intérêts et le prêteur ne peut réclamer devant les tribunaux au delà des arrérages de trois années ; il suit de là que

« Moi un tel, missionnaire envoyé à la Chine par le Siège apostolique, j'obéirai pleinement et fidèlement au précepte et mandement apostolique sur les rites et les cérémonies chinoises, contenu dans la constitution de N. S. P. le Pape Clément XI, sur cet objet, dans laquelle la formule de ce serment est prescrite ; et le mandement qui m'est parfaitement connu par la lecture entière que j'ai faite de la dite constitution, je l'observerai exactement, absolument et inviolablement et je l'accomplirai sans aucune tergiversation. Et je m'efforcerai d'obtenir la même obéissance de la part des chrétiens chinois dont j'aurai la direction spirituelle d'une façon quelconque. De plus, autant que je pourrai, je ne permettrai jamais à ces mêmes chrétiens d'observer les rites et les cérémonies chinoises permises dans les lettres pastorales du patriarche d'Alexandrie, datées de Macao le 4 novembre 1721 et condamnées par N. S. P. le Pape Benoît XIV. Si au contraire (de quoi Dieu me préserve), j'y contreviens d'une manière quelconque, autant de fois que cela arriverait, autant de fois je me reconnais et me déclare soumis aux peines imposées par la dite constitution. Ainsi en touchant les saints évangiles, je promets, je voue et je jure ; qu'ainsi Dieu me soit en aide et les saints évangiles de Dieu ! Moi un tel, j'ai signé de ma propre main. »

malgré l'élévation du taux de l'intérêt, le revenu des capitaux reste toujours incertain, aussi le capitaliste a-t-il imaginé des moyens pour assurer ses gros revenus.

Le contrat qui a suscité souvent le plus d'embarras aux missionnaires du Se-Tchouan, c'est le contrat *d'oppignoration* ou de prêt sur gage immobilier. Lorsqu'un propriétaire veut se procurer de l'argent il s'adresse à un capitaliste qui lui prête une somme proportionnée à la valeur en revenu de son immeuble et cet immeuble passe à titre de gage au prêteur, jusqu'à ce qu'il soit remboursé. Dans l'intervalle le créancier jouit complétement de la propriété ainsi engagée et en perçoit tous les fruits, tandis que le propriétaire emprunteur en paye les contributions et en supporte toutes les charges publiques. Alors même que les revenus de l'immeuble engagé surpassent les frais d'exploitation, le prix rémunérateur du travail dont il est l'objet et les intérêts à garantir, ils restent au capitaliste et l'emprunteur pour se libérer doit rendre intégralement la somme qu'il a reçue. S'il devient insolvable, son immeuble reste au prêteur, bien que sa valeur soit deux ou trois fois supérieure à celle du capital en garantie duquel il a été engagé. (*Vie de M. Moye*, par Mgr Marchal.)

Ceci est évidemment un contrat usuraire; ces sortes de contrats sont passés habituellement parmi les Chinois, et n'excitent parmi eux aucun étonnement, ne suscitent aucune récrimination, cela est tout naturel. On comprend que si l'on veut déraciner un pareil abus on se heurte immédiatement à un obstacle presque insurmontable. Sous Innocent XI, à la requête de plusieurs missionnaires, le taux de 30 p. 0/0 avait déjà été réprouvé comme usuraire en Cour de Rome ; cependant il avait été ajouté qu'on pouvait tenir compte dans la fixation de l'intérêt, des difficultés du recouvrement pour les fonds prêtés, et les missionnaires avaient toléré 15 p. 0/0.

La question fut soumise de nouveau à l'examen des cardinaux par le pape Pie VI et ceux-ci condamnèrent définitivement l'usure, mais en recommandant aux missionnaires d'éviter toute règle absolue pour la restitution et de tenir compte des charges, des risques et des pertes que les usages et les prêts de capitaux pouvaient entraîner dans telle ou telle circonstance particulière.

Oh ! les affaires d'argent, quelle misère ! C'est comme celle-ci par exemple : je vous ai parlé au moins en passant de ma petite chrétienté de *Yu-Keou-gao*. Un de mes prédécesseurs avait vendu là, une maison de la mission à un nommé *Lieou-ta-chan ;* celui-ci devait payer en trois ans et s'il ne payait pas, ce temps écoulé, la maison redevenait nôtre. Or les trois années écoulées j'ai redemandé les quarante ligatures qui nous revenaient et j'ai voulu vendre. Impossible, pas d'acheteurs, Lieou-ta-chan n'ayant pas d'argent à nous rembourser voulait s'enfuir au Kouy-tcheou, la province voisine. Il avait lui, loué la maison à trois locataires qui avaient versé entre ses mains selon le coutume chinoise une assurance, ce qu'on appelle le *ia-tien*. Ne pouvant vendre, ne pouvant rembourser le *ia-tien* des locataires, j'ai envoyé un homme d'affaires, pour essayer de régler la difficulté ; contre mes instructions il promit à Lieou-ta-chan de louer toute la maison avec cette clause que nous pourrions en user pour la visite des chrétiens et que nous pourrions la vendre quand il y aurait des acheteurs. Voilà maintenant que Lieou-ta-chan vient de mourir ; nul espoir que ses enfants viennent jamais s'occuper de cette affaire et restituent aux locataires leur assurance ; que faire ? Tâcher de vendre la maison si l'on peut retirer nos quarante ligatures et voir si nous pouvons donner quelque chose avec le surplus aux trois locataires. Nous pourrions plaider , la maison nous appartient tout entière ; les locataires sont ceux de Lieou-ta-chan, mais .... il faut aller doucement, *man, man tseou*. Il nous faut des papiers, de bonnes pièces écrites et je n'ai pas encore mis la main dessus....

Et puis les affaires de mariage ! à *Che-ouan-tchang*, voici deux cas : *Iu-chao-tsou* qui est baptisé est marié avec une adoratrice sans dispense. Seconde affaire : son troisième frère est marié à une païenne dont le précédent mari n'est pas mort. Il faut donc voir si elle veut se faire ou s'est faite chrétienne. Peut-être en *faveur de la religion* on pourrait faire alors les *interpellations* à la famille païenne et valider le mariage.

Voilà la vie du missionnaire, voilà ses plaisirs : débrouiller des situations peu claires et très enchevêtrées.

— En revenant de Tang-kia-uen-tse, j'ai visité les chrétiens de la ville de Ta-tsiou et ceux des stations de *Pé-ta-kéou* et de *Tchong-tien-tchang* ; la visite de tout le district est donc complétement terminée.

Le 1ᵉʳ mars, je recommence la visite pour la seconde fois par Long-chouy-tchen.

Long-chouy-tchen, 15 mars.

La visite va bien et la moitié de la besogne est déjà faite ; ce n'est pas sans fatigue il faut le dire et sans ressentir même quelques petites douleurs qui me prouvent qu'un Français et un Parisien ne peut pas affronter impunément tous les climats du monde. Si encore nous pouvions combattre les premières atteintes de l'asthme, de l'anémie, de la fièvre et nous préserver d'un mal pire :

Principiis obsta, sero medicina paratur.

Il n'y a pas moyen ! Vive la joie quand même ! et puisque nous avons parlé des réjouissances du nouvel an chez les chrétiens, traduisons de nouveau pour les amis, quelques pages de la mirifique histoire du cuisinier Siao : on verra comment les païens célèbrent cette solennelle époque de l'année et ce qui se passe alors dans le grand monde et dans les palais mandarinaux, car c'est là surtout qu'il faut étudier la question :

« Le seizième jour de la douzième lune le grand homme décréta que la vacance des affaires était commencée et que désormais les interrogatoires des procès seraient suspendus ; ce jour-là on doit offrir les sacrifices aux dieux supérieurs et inférieurs ; le vingt-quatrième jour on pratique l'abstinence du feu et on n'allume pas les réchauds pour cuire le riz : on mange froid ; le vingt-huitième jour le préfet demande à manger le riz annuel ; Lieou-ta-yé vint trouver mon père : « Il faudra, lui dit-il, préparer pour ce jour-là un bon dîner où il y aura évidemment des nids d'hirondelles (1), et vous

1. Ces fameux nids d'hirondelles qui ne paraissent que sur la table des riches Chinois, sont comme on le sait les nids de la salangane de Java, fabriqués avec du frai de poisson. Bouillis ils ressemblent à des cartilages de veau et pour un palais européen ne sont pas un régal bien exquis. Les nids d'hirondelles ne sont pas un conte bleu ; ce qui pourrait empêcher d'y croire, ce sont les menus fantastiques que donnent les voyageurs dans les journaux : En voici un que je lisais dernièrement et qui paraît assez probable ; on aura une idée d'une table aristocratique par les vingt-quatre plats suivants :

Au centre de la table.
1. Oranges coupées en tranches.
2. Poires coupées en tranches.
3. Amandes amères.
4. Noix sèches.
5. Cuisses de canards coupées en menus morceaux.
6. Œufs durs colorés en vert.
7. Petits morceaux de porc.

(Poivre, sel, sucre, *soya*, devant chaque personne).

Plats servis l'un après l'autre.
1. Tortue de mer.
2. Canard bouilli.
3. Pigeon haché au jambon.
4. Soupe de nids d'hirondelles.
5. Mouton à l'étuvée aux bourgeons de bambou.
6. Coquillages.
7. Crabe bouilli.
8. Poisson noir frit.
9. Poulet et jambon.
10. Soupe à la tortue où nagent des morceaux de tortue grasse.
11. Chien en hachis.
12. Chat noir à l'étuvée.
13. Rat frit.
14. Soupe de macaroni.
15. Poisson salé.
16. Œufs salés.
17. Porc en miettes.
18. Jambon aux légumes verts.
19. Riz d'eau.
20. Graines de melon.
21. Noix de bétel en feuilles.
22. Crevettes enivrées.
23. Potages variés.
24. Thé et gateaux nommés *les mille étages*.
Bols de riz à volonté.

(*Revue Britannique*.)

14.

devrez vous rappeler tout ce que la coutume exige en
pareille circonstance et vous y prendre de bonne heure
pour n'être pas exposé à vous trouver dans l'embarras ;
le seizième jour demandez deux marmitons pour vous
aider ; le grand homme vous donnera des sapèques. »
— Le seizième jour en effet on fit venir des satellites et
on leur dit : « Vous savez quelle est la règle ordinaire,
les deux villes doivent offrir deux charges de farine,
deux charges d'huile de sénevé, cent livres de viande et
deux domestiques et confiseurs pour confectionner les
sucreries ; allez leur rappeler cela. Demain on commen-
cera. Quant à vous, gardiens de la seconde porte, allez
au magasin de charbon et demandez aux commis qu'on
vous donne trois cents livres de braise ; on devra les apporter aujourd'hui ; s'ils refusaient, appelez à votre aide
deux satellites du tribunal et chargez-les de chaînes. »
Le vingt-huitième jour, au prétoire tout le monde prit
le riz de la fin d'année et tous les employés vinrent
trouver le grand homme afin de le remercier ; celui-ci
leur adressa ce discours : « Vous avez de nouveau bien
rempli vos fonctions cette année et voici que l'année est
finie ; dans le cours de celle qui commence, soyez bien
exacts et faites bien votre devoir et si je dois aller
exercer le pouvoir dans un autre endroit, je vous promets de vous donner de bonnes places avant mon départ. — Les tout petits seront très-obéissants. — C'est
bien, je n'ai plus rien à vous dire, allez et prévenez le
gardien de la porte Lieou que je l'attends ici. » Quand le
gardien de la porte fut venu : « Dites-moi, lui demanda
le mandarin, s'il y a ici des coutumes établies par la

tradition ?—Il y en a, oui; les deux villes ont l'habitude d'offrir de l'argent et elles attendent que vous vouliez bien signer le reçu afin de vous donner cet argent. — Mais, je ne demande pas cela; demain c'est le nouvel an, il faut donc préparer les étrennes et les gratifications à donner aux dignitaires du prétoire et aux employés subalternes; combien y en a-t-il à peu près? Commencez à compter, d'abord dans le prétoire même : il y a les gardiens de la porte, les courriers, les conseillers du préfet, les notaires, les suivants, le cuisinier en chef, les cuisiniers secondaires, les chauffeurs, les marmitons qui cuisent le riz et font bouillir l'eau, les porteurs de palanquins, les huissiers, les soldats; voyons, combien y en a-t-il? Ceux qui sont chargés des appartements intérieurs recevront deux taëls chacun, les cuisiniers deux taëls; au-dessous chacun aura un taël; on donnera une ligature à ceux qui se tiennent en dehors du tribunal, aux porteurs, aux satellites; comptez un peu combien cela fait en tout et donnez à chacun son dû; demain soir, ils viendront sans nul doute pour me souhaiter la bonne année et il faudra leur remettre alors leurs gratifications; maintenant vous pouvez vous retirer. »

Lieou-ta-yé en revenant appelle le chef de cuisine et lui dit : « Demain, de bonne heure vous aurez à préparer quelques petites choses pour le grand homme; les lettrés viendront le saluer et il devra manger de bonne heure, afin qu'il puisse recevoir leurs visites. » — En effet le lendemain, quand le préfet eût mangé il reçut les visiteurs de distinction et tout aussitôt on mit la table pour sa femme et ses enfants. Mon père après le déjeuner s'en alla en ville; il acheta un coq, un jambon, deux boîtes de bonbons, et deux livres de farine pour les offrir à Siao-se-yé. Arrivé à la maison de son oncle il l'appela ainsi que sa tante. « Je viens vous saluer, dit-il, pour la fin de l'année selon l'usage.—Il suffisait de venir, mais ce n'est pas la peine de nous saluer cérémonieusement. — Si, je veux vous saluer selon les rites tous les deux et j'ai acheté quelques petites provisions que vous ferez cuire pour vous en régaler.—Merci bien; seulement, pourquoi avoir fait tous ces frais ; nous sommes parents, pensez-vous qu'il faille agir à notre égard comme si nous étions étrangers. — Oui, je comprends, mais enfin, je vous ai donné tant d'ennui et de sollicitude pour mes affaires, tous ces temps derniers, qu'il faut bien vous prouver ma reconnaissance ; vous me priez de m'asseoir un ins-tant, non, je m'en vais. — Revenez au moins un peu après le dîner. — Non, je ne le puis, j'ai beaucoup d'ouvrage au tribunal ; j'avais même songé à vous faire porter ces petits cadeaux par Sié-ta-Ko, mais c'eût été agir avec trop de sans-façon et sans respecter les rites ; j'ai donc dû me décider à venir moi-même quoique je fusse très-pressé. — C'est bien, puisque vous avez à faire, je ne vous retiens plus, mais, dans le cou-rant de la première lune, quand vous aurez congé, venez vous reposer ici pendant quelques jours. » — Mon père revint alors au tribunal ; arrivé dans les environs, il em-prunta une ligature et acheta un coq, deux boîtes de bonbons, un jambon et un canard et en entrant dans le prétoire il s'adressa à Ho-san-yé. « Dites, s'il vous plaît, à Lieou-ta-yé que je lui offre ces petits présents. » — Lieou-ta-yé en l'entendant vint et dit ; « Qu'avez-vous fait ? Nous habitons le même tribunal ; pourquoi toutes ces cérémonies ? — Oh ! ce n'est pas grand'chose! et puis cette année, vous m'avez rendu de grands services et vous avez dit au grand homme beaucoup de bien à mon sujet. — Je n'ai rien fait du tout, ou plutôt je ressemble à celui qui offre à son voisin de table les bons morceaux d'un bon plat qu'il n'a point servi : je ne vous ai point donné d'argent et j'ai dit deux mots au préfet, voilà tout ; ce n'est pas ce qu'on peut appeler un service. — Oui, mais au moins vous avez parlé et il y en a qui ne peuvent dire seulement une bonne parole : je vais faire servir le dîner, car, après, tous les employés aux cuisines ont l'intention d'aller présenter leurs hommages au grand homme et cette po-litesse aujourd'hui nous rapportera quelque chose.

Après le dîner, tous les employés préposés aux cui-sines s'en vinrent trouver le mandarin que Lieou-ta-yé fut chargé d'avertir en ces termes : « Tous les cuisiniers viennent pour saluer le grand homme, sa mère, ses fils, ses filles, ses épouses et ses concubines. » — Le grand homme sortit de sa chambre et en les voyant tous, il leur dit joyeusement: « Vous ne venez pas me voir pour me saluer, hein ? mais pour vous faire payer une dette ; eh ! bien, j'ai préparé ce qui est dû à chacun : le chef de cuisine aura deux taëls et vous tous qui êtes sous ses ordres, chacun une ligature. — Mille grâces pour tant de bontés. » Quand les cuisiniers furent partis, les porteurs, les satellites, les palefreniers vinrent souhaiter la bonne année au mandarin qui leur dit : « Allons, c'est inutile de faire des cérémonies ; vous vous êtes fatigués souvent à mon service toute cette année, je vous donne à chacun une ligature pour boire le thé. — Grand merci à vous. »—Arrivèrent alors les conseillers ; pendant qu'ils faisaient la génuflexion. « Relevez-vous, leur dit le préfet, vous, avez été fort occupés, cette année ; je vous offre à chacun dix taëls pour acheter des bottes de soie. » — Enfin quand tout le monde fut sorti, les nourrices et les servantes vinrent à leur tour et le mandarin. leur donna aussi à chacune quelque argent, puis il leur dit : « Je suis las et je veux aller me reposer ; demain matin qu'on prévienne tout le monde et qu'on m'attende vers la troisième heure. J'irai à la pagode de la ville pour saluer les dieux ; les petits mandarins viendront ensuite pour me faire leur visite, en revenant je mangerai un peu, dites-le au chef de cuisine et tout après, je recevrai les visites. »

Les nourrices vinrent aussitôt près de la porte prévenir le chef qui répondit : « Bien, bien, c'est déjà fait. »

Les cuisiniers tous ensemble en revenant de chez le préfet se rendirent près des gardiens des portes : « Nous ne sommes pas dignes de recevoir votre visite, dirent ceux-ci, grand merci, voici quatre ligatures que nous avons mis à part pour vous. — Merci bien, allons maintenant voir les secrétaires du tribunal. » — Les notaires les accueillirent de même. « Oh ! vous nous faites trop d'honneur, vous avez bien fait de venir, voici quatre ligatures. — Allons à présent chez les deux conseillers. « Conseillers, nous vous invitons à sortir pour entendre les salutations de la joie et de la prospérité. »

— Ah ! vous voilà ! Vous avez eu bien du mal dans le courant de cette année ; nous vous donnons tous les deux huit ligatures ; l'année prochaine, faites encore mieux votre service, n'est-ce pas ? —Oui, certainement, merci bien ! »

. . . .

Le lendemain vers la troisième heure une des nourrices vient dire au chef : « Apportez de l'eau chaude pour la toilette ; le grand homme est levé, et dites à vos hommes de préparer la collation ; après cela allez trouver Lieou-ta-yé à la porte du prétoire, dites-lui que le mandarin est levé et que tous l'attendent au dehors, car, après avoir un peu mangé, il partira immédiatement. — Lieou-ta-yé appelle aussitôt les porteurs de palanquins, d'étendards et de lanternes et les presse de tout organiser pour le départ. — Dépêchez-vous, c'est le premier jour de l'année, que rien ne manque, car il vous en cuirait et vous recevriez la bastonnade; dans ce cas vous ne pourrez pas m'accuser. » — Nous savons bien que le premier jour on ne peut pas manquer à son devoir. » — Quand le grand homme fut sorti, les cuisiniers s'en vinrent souhaiter la bonne année à la mère et aux enfants du mandarin.

« Faites bien votre devoir, leur dit-elle, vous deviendrez riches ; allez à la cuisine, il vous sera servi un goûter. » — Le grand homme revint, il déjeuna et reçut immédiatement les préfets de plusieurs endroits qui venaient pour lui offrir leurs hommages.

Le cinquième jour de la première lune, on ne mangeait pas de riz, ce jour-là, mais seulement quelques sucreries.

Le septième jour le grand homme fit venir des acteurs pour jouer la comédie ; ils la jouèrent pendant deux jours. Le neuvième jour dans la soirée on exhibe des lanternes qui ont la forme de lions, de dragons et qu'on promène partout en faisant des zigzags selon la coutume : le grand homme donna à ceux qui faisaient ces tours un grand nombre de médailles d'argent et on brûla une quantité de fleurs artificielles : il arriva aussi de la ville de Iun-hien des lutteurs et des jongleurs habiles dans l'art de se battre au pugilat, d'avaler des sabres, de passer à travers des cerceaux, de marcher sur la corde, de monter sur des vases à fleurs et sur des mats de cocagne. Comme le grand homme s'aperçut qu'ils étaient fort adroits il les retint pendant trois jours et leur donna cent taëls d'argent.

Le quinzième jour de la première lune est un jour très-solennel ; ce jour-là on ne se couche pas et tous, hommes et femmes sans distinction, dans les rues de la ville, doivent porter à la main une lanterne allumée ; Le grand homme, ses fils, sa bru, ses femmes sortirent en palanquins pour voir l'illumination et ne revinrent que vers la troisième veille ; à la cuisine on fut sur pied toute la nuit.

Le jour suivant, le seizième, tout le monde doit monter sur les murs de la ville et en faire le tour : le grand vieux monsieur, gardien des sceaux doit venir pour garder les quatre portes de la ville ; les préfets des deux villes vont aussi là, et à Tchen-tou, tous les mandarins, le premier commissaire provincial, le scrutateur des délits et les autres dignitaires sortent pour assister au spectacle de la fête et regarder faire le tour de la ville : il y a des restaurants ouverts et des collations préparées pour eux. Deux jours après, on découvre les sceaux et on recommence à juger les causes et les procès ; depuis ce jour-là jusqu'au premier jour de la deuxième lune, on reçoit des visites de bonne année et on rencontre partout des gens qui s'adressent des vœux et des souhaits pour le même motif. Le premier jour de la deuxième lune, les mandarins se réunissent tous pour tenir un conseil suivi d'une représentation théâtrale.

Enfin le douzième jour de la deuxième lune, chaque famille se répand en dehors de la ville sur la pente des collines et va rendre visite aux tombeaux des ancêtres. »

— Ces derniers détails vous montrent que le premier mois de l'année est une fête perpétuelle pour les Chinois ; il ne faudrait pas croire qu'ils n'ont pas d'autres fêtes : ils saississent la moindre occasion, le plus petit prétexte pour chômer, quoiqu'ils soient d'excellents travailleurs comme je l'ai prouvé ; leur calendrier religieux est fort chargé ; on en jugera par le tableau suivant :

— Janvier. Le 16e jour de la 11e lune, qui correspond à notre mois de janvier, c'est la fête de l'idole *Kouang-yn*, la Vierge des Chinois, la divinité tutélaire des femmes. Sa statue est dans toutes les pagodes bouddhiques (1).

— Février. Le 20e jour de la 12e lune : Fête de *Liu-pou-oui*, marchand de toile et patron des associations pour l'avancement des lettrés et des mandarins.

1. Grosier, *Description de la Chine* et autres nomenclatures.

Le 23e jour de la 12e lune : Fête du printemps. Ce jour-là le mandarin sort le matin de son palais, il est couronné de fleurs et porté en palanquin au son de la musique et entouré de brancards sur lesquels sont placées les statues des Dieux : il est accompagné de laboureurs qui portent leurs instruments de travail et de comédiens qui jouent des farces et des pantomimes. Il arrive ainsi à la porte de l'Est (*Tong-men*) où il va à la rencontre du printemps et de là il revient à son tribunal où il fait un discours sur la sainte agriculture.

Le 24e jour de la 12e lune le Dieu du foyer ou de la cuisine va rendre compte au Ciel de ce qu'il a vu dans la maison ; ce jour-là les ménagères ne sont pas fières ; l'image peinturlurée du petit dieu est toujours appendue au mur au-dessus de la grande marmite à riz ; la cuisinière rusée qui sait bien qu'il a tout vu et entendu, a soin de lui barbouiller la bouche pour l'empêcher de parler là-haut. « En tous les cas, se dit-elle, s'il parle, comme il aura de la difficulté à ouvrir la bouche que je lui ai soigneusement collée, sa voix ne sera ni bien claire, ni très-distincte et on ne le comprendra pas ! »

Simple et naïve ménagère !

Le 30e jour : Descente des Dieux sur la terre.

Le 1er jour de la 1re lune : Fête du premier jour de l'an : nous en avons longuement parlé et l'histoire du chef de cuisine Siao l'a fait amplement connaître.

Le 2e jour : Fête de *Tchi-ta*, célèbre guerrier.

Le 6e jour : Fête de *Tin-Kouan*.

Le 7e jour : Naissance de l'homme.

Le 9e jour : Nativité de *Yu-hoang-chang-ty*.

Le 10e jour : Fête des cinq Dieux domestiques.

Les 15e, 16e et 17e jours : Fête des lanternes ; le 15e jour est consacré à honorer les esprits bienfaisants, le 16e jour les esprits malfaisants et le 17e jour les hommes vivants et morts.

On allume peut-être dans cette fête dont nous avons déjà dit un mot, plus de deux cents millions de lanternes. La lanterne chinoise est un très-joli ornement ; elle est triangulaire , carrée , cylindrique , pyramidale, circulaire, en forme de vases, de fleurs, de fruits, de poissons, de barques, affectant ainsi les formes les plus variées ; la matière c'est la soie, la gaze, la corne, la nacre, le papier. La vraie lanterne est composée de six panneaux encadrés dans des baguettes vernies ; on a peint des fleurs, des oiseaux, des rochers ou des personnages historiques et mythologiques sur le panneau de soie et on a sculpté et doré les figurines qui surmontent les baguettes ; à chaque angle de celles-ci pendent des cordons de soie à nœuds artistement entrelacés.

A l'éclat des lanternes en ce beau jour de fête, s'u-nissent *l'éclat et le tapage des feux d'artifice* que les Chinois savent préparer comme personne ne pourrait le faire ; ils sont passés maîtres en ce genre et depuis les temps les plus reculés.

Le 16e jour : Fête du lettré *Fong-nan*, patron de la

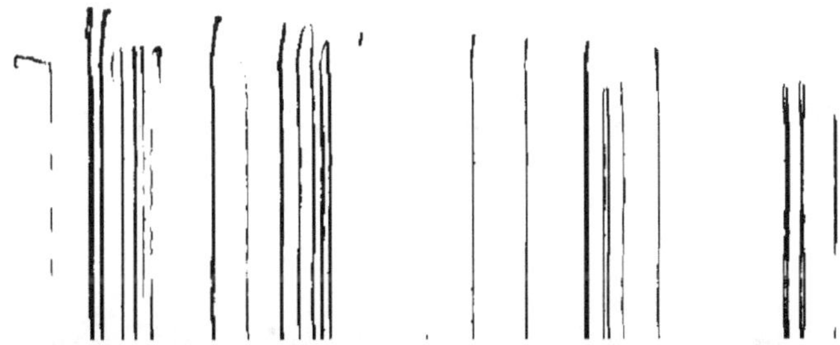

Le 25ᵉ jour de la 1ʳᵉ lune : Fête des greniers et des céréales.

Le 1ᵉʳ jour de la 2ᵉ lune : Fête de *Kouang-Kong*, général et patron de l'association des gardes champêtres ; elle se célèbre aussi le 5ᵉ jour de la 8ᵉ lune.

Le 2ᵉ jour de la 2ᵉ lune : Nativité des Dieux domestiques ou du foyer.

Le 3ᵉ jour : Naissance de *Ouen-tchang-ti-Kiun*, le Dieu des lettrés.

Le 6ᵉ jour : Naissance de *Tong-Hoa-ti-Kiun*.

Le 13ᵉ jour : Naissance de *Hong-ching* (province de Canton) et fête de l'empereur Ouen-Ouang, de la dynastie des Tcheou, patron de la société des fossoyeurs et gardiens des cimetières.

Le 15ᵉ jour : Fête du grand philosophe Lao-tse.

— Avril. Le 19ᵉ jour de la 2ᵉ lune : Nativité de Kouang-yn. Vers cette époque on célèbre aussi une grande fête dans laquelle on renferme le Diable en ville, afin qu'il n'aille point troubler les semailles qui vont commencer après le labour et le hersage.

Le 23ᵉ jour : Commémoraison des morts. Tout le monde va sur les collines pour visiter les tombes de la famille : on arrache les mauvaises herbes qui croissent aux alentours et on offre un repas aux morts au milieu d'un concert de lamentations très-convaincues ; on brûle aussi quantité de papier monnaie.

Le 25ᵉ jour : Naissance de *Hiouen-tien-chang-ty*, le Dieu des enfers.

On fait à ce moment la grande fête du Labourage dans laquelle l'Empereur à Pé-kin et les grands manda-

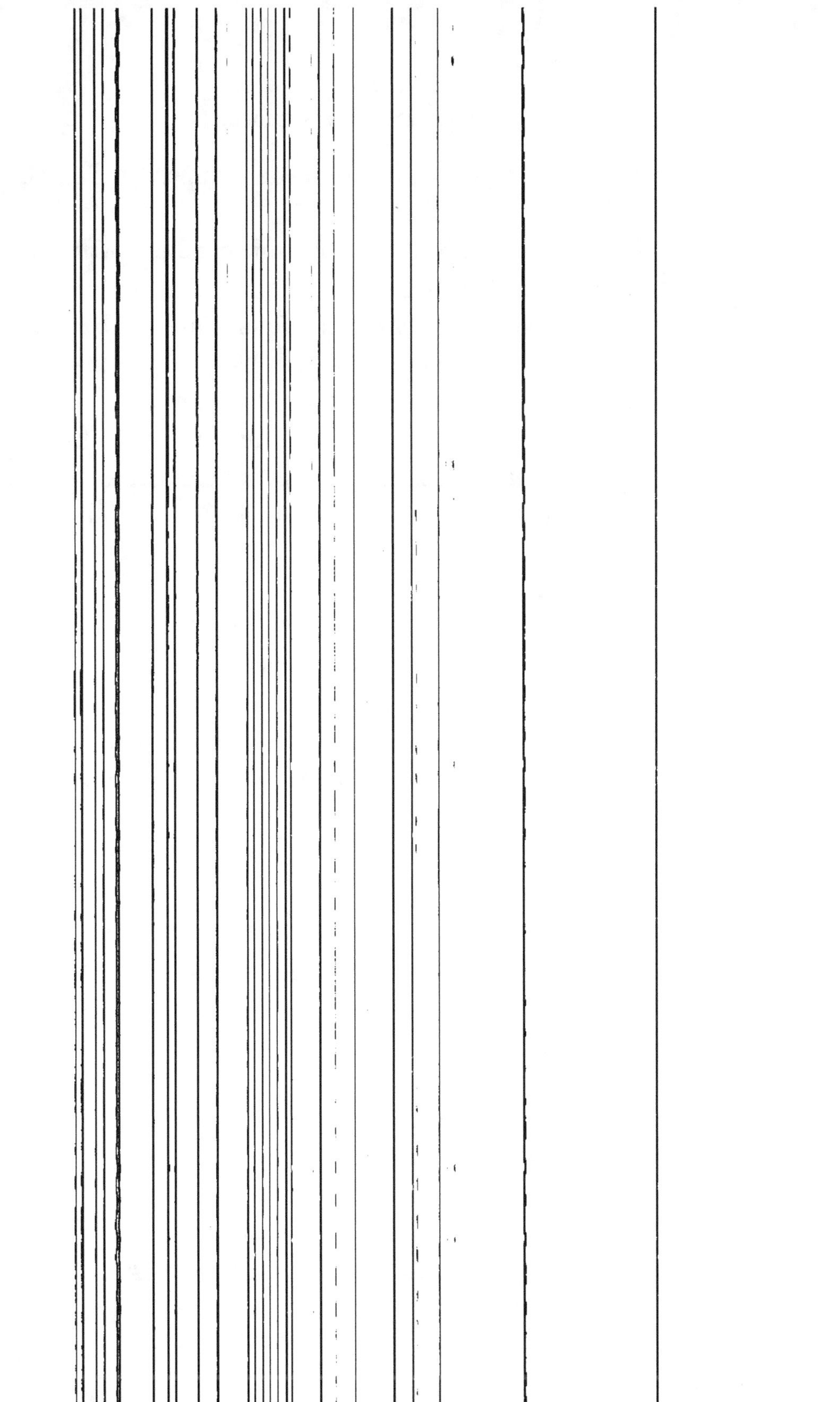

taire des ouvrages de médecine de l'empereur Yen-ti, lequel vivait en 2737 avant J.-C.

Le 5e jour de la 5e lune : Fête du mandarin *Kiu-pin*, protecteur des barques.

On se livre à des joûtes nautiques : on combat sur les fleuves et les rivières avec les barques de dragons *(Long-tchouan)*. Jour de courses et régates.

Le 28e jour de la 5e lune : Fête du bandit *Kieou-ienko*, patron des voleurs en grand et à main armée.

— Juillet. Le 10e jour de la 6e lune : Fête de *Kouang-Tchong*, ministre du roi de Tsi (700 ans av. J.-C.), et patron des marchands de sel.

Le 13e jour de la 6e lune : Fête de *Long-ouan* ou roi des dragons, patron des mariniers. Ce jour-là aussi, fête des menuisiers et des maçons.

Le 16e jour : Naissance de *Ouan-lin*, célèbre ministre.

Le 19e jour : L'Assomption de la Vierge Kouang-yn.

Le 23e jour : Nativité du Dieu du feu.

— Août. Le 1er jour de la 7e lune : Seconde commémoraison des morts.

Le 6e jour de la 7e lune : Fête de *Suen-ou-tse*, ministre de l'empereur Lié-ouang, de la dynastie des Tcheou, et patron des gardes nationales. Ce jour-là aussi fête de *Mong-tchang-Kiun*, voleur et patron des escrocs et des pick-pockets.

Le 13e jour : Fête du mandarin *Si-men-pao*, patron des sociétés de sauvetage, des barquiers et des perruquiers.

Le 14e jour : Fête de *Ti-tsang*, bonze et protecteur des sociétés pour la moralisation de la jeunesse.

Le 22e jour : Fête de *Tsen-fou-tsai-chen*, le Dieu des richesses.

— Septembre. Le 30e jour de la 7e lune : Fête de *Ti-tsan-ouang-chen*.

Le 1er jour de la 8e lune : Fête des moissons. Elle dure jusqu'au 16e jour et la récolte a lieu après : on promène des torches en zigzags dans tous les coins et recoins des rues de la ville et on cherche le Diable pour le chasser ; les quatre portes de la cité sont ouvertes pour qu'il puisse s'échapper plus facilement.

Le 2e jour : Fête des Dieux de l'agriculture.

Le 3e jour : Fête de *Se-min-tsao-Kiun*, qui commande au Dieu du foyer.

Le 5e jour : Fête de *Loui-chen*, le Dieu du tonnerre et fête de Kouang-Kong, patron des gardes champêtres.

— Octobre. Du 1er jour de la 9e lune jusqu'au 9e : Fête des neuf Dieux de la Grande Ourse qui descendent sur la terre.

Le 9e jour : Fête des morts. Visite aux tombeaux : on lance des cerfs-volants.

— Novembre. Le 1er jour de la 10e lune : Fête de *Tong-hoang-ta-ti*.

Le 15e jour : Fête de *Teou-chen-lia-se*, le Dieu de la petite vérole.

Le 27e jour : Fête des Divinités des cinq montagnes sacrées.

— Décembre. Le 1er jour de la 11e lune : Fête du bon larron *Che-min*, patron des veilleurs de nuit.

Le 4e jour de la 11e lune : Naissance de Kong-tse, le premier et le plus grand des Saints. Tous les mandarins et les lettrés lui font le sacrifice solennel dans sa pagode particulière.

Le 17ᵉ jour : Fête du Bouddha vivant qui habite le Thibet ou *Zi-zang*.

Et on pourrait ajouter une foule de divinités particulières et dire pour ce nouveau martyrologe : *Et alibi aliorum plurimorum diabolorum* . . . .

XI

MANDARINS ET MISSIONNAIRES.

Ho-pao-tchang pendant les vacances de Pâques. — Un mot sur-
l'armée chinoise. — Une visite au mandarin-préfet de Ta-
tsiou. — Placards malveillants. — Hiérarchie civile et militaire. — Comment on devient martyr. — La salle des Martyrs au séminaire des Missions-Étrangères de Paris. — Coup
d'œil sur l'histoire du christianisme et des persécutions au
Se-Tchouan. — Lettre du vénérable Yuen. — Le mandarin,
le mauvais riche et Lazare. — Conclusion.

Ho-pao-tchang, 15 avril.

J'ai visité les chrétiens de Long-chouy-tchen pour la
seconde fois. Beaucoup ont pu faire leurs pâques dans
le temps pascal, ce qui est rare ; du reste, il ne faudrait
pas juger les choses ici comme on les juge en Europe.
Ainsi, on fait ses pâques quand on le peut, en Chine ;
on ne jeûne que les six vendredis de carême, et nous
permettons aux amis de la religion, *kiao-yeou* (chrétiens), de travailler le dimanche à partir de midi, excepté les quatre grandes fêtes de l'année, *Se-ta-tchan-
ly*, Pâques, la Pentecôte, l'Assomption et Noël. Le perpétuel contact de nos gens avec les païens demande

15.

ces tolérances, sanctionnées par Rome, comme il est juste.

Fatigué et un peu malade, je suis venu prendre les vacances de Pâques à Ho-pao-tchang. La route est belle pour venir de Long-chouy-tchen jusqu'ici ; en sortant de chez moi par mon jardin, je m'installe avec mon palanquin dans une barque et je fais un bout de chemin par eau ; les porteurs me prennent ensuite sur leurs épaules un moment, pour me réintégrer dans un autre bateau, sur une autre rivière non loin de là, et ce voyage est fort agréable, car les bords de l'eau sont excessivement pittoresques ; la rive est presque toujours couverte par des massifs de bambous au milieu desquels s'élève çà et là une pagode champêtre: si j'aborde à l'escalier du temple, le bonze ne manquera pas de m'apporter une tasse de thé et le calumet de l'amitié avec de grandes marques de respect ; je mets aussi souvent pied à terre et je suis la rive en devisant avec mes gens ; arrivé à un gros marché, où s'élève sur la rivière un joli pont bordé de boutiques des deux côtés et qu'on dirait placé là comme exprès, pour embellir le paysage, je reprends la route de terre et suis bientôt rendu à destination. Nous avons ici plusieurs fermes appartenant à des familles aisées ; il y a *la vieille maison, Lao-fang-tsé, la nouvelle maison, Sin-fang-tsé,* et d'autres ; on n'a que l'embarras du choix. Dans la grande et luxueuse maison du riche et puissant Tang-tao-pin, on est bien, et il y fait bon surtout quand on n'est point seul et qu'on a la compagnie de quelques confrères. Ils sont deux ici, le P. Tchan, qui vient d'y faire la visite, et le P. G..., qui m'arrive

de Tong-leang, et que j'ai prié d'officier pour les cérémonies de la Semaine-Sainte ; j'en étais absolument in-
capable, surtout le jour du Samedi-Saint. Tang-tao-pin,
le maître de céans, commande aux gardes nationales du
pays : ces gardes nationales sont fort bien organisées,
possèdent des armes très-passables, canons et fusils, et
des chefs déterminés. Leur courage et leur valeur se sont
affirmés en plusieurs circonstances ; notamment dans les
dernières invasions de rebelles, ces troupes-là valaient
mieux que les armées impériales. C'est qu'il s'agissait
de combattre pour leurs foyers, *pro aris et focis* ; tandis
que les impériaux sont des mercenaires mal orga-
nisés, mal payés et commandés par des mandarins militaires qui ne valent pas les mandarins civils, très-
certainement. Ce jugement s'applique au gros de l'armée
chinoise et non aux troupes tartares, et surtout aux
troupes d'élite équipées à peu près à l'européenne et qui
pourraient entrer en ligne avec des adversaires sérieux,
à un moment donné. Les Chinois ont beaucoup appris
depuis leurs guerres avec nous et il ne faut pas oublier
qu'ils possèdent des arsenaux et des instructeurs (1). Le

1. Les journaux d'Indo-Chine ont publié dernièrement un
mémoire assez étendu du colonel Gordon sur les forces militaires et les ressources de la Chine :
Cet empire, dit le colonel, possède une organisation militaire
qui fonctionne depuis longtemps et une discipline militaire
adaptée à l'esprit de ce peuple, et qu'il ne faut pas modifier.
La Chine, est supérieure aux autres puissances par le nombre.
Les Chinois sont insensibles aux fatigues. Qu'on les arme de
fusils se chargeant par la culasse, qu'on leur apprenne à s'en
servir et à en avoir soin, c'est tout ce qu'il faut pour l'infan-
terie chinoise. Des fusils se chargeant par la culasse et portant
à environ mille mètres sont suffisants. Il serait inutile de
dépenser de l'argent pour des fusils se chargeant par la culasse,
perfectionnés et portant plus loin.

P. G... est un gaillard déterminé, un vrai soldat, lui.
On ne se lasse pas d'écouter ses histoires et ses aventures. Il a habité le pays de Yeou-yang pendant les

Il faudrait plus de temps pour apprendre au Chinois à se servir d'armes à plus longue portée que la chose n'en vaudrait la peine ; et d'ailleurs, il est probable que, s'ils étaient obligés de s'en servir dans un moment de confusion, ils oublieraient ce qu'ils auraient appris. La force de la Chine, dit le colonel Gordon, est dans le nombre de ses troupes, dans la rapidité de leurs mouvements, dans le peu de bagages qu'elles emportent et dans l'exiguïté de leurs besoins. On sait que des hommes armés d'un sabre et d'une pique peuvent vaincre les meilleures troupes régulières armées des meilleurs fusils se chargeant par la culasse et bien instruites sous tous les rapports, lorsque le terrain est difficile et que les hommes armés de piques et de sabres l'emportent en nombre sur leurs ennemis, dans la proportion de six contre un.

Si cela est vrai pour des hommes armés seulement de sabres et de piques, cela est d'autant plus vrai pour des hommes armés de fusils ordinaires se chargeant par la culasse. Les Chinois ne devront jamais s'engager dans des batailles rangées. Leur force consiste en des mouvements rapides, à couper les trains de bagages, en des attaques de nuit, à fatiguer l'ennemi. Il ne faudrait pas que les troupes chinoises fussent accompagnées d'artillerie ; celle-ci ralentit et enraie leurs mouvements.

Les Chinois, qui ont l'habitude de construire des ouvrages en terre, doivent continuer ce système et étudier le procédé de faire des tranchées pour l'attaque des villes. Ils doivent se procurer un petit nombre de pièces de remparts de petits calibres, mais à longue portée.

Le colonel Gordon ajoute que les Chinois ne doivent pas se servir des torpilles dont le maniement est très difficile.

Les plus simples torpilles sont les meilleures, et leur utilité consiste dans le nombre. La Chine peut les répandre au hasard, car si l'une d'entre elles vient à s'égarer et à faire sauter une jonque chinoise, l'équipage de la jonque sera très heureux de mourir pour le pays.

Si les torpilles ne sont placées qu'à certains endroits, l'ennemi sait qu'il a à veiller ; lorsqu'il se trouvera des torpilles partout, il ne peut jamais compter pouvoir échapper.

Quant à la flotte chinoise, de petits navires rapides avec peu de tirant d'eau et munis d'une cuirasse légère sont préférables.

La Chine est forte dans les baies et non en pleine mer. Le mémoire conclut en disant qu'aucune des recommandations qu'il renferme n'exige de changement dans les habitudes des Chinois.

Un homme du Se-Tchouan

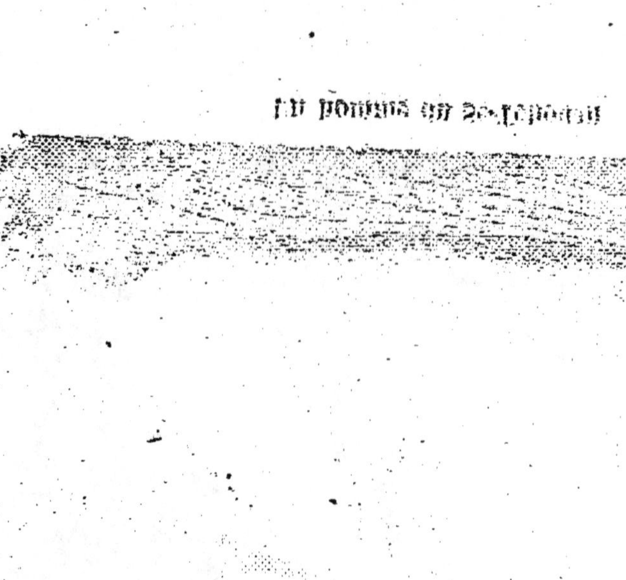

Un homme au Scriptorium

troubles suscités par le fameux *Chang* de 1865 à 1868 ;
notre missionnaire nous raconte, comment alors tout le
pays était en armes; les familles entretenaient des hommes
armés à leur compte, pour leur défense, et lui-même s'était
alors retiré dans la forteresse de *Ho-che-ia* où il soutenait un siège en règle contre les rebelles. Curieux
pays que cette contrée de Yeou-yang, au physique
comme au moral! Il paraît qu'elle a une constitution géo-
logique toute particulière : elle est pleine de grottes et de
cavernes ; des cours d'eau et des rizières surgissent çà
et là et disparaissent dans des abîmes, de la façon la
plus inattendue ; les accidents de terrain sont nombreux
et le caractère des habitants est aussi tourmenté que le
sol qui les vit naître : la discorde et la guerre y sont à
l'ordre du jour ; les mœurs sont farouches et sauvages ;
les paysans arrivent au marché avec de longs coutelas
suspendus à la ceinture et les missionnaires vont et
viennent au milieu de tout cela exposés à mille dangers;
mais admirez ici le doigt de Dieu : le bien se fait,
l'Évangile est prêché, le nom de Jésus-Christ est connu,
le sang des martyrs a fait germer la semence chrétienne,
et il y a à Yeou-yang et à Pen-choui le district voisin
7 à 8000 adorateurs du vrai Dieu.

Vous ai-je raconté ma visite au préfet de Ta-tsiou ?
Je ne le crois pas, et je veux vous narrer la chose tout
au long: J'étais à Ma-pao-tchang ; les fêtes de Noël ter-
minées, on vint m'y trouver et m'apporter de Ta-tsiou
une pancarte arrachée aux murs de la ville où les païens
l'avaient collée ; je me suis fait expliquer les caractères
et j'ai été tout surpris de voir que le placard contenait

toute une série d'injures à l'adresse des missionnaires et des chrétiens.

J'ai, au chef-lieu de la sous-préfecture, quarante à cinquante chrétiens, dont une quinzaine baptisés ; le jour de Noël, ils ont voulu célébrer la fête et user du droit qu'a tout Chinois de tirer des pétards à l'occasion d'une solennité publique ou privée. Jusqu'ici tout était très-bien ; mais quelques païens ont mal pris la chose et ont affiché le fameux placard où il était dit « que seuls entre tous, les chrétiens n'obéissent point aux ordres des mandarins, que les Européens ne reconnaissent point l'autorité impériale, et qu'ils n'ont ni respect ni affection pour les ancêtres, puisqu'on les voit quitter leur famille et leur patrie pour aller, dans les pays étrangers et lointains, y semer des doctrines perverses et subversives » ; le placard affirmait en outre que « les auteurs méprisaient complétement les hommes d'Occident, et ne craignaient point les différends et les procès que ceux-ci pourraient susciter, sûrs d'avoir gain de cause ». Suivaient enfin des obscénités révoltantes et des injures à l'adresse de l'évêque, des missionnaires et des chrétiens. Puis, point de nom, point de signature (1).

1. Autre placard caractéristique que je cite pour donner une idée du genre ; tout en faisant remarquer qu'il n'a pas été affiché par l'ordre du préfet, bien évidemment :

« Mille fois maudits soient ce mâle et cette femelle indignes de l'espèce humaine ! Pourquoi vouloir ainsi se métamorphoser en bêtes ? La partie antérieure de leurs corps est certainement de race européenne, et c'est en entrant en Chine qu'elle a pris une forme humaine ; mais, revienne l'air natal, ses premiers traits reparaîtront bientôt. Ils n'adorent ni le ciel ni la terre, et ne gardent aucun souvenir des ancêtres. Leurs femmes et leurs filles sont à qui les veut corrompre, et c'est ainsi que ces

Mon vicaire chinois était à une journée de Ma-pao-tchang ; je le mande immédiatement afin de faire le *chang-leang*, (afin de nous concerter), et pour avoir recours à son aide et à ses lumières et lui confier la parole dans le cas d'une visite au mandarin-préfet. Il arrive, et j'apprends en même temps que les chrétiens de la ville ont mis la main sur deux lettrés de l'endroit auteurs du méfait et qu'ils les tiennent séquestrés en attendant mes ordres.

D'après les conseils du P. Tchan, j'envoyai des chrétiens habiles à Ta-tsiou afin de tenter un accord entre eux et les païens, et statuer sur la punition des coupables ; on ne put arriver à rien.

La ville est à quarante ly : nous partons, mon vicaire et moi ; nous arrivons le soir, au milieu d'un nombreux

démons impurs, dignes émules des chiens, n'enfantent que des bâtards de race barbare. On les distingue par la peau, le poil et les cornes, et, quand ils le voudraient, jamais ils ne pourront laisser l'espèce brute pour appartenir au genre humain. »

La caricature placée au dessous s'adresse aux chrétiens en général. Un homme affublé d'une peau de bœuf ; une femme affublée d'une peau de chien ; un enfant au dos de tortue, c'est-à-dire un bâtard ; voilà, selon les païens chinois la famille chrétienne. Ce qui suit maintenant est pour les missionnaires :

« Maudits soient ces Européens, ces chiens de missionnaires ou ces gouverneurs de chiens qui viennent prêcher une religion barbare et détruire la sainte sagesse, qui profanent et diffament le Saint Confucius, bien qu'ils n'aient pas même étudié la première page d'un livre. Le ciel ne peut plus plus les tolérer, et la terre refuse de les porter ; frappons, envoyons-les méditer éternellement au fond des enfers. Qu'on leur coupe la langue, parce qu'ils séduisent la foule par leurs mensonges, et que leur hypocrisie a mille moyens d'arracher les cœurs. Qu'ils ne pensent pas que toute ma dynastie soit faible et timide, moi *Tsio*, j'ai la force et le courage ; les peines que j'inflige sont terribles. La mort ne suffit pas pour punir leurs crimes ; qui peut en gémir assez ? Jetons leurs cadavres dans le désert, et qu'ils deviennent la pâture des chiens. »

concours de peuple qui, averti de notre voyage, se presse pour nous regarder, et le lendemain matin, nous demandons à voir le sous-préfet, *tche-chien*, en envoyant notre carte au prétoire, une belle feuille de papier rouge avec trois caractères magnifiquement imprimés en noir : par exemple *Tong-chao-tchang*, qui est le nom de votre serviteur (1). Quand on fait une visite, on envoie toujours sa carte à l'avance. Il faut vous dire aussi que chaque mandarin-préfet a les attributions les plus étendues dans son district, droit de vie et de mort ; c'est un empereur au petit pied, aussi difficile à voir dans l'intérieur de son tribunal qu'un souverain d'Europe dans l'enceinte de son palais.

Les dix-huit provinces sont gouvernées chacune par un vice-roi et deux commissaires principaux, qui ont sous leurs ordres tous les préfets des villes *fou* et *tcheou* et tous les sous-préfets des *hien ;* ceux-ci sont chargés spécialement de l'administration des districts et ils doivent rendre la justice au peuple. Ils sont juges d'instruction, présidents des tribunaux de police correctionnelle, de première instance, des tribunaux de commerce et des assises. Des commissaires spéciaux sont préposés aux impôts et à la gabelle. Dans chaque ville aussi on trouve

---

1. *Tong* était mon nom de famille, mon *sin ; Chao-tchang* était le *min-tse* ou prénom qui devait me distinguer de la foule des *Tong* qui m'environnaient. Il n'est pas rare de trouver dans la même localité vingt familles différentes qui portent le même nom ; et je ne parle pas des grandes villes, mais des marchés et des bourgades. Quelquefois on désigne seulement quelqu'un avec son nom de famille et un *nombre* selon l'âge et la naissance des enfants d'un même père. Ex.: *Tong-enl-ko, Tong-san-ko*, ce qui veut dire Tong le second et le troisième fils.

un mandarin militaire et un mandarin des lettrés qui est plus ou moins important, selon le rang et l'importance de la ville. Tous les fonctionnaires civils sont pris parmi les lettrés et ils doivent avoir passé au moins les examens du premier degré (*sieou-tsay*), qui correspond à notre baccalauréat. Ces examens roulent principalement sur la littérature et l'histoire.

Un directeur de l'enseignement fait chaque année passer les examens aux étudiants, ou *tong-sen*, dans les différentes préfectures, et confère le premier degré au palais des examens. Le second degré est celui de licencié, ou *kiu-jen* ; le troisième celui de docteur, ou *han-lin* (forêt de pinceaux). Un *han-lin* vient de *Pé-kin*, tous les ans, dans les provinces pour conférer le second degré, et ceux qui l'ont obtenu, pour être reçus docteurs, sont obligés d'aller passer leurs examens à Pé-kin. C'est à Pé-kin que sont les hautes cours ou ministères groupés autour de l'Empereur, qui jouit du pouvoir suprême et prend le nom de Fils du Ciel.

Invisible pour la plupart de ses sujets, son autorité est incontestable et son prestige est immense ; Sa Majesté cachée sait se faire obéir et respecter, grâce au caractère des Chinois, qui les porte peu à faire de la politique d'opposition. Je n'ai jamais entendu parler politique depuis mon arrivée en Chine, et j'ai toujours entendu parler de la personne de l'Empereur et des mandarins avec la plus profonde vénération, même et surtout chez nos chrétiens, à qui nous apprenons à respecter les lois, comme il est juste et raisonnable de le faire dans tout ce qui n'est point contraire à notre sainte religion (1). Les officiers militaires passent aussi des examens pour arriver à leurs grades, mais les examens ne consistent qu'en des exercices purement physiques et matériels.

Tous les mandarins, civils ou militaires, sont divisés en neuf classes, que l'on distingue au moyen des globules qui se vissent au-dessus du chapeau de cérémonie. La première classe porte le globule de corail rouge uni ; la seconde, le globule de corail rouge ciselé ; la troisième, le globule en pierre bleu clair ; la quatrième, le globule en pierre bleu foncé ; la cinquième, le globule de cristal ; la sixième, le globule en pierre blanche ; les septième, huitième et neuvième, le globule de cuivre doré. Le mot mandarin vient du mot portugais *mandar*, qui vient lui-même du latin *mandare, mandatum,* qui veut dire ordonner, commander. Le

---

1. Il y a quelques sociétés secrètes en Chine: sociétés du Nenuphar blanc, *Pé-lin-kiao* ; de la Lampe rouge, *Hong-ten-kiao*, etc.; ceux qui les composent forment seuls le parti des mécontents. Nous nous gardons bien d'avoir jamais la moindre relation d'amitié avec ces gens-là que le Gouvernement poursuit et punit rigoureusement.

Pourtant il faut dire que ces francs-maçons chinois diffèrent de nos francs-maçons européens et de nos affiliés aux loges en ce que ceux-ci poursuivent un double but : la destruction des pouvoirs établis dans l'ordre religieux et dans l'ordre civil, tandis que ceux-là, s'ils en veulent au Gouvernement, ils ne s'attaquent pas du tout à la religion. Bien plus, nous faisons parfois de nombreux néophytes parmi les membres des sociétés secrètes et un de mes amis, missionnaire au Se-Tchouan, m'écrivait encore l'année dernière : « Je viens de baptiser à M... 250 néophytes qui auparavant sans exception appartenaient tous à la société dite *Hong-ten-kiao*, secte de la Lampe rouge. » Il est vrai qu'il ajoutait: « Vous dire que j'ai eu à batailler, que je bataille et bataillerai encore, c'est inutile; pour obtenir un pareil résultat, c'est nécessaire. Pour ces 250 bons ou passables, que de paille ! j'en ai éliminé plus de mille ; de la pure canaille. »

mot de mandarin est inconnu des Chinois, comme, du reste, les mots *Chine* et *Chinois* ; ils appellent leur pays l'*Empire du Milieu* — *Tchong-Koué* — et se disent hommes de l'Empire du Milieu — *Tchong-Koué jen.* La Chine autrefois était divisée en plusieurs royaumes ; celui qui était au centre vint à subjuguer tous les autres, et tout l'Empire s'appela du nom du royaume vainqueur. Telle est l'étymologie du mot *Tchong-Koué.*

Je reviens à mon histoire : nous avions d'abord envoyé une carte au mandarin militaire. Celui-ci, ami de l'évêque et des Européens, nous avait immédiatement renvoyé la sienne en nous priant de l'excuser s'il ne venait point nous rendre visite ; il donnait pour raison qu'il craignait la populace. Je dirai cependant à son honneur que j'ai su peu après qu'il était allé voir le préfet, pour lui parler en notre faveur. Nous avions fait demander à celui-ci une audience au tribunal ; on nous répondit que le mandarin était malade et qu'il ne pouvait nous recevoir.

Il fallait à tout prix sortir de là ; rétrograder eût été nous exposer à des mésaventures, peut-être à des dangers ; la ville entière était dans l'attente et voulait voir si nous *perdrions la face*, oui ou non ; je prends une grande résolution et je prie le P. Tchan de monter dans son palanquin ; le mien prend les devants, et, en grande pompe, nous voilà partis pour le prétoire ; sur la place qui le précède, nous apercevons une foule énorme, et nous trouvons les portes fermées. Je fais venir le gardien de la porte et lui en demande l'ouverture ; on me répond que le préfet est indisposé ; je réplique « que je le sais déjà, que je ne jouis pas moi-même d'une brillante santé, que j'ai des affaires de la plus haute importance à traiter avec le Père et la Mère du peuple » ; en conséquence, je somme d'ouvrir les portes du tribunal.

J'entends qu'on parlemente encore, et après avoir attendu quelques minutes, suspendus sur les épaules de nos porteurs, nous voyons enfin les portes s'ouvrir. On nous fait traverser plusieurs cours et deux ou trois grandes pièces ; nous mettons pied à terre, et, passant par un petit jardinet, au milieu de la *ma-kouai* (satellites, *chevaux rapides*), nous sommes introduits dans un salon intérieur orné de quelques tablettes en satin suspendues aux murailles, meublé d'un divan et de quelques chaises. Les parents et les familiers du préfet envahissent l'appartement, mais pourtant se tiennent à une distance respectueuse. Derrière un treillis de bambous qui sépare notre petit salon de la pièce voisine, on peut entrevoir des têtes de femmes avides de contempler l'Européen. Celui-ci ne doit point offrir à leurs regards quelque chose de bien extraordinaire ; il est habillé comme tout le monde ; de larges lunettes couvrent la moitié de sa figure, jaunie déjà par un séjour de plus d'un an dans l'Empire du Milieu ; il échange quelques mots avec son compagnon, moitié en latin, moitié en chinois, à propos des inscriptions tracées sur les murs, et il doit paraître bien savant, quoiqu'il ne le soit guère.

Le mandarin arrive ; c'est un homme d'âge moyen, à la figure pleine de finesse et de distinction ; un globule de cristal surmonte son chapeau de cérémonie, un collier d'ambre pend à son cou ; il roule ce collier entre ses doigts ; à sa mine et à sa démarche chancelante, je comprends qu'il est vraiment souffrant ; aussi, quand il nous a invités à prendre place et à boire le thé, et après les saluts prescrits par les rites, je me hâte de lui dire du fond du cœur : « Grand homme, mon frère, je sais que tu es malade et je te prie de recevoir mes excuses, si je suis pour toi une cause de trouble et de dérangement ; mais j'ai une affaire grave, *yeou-se*, une injure à la religion du Seigneur du ciel, à l'évêque et aux missionnaires ; il faut absolument te soumettre cela aujourd'hui, car les Cent Familles ont les yeux sur nous ; écoute bien mon vicaire, qui est de la nation centrale, et qui va te parler clairement, (*cho min pe, cho te hao*), et prends une décision. »

Le P. Tchan commence son récit, interrompu souvent par le préfet, qui lui dit : « Je les ferai battre, je les ferai battre ! excite le grand homme d'Occident à la joie et à la paix du cœur ; dis-lui qu'il ne s'attriste pas, dis-lui bien surtout qu'il ne prenne pas la peine de descendre à Tchong-Kin pour porter l'affaire au mandarin supérieur » *Kiuen-ta-pou-guéou-ky ; pou-hia-fou-kao ; ta-pou-houy-tao-tay.*

Quand le P. Tchan eut terminé son récit, le mandarin l'assura que justice prompte et sévère nous serait rendue ; j'ajoutai alors : « J'ai vu, l'an passé, tes frères les mandarins dans notre grand royaume de France ; nous les avons bien reçus ; nous les avons entourés d'honneurs et ils ont été comblés de prévenances ; pourtant malgré cela, grand vieux monsieur, tu le vois, on trouve par ici des hommes de rien, qui n'ont pas l'intelligence des vertus sociales, et qui osent jeter l'insulte sur les docteurs et les prêtres des pays occidentaux : ceci est intolérable, tu le comprends ; cependant je vois que tu agis selon la justice et la droiture ; j'en suis dans les délices, daigne donc ac cepter cette gravure, qui représente une bataille où, pendant la dernière guerre, nous autres *Fa-lan-si*, nous avons combattu les armées du royaume de *Pou-lo*. »

Un de mes chrétiens s'avance alors, et faisant la grande salutation par trois fois devant son supérieur, lui remet sur un plateau de laque, enveloppée dans un beau papier rouge, une gravure qui représente la charge des cuirassiers de Reichshoffen. Le préfet la reçoit tout joyeux, et sans souci des rites et du cérémonial, toute sa famille et ses secrétaires se précipitent pour voir mon cadeau et admirer l'effet des obus tombant sur les casques et les cuirasses de nos pauvres soldats.

Nous nous levons ensuite, nous allons jusqu'à la porte. Nous le saluons encore une fois en portant la main à la hauteur du front, et en disant : « *Kong-hy-fa-* « *tsay* ; que la paix, le contentement, la richesse soient « avec toi. » Nous le prions de ne pas nous suivre jusqu'à l'entrée du tribunal, puisque sa noble et illustre maladie s'oppose à ce devoir de politesse. Il se confond en remercîments, rentre déposer son globule de cristal et son collier, tandis que nous, la tête haute et d'un pas

majestueux, nous retournons à nos palanquins en présence des Cent Familles, émerveillées du succès de notre
démarche. Le préfet nous envoya immédiatement après
sa carte par un satellite du *ya-men* et les païens se tinrent
cois en voyant que nous avions été aussi bien reçus.
Le lendemain les coupables furent jugés et bâtonnés,
malgré ma prière de les épargner.

Deux jours après, je faisais un petit voyage à trente ly
de là, et en revenant à *Ma-pao-tehang*, les chrétiens
des stations où je passais m'annonçaient tous avec une
grande joie qu'un édit venait d'être affiché dans tous
les marchés, édit ainsi conçu : « Depuis longtemps, les
« docteurs européens prêchent la religion du Seigneur
« du ciel sans exciter de troubles ; c'est un fait notoire ;
« vous donc, peuples, ne faites rien contre cette reli-
« gion et ses adorateurs, parce que telle est la loi et
« mon ordonnance ; que si quelqu'un de vous l'enfreint,
« il sera puni de graves châtiments ; que chacun
« tremble et obéisse. »

Telle est mon histoire, *Tsieou-che ;* mais représentez-
vous le missionnaire au milieu de cette foule toujours
plus ou moins hostile quand elle est réunie en grandes
masses, le mandarin refusant d'ouvrir les portes de son
tribunal. Des cris, des injures se font entendre, bientôt
quelques misérables comme on en trouve partout pro-
fèrent des menaces, on en vient de là aux cris de mort
et on passe aux voies de fait. Personne ne voudra
défendre l'Européen exposé, et tous rapetisseront leur
cœur selon l'expression chinoise pour laisser faire une
douzaine de bandits ; le palanquin est mis en pièces,

les étrangers sont assommés, et voilà comment le missionnaire devient martyr.

En parcourant une des rues les plus populeuses de
Paris, dans le noble faubourg, il vous est arrivé quelquefois de pénétrer dans cette humble maison que je
connais si bien et où l'on forme à la science et à la piété
les jeunes gens qui sont envoyés chaque année dans ces
contrées lointaines de l'extrême Orient pour y évangéliser
les pauvres idolâtres. Là, en entrant vous avez pu voir
une salle justement nommée ; la salle des Martyrs ! Ah !
je le connais bien ce béni sanctuaire pour en avoir
eu la garde pendant des mois, et à mon retour à Paris en
juin 1871 pour y avoir replacé de mes propres mains
chaque meuble, chaque objet enlevés dans des jours de
trouble : un tapis rouge en couvre le sol, des rideaux
écarlates n'y laissent pénétrer qu'un jour sanglant ; sur
des gradins on a déposé des caisses de couleur sombre ;
dans ces caisses aux formes étranges dorment les ossements des jeunes gens qui sont tombés ici même, fleurs
coupées dès le matin pour embaumer le ciel ; ils ont
supporté les moqueries et les fouets, les chaînes et les
cachots ; ils ont été lapidés, sciés, éprouvés ; ils sont
morts par le tranchant du glaive ! « *Ludibria et verbera
experti, insuper et vincula et carceres, lapidati sunt,
secti sunt, tentati sunt, in occisione gladii mortui
sunt* (1). » Le long des murs on peut voir des vitrines
où sont conservés les instruments de leurs supplices,
leurs vêtements déchirés par le sabre ou le bâton ; ceux

____

1 Saint Paul aux Hébreux, ix, 36, 37.

qui sont là, sans doute, n'ont point encore été proclamés saints, mais ils sont sur le point de l'être, et autant qu'on peut le dire, ils sont dignes de l'être ; aussi, tous les jours à certaines heures, la foule pieuse vient contempler ce qui reste d'eux et prendre une leçon de force et de courage si nécessaire, n'est-ce pas ? dans les temps où nous vivons.

A côté d'eux reposent aussi les reliques des pieux indigènes, prêtres et laïques de toutes conditions, soldats, laboureurs, veuves dévouées et vierges timides que les missionnaires avaient convertis et qui les avaient aidés et suivis pendant la vie et jusqu'à la mort ; souvent, on ne les a point séparés et on a respecté l'union intime du disciple et du maître. « Aimables et beaux pendant leur vie, ils ne furent point séparés au jour de la mort (1). »

Oui ils sont morts ! et dans d'horribles souffrances ; pour s'en convaincre, il suffit de lire le récit de leurs derniers moments, récit qui nous a toujours été fidèlement transmis par une main amie ou même par les actes et les écrits des greffiers des tribunaux du pays, car ils ne mouraient pas isolés et dans les ténèbres, ces héros ! Non ! ils tombaient à la face du ciel et de la terre, entourés par un peuple immense, par une foule presque toujours sympathique et respectueuse, et quand le martyre était consommé on se précipitait sur leurs saintes dépouilles, on s'arrachait leurs vêtements, on trempait

---

1. Relation du martyre de Mgr Jaccard et de Thomas Thien, mis à mort le 21 septembre 1838. — Cochinchine.

des linges et des étoffes dans leur sang précieux, et maintes fois j'ai tenu dans mes mains indignes ces glorieuses marques du combat !

Les uns, comme le Vénérable Marchand dont le nom est connu jusque dans la chaumière du dernier village chrétien, ont enduré l'affreux supplice des cent plaies ; les autres, comme MM. Chapdelaine et Delamotte, furent souffletés cent fois avec la meurtrière semelle de cuir dont un seul coup suffit pour mettre en sang toute la mâchoire, et reçurent en un seul jour jusqu'à trois cents coups de rôtin ; d'autres encore comme les martyrs de Corée de 1866, supportèrent la torture qui consiste à courber et à casser les os des bras et des jambes, après avoir été enfermés pendant de longues semaines dans une cage dure et étroite, ou après avoir porté sur leurs épaules pendant plusieurs mois une lourde cangue ou table de bois.

Et comment supportaient-ils ces supplices qui nous font frémir d'horreur ? On ne les voyait jamais se plaindre, ils riaient même au milieu des tortures : parfois, comme M. Chapdelaine du Kouang-si, après la bastonnade on les ramène au cachot insensibles et à demi-morts, mais à peine y sont-ils qu'ils se relèvent d'eux-mêmes et par une protection de Dieu vraiment miraculeuse se mettent à se promener comme ils l'eussent fait en pleine santé. Parfois, comme M. Vénard du Tong-King, ils s'écriaient :

> Bientôt, bientôt tout le sang de mes veines
> Sera versé ; mes pieds, ces pieds si beaux (1)
> Ah ! quel bonheur ! ils sont chargés de chaînes ;
> Près de moi je vois les bourreaux !

ou ils écrivaient, comme lui encore, ces lignes où éclatent le bonheur et la joie en même temps que les sentiments de la plus grande délicatesse et de la poésie la plus touchante :

« Quand ma tête tombera sous la hache du bourreau, ô Mère Immaculée, recevez votre petit serviteur, comme la grappe de raisin mûr tombée sous le tranchant, comme la rose épanouie cueillie en votre honneur !....

« J'ai rencontré ici peu de mépris, beaucoup de sympathie ; les gens de la maison du grand mandarin sont charmants. Je n'aurai qu'à incliner humblement la tête sous la hache et aussitôt je me trouverai en présence du Seigneur Jésus, en disant : Me voici, Seigneur, voici votre martyr. Je présenterai ma palme à Notre Dame et je lui dirai : Salut Marie, ô Mère, ô Maîtresse, ô Reine, salut ! et je prendrai rang sous la bannière des tués pour le nom de Jésus et j'entonnerai l'Hosanna éternel ! Amen ! »

Oui, il faut lire les lettres de ces généreux et courageux confesseurs pour les bien connaître et comprendre la grandeur de leur œuvre, la sublimité du but où ils tendent et de la fin qu'ils ont en vue. Ce but, cette fin, c'est de procurer le salut aux pauvres idolâtres.

Les documents historiques que l'on possède font sup-

____

1. « *Quam speciosi pedes evangelizantium pacem !* — Chant des martyrs, de Gounod.

poser que vers le Ve siècle déjà, des apôtres zélés parvinrent jusqu'en Chine et s'y mirent aussitôt à prêcher la religion avec de grands fruits ; l'inscription fameuse de *Sin-gan fou* parle des nombreuses églises élevées au VIIIe siècle sur le territoire du royaume de *Cathay*, du prêtre *Olopen* chèf de la religion chrétienne et du célèbre ministre chrétien *Kouo-tse-y*, fort en faveur tous deux à la cour des empereurs.

Cette inscription de Sin-gan-fou était gravée sur une pierre en caractère syriaques formant quatre-vingt-dix lignes et elle fut trouvée en 1625, par des ouvriers qui creusaient les fondements d'une maison. Elle donnait un abrégé de la doctrine apportée par ce prêtre nommé Olopen, et qui affirmait que Dieu créa le ciel et la terre et que Satan ayant séduit le premier homme, Dieu envoya le Messie pour délivrer l'humanité du péché originel, lequel Messie naquit d'une vierge dans le pays du *Ta-tsin* et fut adoré par des Persans, afin que la loi et la prédiction fussent accomplis.

Voilà donc les Chinois qui connaissent la rédemption accomplie comme ils connaissaient du reste la rédemption future et le lieu où ses anciens sages plaçaient le Messie. « Moi, Kieou (petit), disait Confucius, j'ai entendu dire que dans les contrées occidentales, il y avait un saint homme » et l'idée d'une vierge mère du saint revient fréquemment dans les livres sacrés de la Chine : Le Chi-Kin chante l'histoire d'une Vierge mère. « Elle offrit sa prière et son sacrifice pour que le Désiré vînt, et pendant qu'elle était remplie de cette grande pensée, le souverain Seigneur l'exauça, et dans le moment et le lieu même, elle sentit ses entrailles s'ébranler et fut pénétrée d'un respectueux frémissement. Elle conçut ainsi un enfant lorsque le temps fut venu, son premier né, comme un tendre agneau, sans lésion, sans effort, sans douleur et sans tache ; merveille céleste! Mais le Seigneur n'a qu'à vouloir. La tendre mère l'enfanta dans une cabane près du chemin ; des bœufs, des agneaux le réchauffèrent de leur haleine, et les habitants du bocage accoururent malgré la rigueur du froid...... » Il est probable que les hommes apostoliques qui arrivèrent dans ces pays, à différentes époques, en y apportant une doctrine et des récits en si parfaite corrélation avec ce qui précède, durent être bien reçus et accueillis avec joie même, par ces populations simples et droites.

Au IXe siècle des moines nestoriens vinrent prêcher l'Évangile chez les Tartares et les Chinois ; il y vint aussi des missionnaires au temps des croisades et de saint-Louis, au XIIIe siècle ; au XIVe, le pape Clément V érige un archevêché à Pé-kin ; au XVIe les Portugais viennent fonder Macao près de Canton et saint François Xavier l'apôtre du Japon meurt dans l'île de San-cian, située dans ces parages, au moment où il va entrer en Chine.

François Xavier ne devait pas rallumer l'étincelle de la foi dans ce pays ; cela était réservé à ses confrères de la Compagnie de Jésus. Le Père Ricci arrive en Chine sur la fin du XVIe siècle ; il laisse en mourant le soin des chrétientés établies par lui aux Pères Schals et Verbiest. Celui-ci introduit les Français dans l'Empire du Milieu et Louis XIV s'occupe d'y envoyer des ouvriers apostoliques.

16.

A partir de ce moment la religion catholique est de nouveau implantée sur le sol chinois ; l'empereur *Khang-
hi* comble les Jésuites de faveurs, mais au XVIIIe siècle
son successeur *Yong-tchin* persécute la religion et dès
lors ce fut toujours pour elle une alternative de succès et
de revers, de prospérités et de ruines ; *Kien long* qui
vient après rappelle les jours de Khan-hi. *Kia-Kin*
imite Yong-tchin ; les vicariats apostoliques cependant
se fondent de toutes parts : la société des Missions-Étrangères s'établit au Se-Tchouan, au Kouy-tcheou, au
Yun-nan, à Canton, au Thibet et dans la Mongolie ; les
Franciscains italiens dans la Chine septentrionale et
centrale ; les Jésuites, les Lazaristes et les Dominicains
dans les provinces de l'Est.

C'est au XVIIe siècle que la religion chrétienne fut
introduite dans la province qui nous occupe ; à ce moment elle se trouvait en pleine crise politique ; les
Tartares avaient entrepris sa conquête et ils la mettraient
à feu et à sang : on conçoit que les progrès de la prédication évangélique furent très lents. Mgr de Lyonne,
fut le premier évêque du Se-Tchouan, appartenant à la
Société des Missions étrangères. Mgr Pothier y entra
en 1755, seulement. Les vicaires apostoliques qui lui
succédèrent furent Mgr de Saint-Martin, Mgr Dufresse,
et Mgr Perrocheau.

Que furent ces persécutions du XVIIIe siècle dont je
viens de parler et comment le christianisme se pro-
pageait-il alors ? Une lettre du vénérable prêtre Joseph
Yuen va nous le dire : ce fut un des glorieux martyrs
dont s'enorgueillit l'Église du Se-Tchouan, il fut traduit

devant les mandarins de la capitale Tchen-tou et il leur raconta ainsi son histoire :

« Mon nom est *Yuen-tsai-té* de *Pen-choui-hien* (1). Je suis âgé de cinquante et-un ans ; jamais je n'ai été engagé dans les liens du mariage. L'an 47 de l'empereur Kien-long, je rencontrai les Européens *Jean Fong* (2) et *Taurin Ly* qui prêchaient la doctrine de la religion et exhortaient les peuples à suivre cette religion pour faire le bien et éviter le mal. Je crus et m'attachai à Jean Fong comme à mon maître. Il m'imposa pour nom de religion le doux nom de Joseph et me confia quatorze livres imprimés, des croix, des crucifix, des rosaires, un ornement et une coiffure de religion. Pour moi, je me mis à étudier ces livres avec grande application et c'est pour cela que je pus lire et écrire les lettres latines. Je connais aussi la distinction des ordres des Européens : le pape tient le premier rang, les évêques le second et les prêtres le troisième. Ces titres sont comme les titres des différents degrés des préfets. La 50ᵉ année de Kien-long, Jean Fong et Taurin Ly furent pris et conduits au prétoire, mais ils ne me déclarèrent pas et je ne fus pas pris. Comme je craignais d'être recherché par ordre du préfet, je pris la fuite et me cachai où et comme je pus. La 60ᵉ année de Kien-long ; je me rendis près de Jean Fong qui avait été renvoyé en Europe et était rentré au Se-Tchouan. Voyant que je savais les lettres latines et

1. Traduction du texte latin des lettres de Yuen, envoyée par les missionnaires du Se-Tchouan.
2. Mgr de Saint-Martin et Mgr Dufresse évêques du Se-Tchouan.

que j'avais la science nécessaire pour recevoir les ordres, il me conféra le sacerdoce afin que je propageasse la religion partout où je pourrais. Mais j'appris que les préfets prohibaient strictement cette religion et à cause de cela je n'osai pas instruire de disciples. Toutefois en l'année 19e de Kia-Kin, étant venu dans la ville de Ho-tcheou, j'y appris qu'un nommé Lou-Tsuen-You suivait la religion chrétienne : je me rendis donc chez lui et ensemble nous fîmes les exercices de cette religion. Il y eut huit habitants de la ville qui vinrent successivement pour me voir : j'en profitai pour les exhorter à entrer dans la religion, qui seule pouvait leur procurer la félicité éternelle et tous les huit me reconnurent pour leur maître. Trois autres encore furent convertis par moi, mais jamais nous ne récitâmes les prières dans aucun temple d'une manière solennelle.

L'an 21 de Kia-Kin, le 7e jour de la 7e lune (août 1816), je pris avec moi mes livres et mes ornements et étant sorti de Ho-tcheou, je vins passer la nuit dans l'auberge de Hou-tong-tchin, mais le préfet me fit saisir là. Maintenant que je suis en jugement, j'avoue que j'adhère à la doctrine de Jean Fong, que je professe la religion chrétienne et que je suis prêtre; j'ai instruit des disciples, mais je n'ai jamais proféré une parole mauvaise ou contraire aux lois. Tout ce que je viens de dire est très-vrai. »

En écrivant aux missionnaires il parle aussi de sa prise et de ses interrogatoires :

« L'an 21 de Kia-Kin, le 9e jour de la 7e lune, après le déjeuner, le préfet de Ho-tcheou entra avec une bande de satellites dans la maison où je me cachais. Il y trouva et fit enlever les ornements sacrés, quatorze volumes de livres latins et je ne sais combien de livres chinois, des croix, etc. Il me fit saisir et conduire au prétoire et en prison.... Trois mois après, à la 10e lune, on me conduisit à Tchong-kin-Pa-hien. J'y demeurai chargé de chaînes la nuit et le jour, jusqu'au 1er de la lune suivante, où un préfet délégué m'accompagna à la capitale de la province. J'y arrivai le 13 et demeurai enchaîné dans la prison du tribunal jusqu'au 18e jour; alors, on me fit comparaître devant le préfet pour être interrogé. Il me demanda en quels lieux j'avais visité les chrétiens. On m'interrogea souvent sur cette demande de l'oraison dominicale « que votre règne arrive ! » car le préfet soutenait que le sens de cette phrase était que les Européens viendraient pour s'emparer de la Chine, et à cause de cet article je reçus vingt soufflets appliqués avec la semelle de cuir. Une fois aussi on me fit demeurer à genoux sur une chaîne de fer et trois fois sur des pierres. Mais constamment je niai l'interprétation insensée du préfet..... Quant au paradis, à l'enfer et aux âmes des hommes, les grands préfets sont dans une profonde ignorance sur tous ces sujets.... »

Ne vous semble-t-il pas quand vous lisez ces lettres qu'il s'agit des annales de la primitive Église ? Les vénérables Taurin Dufresse, Augustin Tchao, Paul Lieou, Joseph Yuen, agissent et parlent comme les Pierre et les Paul, les Laurent et les Sébastien, et comme ceux-ci firent briller d'un vif éclat l'Église naissante de Rome, ceux-là, dans leurs vêtements empourprés sont la gloire de l'Église du Se-Tchouan. *Purpurati martyres!*

Maintenant le missionnaire pénètre partout en Chine : les traités signés à la suite des dernières guerres le protégent aussi efficacement que possible ; il n'y a plus de persécution légale à craindre; il pourra arriver que dans un moment d'effervescence populaire ou par suite d'un soulèvement produit avec l'assentiment tacite de l'autorité, il y ait çà et là un meurtre commis, mais jamais l'Européen ne sera plus conduit devant les tribunaux et jugé selon la procédure et les lois du pays (1).

Grâce au préfet Ta-tsiou nous étions sortis avec

1. Monument achevé et impérissable du génie législateur des Chinois, marqué sur toutes ses faces du sceau de leur organisation puissante et de leur remarquable talent pour l'investigation et l'analyse, vénérable par son antiquité, rajeuni par les décisions impériales suivant les convenances des temps et les nécessités progressives de la civilisation, plus complet, plus précis, plus clément et mieux coordonné que tous les autres recueils asiatiques, le Code chinois renferme toutes les lois auxquelles obéissent les habitants de l'Empire

Il contient des lois et des décrets qui ont force de lois et est divisé en 7 titres subdivisés en 436 sections. Ces titres portent les noms *de lois générales, lois civiles, lois fiscales, lois sur les rites, lois militaires, lois criminelles, lois sur les travaux publics ;* les six derniers correspondent aux attributions des six ministères : l'édition dernière comprenait 28 volumes.

Pour le procédure, l'instance en matière civile ou criminelle s'introduit directement par les parties elles mêmes, il n'y a pas d'avocats ; en présence du juge tous s'agenouillent, on use rarement du droit d'appel à Pékin et le mandarin peut appliquer la question au prévenu et le livrer à la torture. Les cinq peines légales sont la fustigation de 50 à 100 coups par le petit bambou, la fustigation de 50 à 100 coups par le gros bambou, l'exil temporaire, le bannissement perpétuel et la mort par strangulation décapitation ou lacération en 10,000 morceaux.

Il y a aussi trois *corrections:* la flagellation publique, la prison et la cangue, c'est-à-dire un collier de bois, large et très épais qui pèse lourdement sur les épaules du patient, meurtrit son cou l'empêche de porter les aliments à sa bouche et lui fait subir cette horrible gêne dans les rues ou sur les places publiques pendant des semaines entières. (*L'Empire du Milieu par le marquis de Courcy.*)

honneur d'une affaire qui m'avait semblé assez épineuse au premier abord ; aussi, dans ma reconnaissance, j'étais tout prêt à voter un hommage public au préfet, comme celui tout chinois de lui offrir une paire de bottes. C'est un signe de gratitude que l'on donne aux magistrats qui sortent d'un district après l'avoir administré selon toutes les règles de la justice et de l'équité, et j'ai vu dans maintes villes suspendu à la voûte des portes un assortiment de vieilles chaussures poudreuses, enlevées aux jambes des fonctionnaires et remplacées évidemment par quelque chose de neuf ; cela dans le principe me jetait dans le plus profond étonnement ; mais, j'ai appris par la suite à ne plus m'étonner de rien.

Merci donc au mandarin de Ta-tsiou ! Je connaissais sa réputation de savant et de travailleur et j'ai pu voir aussi qu'il était bon et juste : pour son prédécesseur c'était déjà la même chose :

« Dans le district de Ta-tsiou, les chrétiens sont nombreux, et ce sont des chrétiens de vieille date. Païens et chrétiens sont accoutumés à vivre ensemble, et ils vivent en bon accord. Puis, les mandarins ne sont point tracassiers. Le mandarin civil actuel, que j'ai eu l'occasion d'aller voir, est un homme droit, juste, ne fumant pas l'opium, se dirigeant d'après les principes de la saine raison. Il estime la religion chrétienne ; il en fit même l'éloge devant les gens de sa maison, après que je l'eus quitté ; ce qui en détermina deux à se faire chrétiens. Pour le mandarin militaire, c'est un mahométan. Or, les mahométans fraternisent avec nous ; ils disent que leur religion et la nôtre sont sœurs. Nous avons donc toutes ses sympathies. Le second mandarin est un octogénaire, pareillement bien disposé pour nous.

Je lui ai envoyé quelques livres qui traitent de la religion. Il les a lus avec plaisir. Il trouve cette doctrine excellente, il aime à s'en entretenir avec quelques chrétiens du prétoire, et il désire beaucoup, dit-il, qu'un de ses fils, mauvais garnement, se fasse chrétien, afin de se corriger. Mais il ne songe pas à lui-même.

« Avec de tels mandarins, on peut se permettre certaines démonstrations extérieures de la vie chrétienne. Malheureusement il n'en est pas ainsi partout ; il est même peu d'endroits où l'on jouisse, sous ce rapport, d'autant de sécurité qu'à Ta-tsiou. » (*Lettre du P. Gourdon.*)

On a beaucoup parlé de l'administration chinoise et des mandarins du Céleste Empire et on en a dit souvent beaucoup de mal. En supposant que tout le mal qu'on a dit fût vrai, je dirai qu'on peut aussi en dire beaucoup de bien ; c'est en Chine comme partout ailleurs : il y a du bon et du mauvais dans les choses et chez les hommes: où peut-on trouver un personnel administratif parfait? Comment dans un aussi vaste empire que celui-ci peut-il y avoir des gens au pouvoir sans défauts?

Le proverbe dit :

« La grande porte du prétoire est toujours ouverte. Avec le droit de son côté, mais sans sapèques dans la poche, il faut se garder d'y entrer. »

Ya-men-pa-tse-kay, yeou-ly-ou-tsien-mo-tsin-lay.

Voici une histoire racontée par un missionnaire et qui pourrait bien faire mentir le proverbe :

Il y avait une fois, dans la petite ville de N... un mandarin, un riche lettré et un pauvre vieillard ; ce dernier possédait une petite maison voisine du vaste et beau palais du lettré et depuis longtemps convoitée par lui ; elle faisait tache cette maison ! elle rompait l'harmonie des lignes ! Le lettré la voulait détruire à tout prix ; maintes fois il avait fait des avances à son petit voisin ; elles avaient toujours été repoussées avec perte ; le pauvre voulait vivre et mourir où avaient vécu et où étaient morts les ancêtres vénérés. Enfin, un jour n'y tenant plus, notre lettré pendant l'absence du vieillard fait murer sa porte par des ouvriers ; au retour du propriétaire, pleurs et gémissements, attroupements de tout le quartier qui prend fait et cause pour le faible et le vaincu ; on bat les ouvriers ; colère du richard, qui porte une plainte au tribunal. Le mandarin envoie des satellites qui se saisissent du vieillard, et le lendemain il monte à son siège de juge et cite les parties à comparaître. S'adressant au lettré : « Qu'as-tu à reprocher à cet homme ? — Grand vieux monsieur, j'ai à lui reprocher une chose grave, il viole ma propriété et passe sans cesse devant ma porte sur un terrain qui m'appartient. » — Le pauvre vieillard se lamente et proteste. — « Paix, lui dit le préfet, tu es coupable de ce chef, et je te condamne à payer une amende de cent ligatures que tu verseras au tribunal du préfet. » — Le malheureux tombe inanimé. Cependant en bon et rusé Chinois, comme il voit que la cause n'est pas finie, il ouvre un œil et une oreille pendant que les autres sont fermés pour la forme : bien lui en prend, car il entend formuler l'étrange sentence

que voici :—Et toi, continue le mandarin, en s'adressant
de nouveau au lettré, dis-moi, combien ta maison a-t-elle
de portes sur la rue ? — Ma maison a cinq portes qui
donnent sur deux rues différentes : trois d'entre elles
donnent sur la grande rue et deux autres sur une ruelle
adjacente. — Passes-tu indifféremment par l'une ou
l'autre rue en entrant ou en sortant ? — Le petit homme
ne fait pas attention à cela. — Donc tu passes par l'un et
l'autre endroit, le terrain ne t'appartient probablement
pas partout aux environs ? — Non, la ruelle n'est pas à
moi mais aux propriétaires des cinq ou six magasins
qu'on y trouve. — Bien ! je te condamne à payer cent
ligatures à chaque propriétaire de ces magasins, pour
avoir violé leur propriété et en plus à payer cent
ligatures au tribunal ; comme cette amende et celle que
doit payer l'autre partie m'appartiennent ; en tout, deux
cents ligatures, je les abandonne au pauvre vieillard, car
nous lisons dans les livres des grands hommes qu'il faut
respecter la vieillesse et la vertu. »

Pas n'est besoin de dire quels furent le dépit et la
confusion du mauvais riche et la joie de Lazare : les
Cent Familles enthousiasmées et reconnaissantes firent
une ovation au préfet et se portèrent en masse à la capitale de la province, afin de réclamer pour le nouveau
Salomon un grade plus élevé et qui n'entraîna pas, bien
entendu, un changement de district.

Cette histoire montre quelles relations existent entre
les grands et le peuple : le peuple en effet pourra bien
se laisser malmener et fouler aux pieds une fois ou deux
par un préfet ou un notable, mais que ceux-ci prennent

garde ! Un jour viendra où la puissance des associations se révélera d'une manière formidable ; un jour viendra où le sentiment de la justice éclatera avec force. Ce jour-là on brisera le palanquin du fonctionnaire et on brûlera la maison du notable.

Le mandarin n'attend pas toujours les explosions de la justice populaire et il rend des jugements conformes à l'équité, comme on le voit. Pour ce qui nous regarde, nous, Européens et missionnaires, il sait bien au fond que nous avons raison dans les procès où nous sommes en cause et qui sont portés devant lui ; il connaît cela et agit en conséquence, le plus souvent. Pourquoi, du reste, les lettrés et les mandarins nous en voudraient-ils ? Je le sais, il y a l'antipathie de race ; mais tous les hommes sont frères, disent-ils dans leurs livres et répètent-ils sans cesse dans leurs discours. Je le sais aussi, ils ont cru long-temps, et peut-être croiront-ils encore que nous sommes des émissaires politiques envoyés par nos gouvernements pour préparer la voie à nos armées (1). Cela est si vrai,

1. Est-ce dans un intérêt politique que les missionnaires vont sur tous les points du globe, sur les plages les plus lointaines ? Est-ce un but politique qu'ils y vont chercher ? Non ! Messieurs ! ce qu'ils y vont porter, c'est la bonne nouvelle ; ils y vont annoncer l'Évangile, ils vont y chercher et y porter le royaume de Dieu et sa justice ; tout le reste est donné par surcroît, non pas à eux, mais à la France (Vifs applaudissements à droite).

Oui, Messieurs, c'est à la France que le reste est donné par surcroît ; leurs travaux apostoliques qui n'ont pas, je le reconnais, un but politique, mais seulement un but religieux, tournent à l'honneur de la France !

Ils la font respecter par leur dévouement, et par cette charité qu'ils vont porter partout, ils agrandissent son patrimoine *moral* (Très-bien, très-bien, sur les mêmes bancs).

(*Discours de M. Buffet au Sénat. Séance du jeudi 4 mars 1880. Compte rendu* in extenso *du Journal officiel.*)

qu'un jour, un lettré ayant à répondre à cette question :
« Qu'est-ce que Dieu, le Dieu des chrétiens ou le Seigneur
du ciel ? » il répondit : « Mais le Seigneur du ciel, c'est
l'empereur des Français ! »

Ces préjugés et ces malentendus disparaîtront, j'aime
à le croire, quand les Chinois nous connaîtront mieux,
et surtout quand ils seront venus chez nous, qu'ils auront
vu et entendu. Non, non ! pourrons-nous leur dire alors,
non, Vénérable Fils du Ciel, illustres grands hommes et
nobles lettrés, le royaume de Jésus-Christ que nous
venons vous apprendre à connaître n'est point de ce
monde, et quand nous venons à vous, nous avons toujours cette belle parole dans le cœur et sur les lèvres:
« Donnez-nous les âmes et gardez le reste pour vous ;
Da mihi animas, cœtera tolle tibi. »

ÉPILOGUE.

Chang-hay, 17 août.

Mgr D... ayant fait un grand nombre de mutations dans le vicariat apostolique, je reçus il y a trois mois mon changement pour *Kiu-hien*, district de vieux chrétiens assez facile à visiter et situé au nord de la mission.

Je partis de Long-chouy-tchen, le 15 mai ; mes chrétiens me traitèrent magnifiquement dans les différentes stations que je traversai, surtout à Ma-pao-tchang ; j'arrivai le soir à Tong-leang avec ma chaise, mes porteurs, mon domestique et les cinq chrétiens qui s'étaient chargés de mon bagage sous les ordres du courrier Ten-eul-ko, qui faisait toutes mes courses mensuelles à Tchong-Kin.

Le P. G... était allé voir un malade à 40 ly de là ; je ne pus le trouver ; après une nuit passée dans sa maison, je me remis en route le lendemain et en traversant un marché, mon palanquin se croisa avec le sien ; nous descendîmes à la porte d'une auberge en plein vent, et je dus refuser les sollicitations pressantes et l'aimable invitation de mon confrère ; j'allais assez loin, je n'avais pas de temps à perdre. Le soir j'étais à *Ho-tcheou.*

Ho-tcheou est une ville importante, placée au confluent de deux grands fleuves, qui après avoir parcouru le nord du Se-Tchouan, se réunissent en une seule branche se jetant dans le Yang-tse-Kiang, à Tchong-Kin ; j'allai coucher à la résidence d'un prêtre chinois : je ne le trouvai pas lui non plus, il venait de partir pour la visite.

Le 18, en marche toute la journée : je m'arrêtai le soir dans un marché ou forum ; bonne auberge et assez jolie chambre, ce qui est rare en Chine ; en arrivant, l'hôtelier me demande mon noble nom et le noble lieu de mon pays ; il est tout étonné d'apprendre de ma bouche que je suis un diable d'Occident ; il faut croire que ça ne paraissait guère sur ma mine ; les lunettes énormes que je porte me déguisent beaucoup, c'est un avantage ; mais il y a un véritable inconvénient, elles sont un peu trop lourdes et elles me creusent deux grands sillons rouges de chaque côté du nez.

Le 19, j'arrive à une grande ville *Kouang-gan-tcheou* ; là je n'étais plus dans ma mission, mais bien dans le Se-Tchouan septentrio-occidental ; il s'avance comme un coin dans la partie qui nous est confiée et j'étais obligé de passer par là pour arriver chez moi. A Kou-ang-gan, on trouve un charmant confrère M. B... qui me fit voir les merveilles de la ville et surtout le beau temple de Confucius, où les bonzes nous reçurent très-courtoisement. Ce temple ne renferme pas d'idoles : on y voit seulement la tablette qui porte le nom du grand

civilisateur chinois, et chaque mois le préfet vient lui
rendre les hommages officiels ; il y a là aussi une foule
de salons et petits jardins qui servent aux réunions et
aux délassements des lettrés. Ils y viennent pendant les
beaux jours ; l'éventail à la main et la pipe à la bouche
on boit du thé du Yun-nan èt on cause de théâtre et de
littérature, ou bien encore des changements qui ont lieu
dans tel et tel prétoire.

Le pauvre Père B... ne pouvait pas voir toutes les
magnificences de la pagode de Kong-tse, il est presque
aveugle ; ému de pitié et touché de la bonté qu'il me
témoignait, comme je me sentais du reste fatigué par le
voyage et la maladie, je consentis à rester trois jours
à Kouang-gan ; puis, on me loua une barque et j'arrivai
en un jour et demi par le fleuve *Pa-ho* à *Ly-tou-pa*,
ferme de paysans où résidait un prêtre chinois ; il venait
d'être changé ; j'y trouvai pourtant un autre prêtre indigène, le P. Tong, en villégiature dans sa famille.

Une femme partait le lendemain de mon arrivée, pour
Hiang-pao-tang ma nouvelle résidence ; on lui donna
une lettre pour les chrétiens du lieu ; ils arrivèrent deux
jours après, catéchiste en tête, pour m'enlever. En une
journée de voyage, j'étais donc rendu à mon poste : une
maison immense bâtie autrefois pour servir de collège
et perchée sur un gros rocher abrupt, escarpé, s'é-
levant au centre d'une vallée pittoresque ; collines et
rizières à l'horizon, solitude complète.

J'avais passé là presque une semaine avec le bon père
M... quand Mgr D... arriva d'une tournée dans le
nord ; il avait avec lui le P. F..., robuste missionnaire,

confiné depuis de longs mois dans un district septentrional, à quinze bons jours de distance de tout confrère ; un pays presque sauvage, où l'on vit de maïs et de patates et où le riz est un objet de luxe. C'est pendant que nous étions réunis, que pour la première fois j'osai déclarer ma situation et parler de mon état de santé. Depuis quelque temps et même depuis le mois de Février déjà, je prêchais difficilement et entendais les confessions avec plus de difficulté encore ; quant aux baptêmes et aux confirmations, quand il fallait réciter de longues prières liturgiques et prêter beaucoup d'attention, ma pauvre tête devenait trouble et je manquais de souffle ; c'était l'asthme et l'anémie, on ne pouvait pas s'y méprendre. Néanmoins il ne fut encore rien décidé à mon sujet pour le moment : pendant tout le mois de juin je me reposai, il le fallait bien du reste avec 35 ou 40 degrés de chaleur à l'ombre. Vers la fin de juin m'arrivait l'autorisation de descendre à Chang-hay pour y chercher la santé et la vie ; une excellente occasion se présentait : un officier de la marine française, M. Garnier, s'en revenait d'un voyage d'exploration dans l'intérieur et on me confiait à lui. Je me dirigeai donc vers *Ouan-hien* par la voie de terre c'est-à-dire par *Leang-chan-hien* ; de Ouan-hien à Kouy-fou, je pris la route du Fleuve-Bleu. Tirons un voile sur ces cinq jours de voyage ; jamais je n'ai autant souffert, je puis même dire que ce fut ma seule souffrance vraie en Chine ; cinq jours de misères de toutes sortes ; oh ! les voyages en Chine dans les hautes montagnes, à pied ou en chaise, au mois de juillet, par 40 degrés et plus, n'en faites pas, c'est à tuer !

A Kouy-fou, (les deux missionnaires européens qui étaient là d'ordinaire, avaient fui la chaleur torride de la ville) je fus bien soigné par un gentil séminariste à qui je conserverai longtemps un bon souvenir ; le 22 juillet vers midi, au moment où j'étais dans ma chambre occupé à dresser une carte du district de Kiu-hien, je vis accourir vers moi deux grands épagneuls noirs ; ils aboyaient joyeusement en me léchant les mains ; un instant après j'étais en présence du lieute-nant de vaisseau Francis Garnier, le fameux explorateur du Mé-Kong, qui venait de Tchong-Kin et de Yeou-Yang. M. Garnier était en petit costume d'officier de ma-rine, et il arrivait escorté de tous les gens de la maison. Je revoyais l'Europe et la France en cet homme, et comme il venait me prendre, j'allais déjà commencer à vivre à l'européenne.

Nous descendîmes dans la soirée au fleuve ; le lende-main, nous partions et nous nous engagions dans les défilés de *Ou-chan* et de *Pa-tong*, sur les rapides et au milieu des tourbillons. En trois jours nous arrivions comme l'éclair à *I-tchang-fou*, où subitement le Yang-tse-Kiang, se déroulant à travers une vaste plaine, prend une largeur imposante. Notre barque se dislo-quait tous les jours, et chaque soir, en nous arrêtant, on avait dû réparer le gouvernail. Nous changeâmes de barque à I-tchang. Cette fois, nous avions une jonque neuve, élégante et confortable, mais seulement quatre hommes d'équipage au lieu de vingt, et, par extraordi-naire, quatre paresseux. Nous fûmes obligés souvent de diriger le navire nous-mêmes ; M. Garnier, tenant la barre, me donnait des ordres pour faire la manœuvre de la voile : nos hommes, excités par cet exemple, se mirent pourtant à l'œuvre.

Jusqu'à I-tchang, M. Garnier avait eu constamment en mains la boussole et le téodolite ; sur les rapides et au milieu des plus grands dangers de la descente, je l'ai vu constamment travailler ; parfois même, malgré mes souffrances, j'ai été obligé de l'aider dans ses calculs et ses opérations. A I-tchang, comme la carte du fleuve était faite, il avait mis de côté tout instrument, et nous pûmes prendre quelque repos. J'ai admiré cet homme extraordinaire, aussi aimable conteur que savant distingué ; il aimait à me narrer les mille aventures de sa vie agitée et à causer politique, science ou littérature, tout en dégustant les dernières bouteilles de *porter* qu'il avait apportées de Chang-hay pour son voyage, et qui me faisaient l'effet du plus délicieux nectar après deux ans de séjour en Chine.

Nul incident de voyage, si ce n'est qu'un jour, entre I-tch ng et Cha-che, M. Garnier, étant descendu à terre, fut entouré par une foule hostile ; je dus haranguer les Cent Familles, qui, devant quelques mots bien sentis, se retirèrent à distance et nous permirent de remonter à bord de notre jonque. — Une autre fois M. Garnier faillit faire payer cher à quelques douaniers une insolence ; leur barque avait tiré un coup de canon contre la nôtre, et il s'en fallut de bien peu que le révolver de l'officier n'envoyât une balle dans la tête des malheureux préposés.

Nous arrivâmes à Han-keou le 5 août, onze jours seu-

lement depuis que nous avions quitté le Se-tchouan.
Nous déjeunâmes chez le consul de France, et le soir
même nous partîmes par le *Glengyle*, steamer anglais,
qui nous déposait sur les magnifiques quais de la concession française, à Chang-hay, le 8, à midi.

FIN.

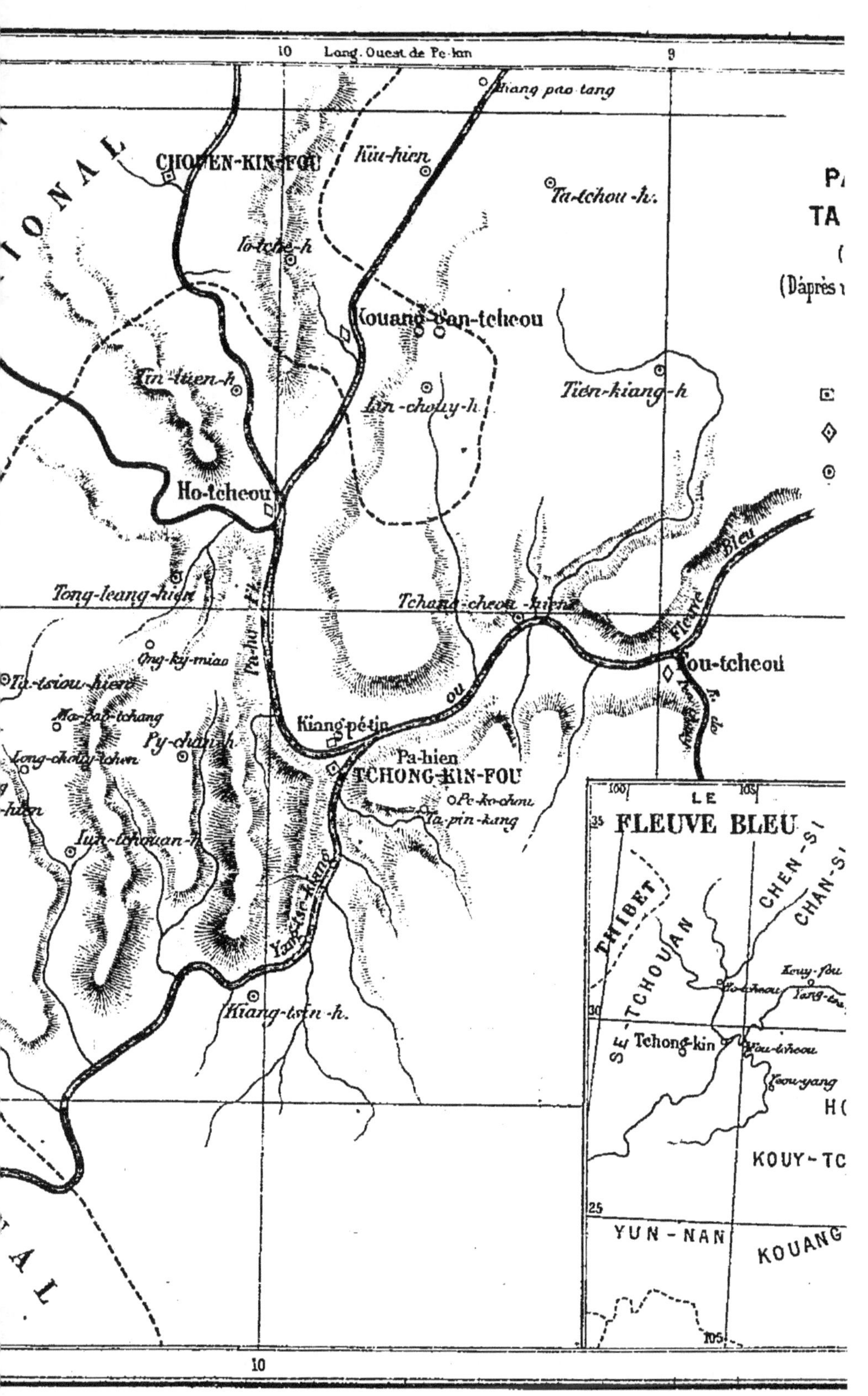

Long. Ouest de Pe-kin
10
9
Kiang-pao-tang
CHOPEN-KIN-FOU
Kiu-hien
Ta-tchou-h.
Io-tche-h
Kouang-gan-tcheou
Tin-tuen-h
Lin-choui-h
Tien-kiang-h
Ho-tcheou
Tong-leang-hien
Pa-ho-Fl.
Tchang-cheou-hien
Fleuve Bleu
Fou-tcheou
Ong-ky-miao
ou
Ta-tsiou-hien
Kiang-pé-tin
Ma-pai-tchang
Py-chan-h
Pa-hien
Long-chouy-tchen
TCHONG-KIN-FOU
Pe-ko-chou
hien
Ta-pin-kang
Iun-tchouan-h
Yang-tsé-Kiang
Kiang-tsin-h
LE
FLEUVE BLEU
100
105
35
THIBET
CHEN-SI
SE-TCHOUAN
CHAN-SI
Kouy-fou
Io-tcheou
Yang-tsé
30
Se
Tchong-kin
Wou-tcheou
Tsou-yang
HO
25
KOUY-TC
YUN-NAN
KOUANG
105
10

TABLE DES MATIÈRES

III

LA ROUTE DU SE-TCHOUAN.

IV

LE SE-TCHOUAN. — TCHONG-KIN-FOU.

V

VOYAGE A PÉ-KO-CHOU.

VI

LA FERME DE TA-PIN-KANG.

VII

LITTÉRATURE ET RELIGION.

VIII

DE TCHON-GKIN A LONG-CHOUY-TCHEN.

XI

MANDARINS ET MISSIONNAIRES.

LACEMENT DES GRAVURES.

Carte de visite chinoise, au commencement du volume.
Carte géographique des districts de La-hien, Ho-cheou, Ta-tsiou, Iun-tchong, à la fin du volume.

1488. — Abbeville. — Typ. et stér. Gustave Retaux.

LIBRAIRIE BRAY ET RETAUX

ABBÉ (l') JEAN-MARIE DE LA MENNAIS, fondateur de l'Institut de Ploërmel, par l'auteur des *Contemporains*. 1 beau vol. in-18 jésus, avec portrait et autographe. 2 50

ALCAN (Eugène).
La Légende des âmes, souvenirs de quelques conférences de Saint-Vincent de Paul. 2 vol. in-18 jésus. 6 00

ALLIEZ (l'abbé).
Histoire du monastère de Lérins. 2 vol. in-8° raisin. 10 00

AMITIÉ (l'). 1 vol. in-18 raisin. 3 50

ANDIGNÉ (le vicomte d').
Année (une) à Rome. Impressions d'un catholique. 1 vol. in-18 jésus. 3 00

ANDRÉ et BURELLE.
Chants complets de l'Archiconfrérie, vêpres, saluts et cantiques chantés à l'office du soir, à l'église de N.-D.-des-Victoires, à Paris, recueillis et mis en musique par M. André, maître de chapelle de N.-D.-des-Victoires, avec accompagnement d'orgue ou de piano, par M. BURELLE, organiste de la même église. 1 vol. gr. in-8°. *Net.* 3 50

ANNÉE DE SAINT ANTOINE DE PADOUE. Réflexions et miracles, proposés aux serviteurs de ce saint, pour chaque jour de l'année. Traduit de l'italien. 1 vol. in-18 jésus. 3 00

ANNÉE (l') RELIGIEUSE sanctifiée par la méditation de chaque jour, par une supérieure de communauté. 3 beaux vol. in-18 jésus. 7 50

ARCHIER (Adolphe).
Saints (les) de la Compagnie de Jésus. 1 vol. in-18 jésus. 2 50

ARMEL DE KERVAN.
Voltaire, ses hontes, ses crimes, ses œuvres et leurs conséquences sociales, revue historique et critique au sujet du centenaire projeté. 1 vol. in-18 jésus. 2 00
Quatre-vingt-neuf et son histoire, documents authentiques. 1 fort vol. in-18 jésus. 3 50

AUDIN.
Histoire de la vie, des doctrines et des ouvrages de Luther. 3 vol. in-18 jésus.   10 50
Abrégé du même ouvrage, 1 vol. in-18 jésus.   3 00
Histoire de la vie, des doctrines et des ouvrages de Calvin. 2 vol. in-18 jésus.   7 00
Abrégé du même ouvrage. 1 vol. in-18 jésus.   3 00
Histoire de Léon X et de son siècle. (Edition abrégée.) 1 vol. in-18 jésus.   3 00
Histoire de Henri VIII et du schisme d'Angleterre. 2 vol. in-18 jésus.   7 00
Abrégé du même ouvrage. 1 vol. in-18 jésus.   3 00
Réforme (la) contre la Réforme ou Apologie du Catholicisme par les Protestants ; traduit de l'allemand de Hœninghaus. 2 vol. in-18 jésus.   7 00

AUNAY OVERNEY (J. de l').
Les soirées du château de Kerilis. 1 beau vol. in-18 jésus.   3 50

AVOGADRO DE LA MOTTE (le comte).
Mois (le) de novembre. Méditations sur le Purgatoire. 1 vol. in-32 jésus.   1 50

BALMÈS (Jacques).
Art (l') d'arriver au vrai, philosophie pratique. 1 vol. in-8°   5 00
Le même ouvrage. 1 vol. in-18 jésus.   3 00
Philosophie fondamentale. 3 vol. in-18 jésus.   10 50
Protestantisme (le) comparé au Catholicisme dans ses rapports avec la civilisation européenne. 3 vol. in-18 jésus.   10 50

BAUDON (Adolphe).
Mois de saint Joseph (méditations pratiques pour le). 1 vol. in-32 jésus.   0 80
Mois de Marie (lectures et réflexions pieuses pour le). 1 vol. in-32 jésus.   0 80
Mois du Sacré-Cœur. 1 vol. in-32 jésus.   0 80
Pensées pieuses après la sainte Communion pour les dimanches et les principales fêtes de l'année. 1 vol. in-18.   2 50

BAUTAIN (l'abbé).
Méditations chrétiennes, œuvre posthume. 1 vol. in-18 jésus.   3 00
Education (de l') publique en France au xixᵉ siècle. 1 vol. in-8°.   5 00

BAYLE (l'abbé).
Derniers (les) jours du Chrétien, ou le saint viatique, l'extrême-onction, la recommandation de l'âme, les funérailles, le dogme du purgatoire, etc., expliqués aux fidèles. 1 vol. in-32 jésus.   2 00
Étude sur Prudence, suivi du Cathémérinon traduit et annoté. 1 vol. in-8°.   4 00

HISTOIRE

DU

COMTE DE CHAMBORD

PAR UN HOMME D'ÉTAT

—

1 vol. in-18 jésus de plus de 250 pages, **1** fr.; *franco,* **1** fr. 25

Remises pour la propagande : 12/10 ; 25/20 ; 140/100.

—

Cette biographie est exempte de polémique ; c'est un récit impartial : on y relate des actes et des paroles qui appartiennent à l'histoire et auxquels aucun Français, quelles que soient ses convictions ne peut rester ni étranger, ni indifférent.

L'auteur n'a eu qu'un but : présenter au public le comte de Chambord tel qu'il est. Chacun saura ainsi quel est le Chef d'État dont il appelle ou repousse l'avènement, avec une Constitution révisable et une Chambre de députés renouvelable en 1881, il est d'une extrême importance que les électeurs n'attendent pas le dernier moment pour s'éclairer sur la portée de leurs votes, d'où dépendront peut-être les destinées de la France.

(Préface de l'auteur).